Peter Niggl & Hari Winz Tod in Berlin

Peter Niggl & Hari Winz

TOD IN BERLIN

Kriminalfälle
aus der Metropole

Das Neue Berlin

Inhalt

Vorwort

Von einem Vorwort erwartet der Leser, daß er an den Inhalt des vor ihm liegenden Buches herangeführt und vielleicht gar wohlwollend auf die bevorstehende Lektüre eingestimmt wird. Von den Autoren dazu aufgefordert, diesem Buch ein Wort voranzustellen, kann ich dieser Erwartung des Lesers nicht voll entsprechen.

Dennoch fordere ich dazu auf, sich in den Strudel der teils überschäumenden Tatsachendarstellungen zu stürzen, jedoch dabei den Kopf über Wasser zu halten. Die Jahrzehnte der Arbeit in der Inneren Sicherheit – und damit in der Verbrechensbekämpfung – haben mich gelehrt, scheinbar eindeutige Tatsachen auf ihre verborgene Vielschichtigkeit hin zu analysieren. Es gibt nicht die eine Wahrheit, die von allen Beteiligten und Betrachtern einhellig geteilt wird und damit zum Rechtsfrieden führt. Die Ermittler von Straftaten und Zusammenhängen stehen auch der Frage nach Schuld und Rechtfertigung gegenüber, wenn ein objektiver Tatbestand bereits festzuliegen scheint. Die Wertung ihrer Erkenntnisse überlassen sie dem unabhängigen Richter, der wiederum die Schlüssigkeit der Anklage des Staatsanwalts der Taktik der Verteidigung ausgesetzt sieht. Ist der nur juristisch ausgebildete Richter in Sachfragen überfordert, ist er auf Sachverständige angewiesen, und diese sind sich oft, wie der Altkriminologe Armand Mergen es einmal formulierte, »extrem uneinig«.

Dem Richterspruch hat der Kriminalist nach Beendigung seiner Aufklärungsarbeit Respekt zu zollen, selbst wenn es ihm gelegentlich den Magen umdreht. Ganz anders kann der freie Autor, wie im vorliegenden Buch, mit den von ihm recherchierten Erkenntnissen umgehen. Dem gebundenen Fachmann kann dabei schon etwas schwindlig werden. Er wird aber die Übersicht behalten. Dem unbefangenen Leser muß er jedoch dringend raten, seine eigene Meinung nicht unbefangen dem Tenor der mitreißend überzeugenden Autoren auszusetzen.

In mir regte sich lebhafter Widerspruch, als ich im Manuskript die Meinung der Verfasser fand: »Der Tod des achtundzwanzigjährigen Hauptwachtmeisters Herbert Bauer kommt in Westberlin recht gelegen.« An jenem ersten Weihnachtsfeiertag 1952 war ich auch Polizeiwachtmeister im französischen Sektor und erlebte das Drama hautnah. In einem Artikel verlieh ich der hilflosen Trauer und Empörung meiner Kollegen – bewegt und aufgewühlt – Ausdruck. Herbert Bauer »fuchtelte« auch nicht mit seiner Pistole herum. Der Frage, weshalb er »bereits mit gezogener Schußwaffe aus dem Streifenwagen kletterte«, war auch nicht kritisch nachzugehen, weil dieses Verhalten angesichts der Lage einem vernünftigen Vorgehen entsprach. Es kann auch nicht unklar sein, »wie in so kurzer Zeit mehrere Mannschaftswagen mit gut bewaffneten Polizisten an den Ort des Geschehens kommen konnten«. Im Text wird dazu angeführt, daß Frau K. die Polizei per Telefon alarmiert hatte, wie auch andere Anwohner, »aufgeschreckt durch Schreie«, den Notruf bereits angewählt hatten. Ganz logisch wird in einem solchen Fall an dieser unübersichtlichen Grenze ein Kommando entsandt, das für solche Lagen besser gerüstet ist als eine Funkstreife.

Ich selbst hatte im Mai und Juni 1949 noch das zweifelhafte Vergnügen, bewaffnet mit einem Holzknüppel, Bahnanlagen und Stellwerke gegen zum Teil bewaffnete Gruppen von SED-, FDJ- und FDGB-Mitgliedern zu »verteidigen«, die den am 21. Mai ausgerufenen Streik der Eisenbahner gewaltsam brechen sollten, als diese für rund 13000 Arbeiter und Angestellte in den Westsektoren Bezahlung in DM (West) verlangten. Bei ziemlich unklarer Auftragslage wußten wir manchmal nicht, ob die ebenfalls gegenwärtigen französischen Soldaten uns beschützen oder ob wir verhindern sollten, daß man ihnen die ungeladenen Maschinengewehre wegnimmt. Wir in Berlin (West) hatten die Blockade der Stadt durch die Sowjets noch vor uns. Aus dem Wortlaut eines »Bahndienstfernschreibens« der (Ostberliner) Reichsbahndirek-tion, vom 20. Mai 1949, konnten wir jedoch bereits herauslesen, wie eine normale Arbeitskampfmaßnahme politisiert wurde: »Verantwortungslose Elemente versuchen, die angebahnte Verständigung der Großmächte in der Berliner Frage dadurch zu stören, daß sie zwei Tage vor Beginn der Ministerkonferenz in Paris die Westberliner Eisenbahner zu einem Streik aufputschen.«

Einen vorletzten Widerspruch muß ich noch anmelden, damit sich der Leser auf den Vergleich unterschiedlicher Meinungen einüben kann. Es ist, nach meiner Kenntnis, absolut unrichtig, daß Polizeibeamte am 2. Juni 1967 »noch vor dem Schuß auf Benno Ohnesorg … zur Aufstachelung das Gerücht streuten, ein Polizist sei von APO-Studenten getötet worden«. Richtig ist, daß sich ein solches Gerücht unkontrolliert wie ein Lauffeuer ausbreitete. Nichts aber kann eine Einsatzleitung weniger brauchen, als freilaufende Emotionen, die jeden Führungsansatz konterkarieren.

Meinen letzten Zwischenruf kann der geneigte Leser als subjektive Rechtfertigung übergehen. Aber den Vorwurf: »Man denkt« – im Zuge der mehr als unerfreulichen Prozesse um den Kriminalbeamten Kurras – »nicht über Reformen nach, schon gar nicht in der Polizeiführung«, stelle ich in das Urteil der Zeitgenossen.

Und nun rede ich dem Leser zu, dieses interessante Buch zu lesen. Die nicht mit der Elle des beamteten Ermittlers zu messenden Schilderungen der über uns hereinbrechenden mafiosen Kriminalität am Beispiel der illegalen Ikonenhändler, treffen mit der Veröffentlichung der Zahlen aus der Polizeilichen Kriminalstatistik für 1994 zeitlich zusammen. Der internationale Charakter der Organisierten Kriminalität (OK) weist sich darin aus, daß der Anteil nichtdeutscher Tatverdächtiger seit 1991 von 50,6 % auf 58,7 % gestiegen ist. Das ist nicht in einen Topf zu werfen mit einem falschen Vorurteil über die unter uns ansässigen Ausländer. Eine neue »Kriminalgeographie« in der Mitte Europas ist jedoch des Interesses der Öffentlichkeit wert.

Also, verehrte Leser, setzen Sie sich mit diesem Buch auseinander. Es lohnt sich. Aber: Behalten Sie den Kopf über Wasser.

Klaus Hübner, am 6. Juli 1995

Klaus Hübner, Jahrgang '24, MdB (SPD) 1966-69,
Polizeipräsident in Berlin 1969-87

»Es gibt wohl Zeiten, die der Irrsinn lenkt«

Der lange Weg des Karl Kieling zum Schafott

24. April 1945. Auch dieser Tag begann wie jeder mit einer Stunde Null. In Berlin wird man den Begriff der »Stunde Null« nur wenige Tage später als Synonym für den Anfang einer neuen Zeit benutzen. Das »Tausendjährige Reich« der Nazis war nach nur zwölf Jahren untergegangen. Der Krieg hatte ein Ende. Aber noch war es nicht soweit. Die Metropole lag in Agonie. Zweieinhalb Millionen Menschen lebten noch in Berlin. Lebten? Die Stadt war ein Trümmerfeld, in Schutt und Asche gebombt. Die Rote Armee war dabei, ihren militärischen Umklammerungsring um die Hauptstadt des Faschismus zu schließen. Zehntausende Menschen starben allein an diesem Tag in und um Berlin. Der Tod in Berlin hatte keine faßliche Dimension mehr. Einer, der an diesem Tag starb, war der Mensch Erich Werner, über den man später wenig erfahren wird. Derjenige, der seinen Tod verursacht hat, war der Mensch Karl Kieling. Auch über ihn weiß man bis heute nur wenig. Aber die Akte Kieling dokumentiert ein wesentliches Stück Berliner Justizgeschichte.

Zunächst aber lagen in der Stunde Null des 24. April 1945 fünfzehn Leichen auf dem Gelände des Universum-Landesausstellungsparks, das man kurz Ulap nannte, in Moabit. Die Männer waren wenige Minuten vor Mitternacht aus dem Gefängnis Lehrter Straße 3 – einer Sonderabteilung der Geheimen Staatspolizei (Gestapo), die das Fundament des Naziterrors bildete – von dreißig Wachleuten, die der SS angehören, hierher geführt worden, nahe der Invalidenstraße, an den Haupteingang der Ulap. Dort hatte man sie heimtückisch durch Genickschüsse getötet. Solches passierte in dieser Stunde im deutschen Reich, oder dem, was davon noch übrig war, in großer Zahl. Viele dieser Morde sind nie bekannt geworden. Nie hat jemand die Zahl standrechtlich erschossener Häftlinge, aufgehängter Deserteure der Wehrmacht gezählt.

Und auch dieses Verbrechen wäre vielleicht nie bekannt geworden, hätte einer der zur Exekution geführten, der Kommunist Herbert Kosney, das Massaker nicht auf wundersame Weise überlebt. Er drehte seinen Kopf zur Seite, als die Genickschüsse fielen. Die Kugel, die ihm zugedacht war, trat an einer Stelle in den Schädel, die ihn lebensgefährlich verletzte, aber nicht tötete. Kosney schleppte sich in der ersten Stunde des 24. April 1945 schwer blutend auf allen Vieren in Sicherheit. Später erzählte er von dem Grauen auf dem Ulap-Gelände. Man fand die fünfzehn Leichen. Unter ihnen die von Professor Albrecht Haushofer. Der hatte mit dem Kommunisten Kosney nur soviel zu tun: Er war als prominenter Häftling der Gestapo mit ihm gemeinsam in der Lehrter Straße inhaftiert. Ein Widerstandskämpfer wie Kosney war er nicht. Der konservative Hochschullehrer und Lyriker war nur ein heimlicher Kritiker des Naziregimes. Aber allzuoft hatte er dennoch Kollegen und Freunde davon wissen lassen. Nach dem Attentat auf Adolf Hitler am 20. Juli 1944 führte die Hysterie der Nazis auch zur Verhaftung Haushofers.

In seiner Gefängniskleidung wurden vier DIN A-4-Seiten eng beschriebenen Papiers gefunden. Und die werden berühmt. Es sind die »Moabiter Sonette«, verfaßt im Kerker. Die achtzig Gedichte haben nur ein einziges Thema, die Trauer Haushofers darüber, daß er und viele andere nicht konsequent gegen die Nazis gekämpft haben. Vor allem, daß er und viele andere zu lange nicht erkannt haben, daß die »kleinen« Nazis und die Mitläufer einen wesentlichen Teil an der Schuld tragen, die das deutsche Volk auf sich genommen hat. In einem seiner Sonette heißt es: »Es gibt wohl Zeiten, die der Irrsinn lenkt. Dann sind's die besten Köpfe, die man henkt.«

Kurz nach Mitternacht am 24. April 1945 kam dem erst fünfzehnjährigen Charlie Vogel aus Potsdam-Babelsberg eine denkwürdige Aufgabe zu. Sowjetische Panzerverbände rückten von Güterfelde zum Teltowkanal vor. Aufklärungstrupps waren schon in Babelsberg. Ein russischer Offizier griff sich den Jungen und beauftragte ihn, durch die feindlichen Linien der Deutschen hindurch einen Brief in das russische Kriegsgefangenenlager in Babelsberg zu schmuggeln. Dazu gehörte viel Mut. Aber der Junge fühlte sich herausgefordert und schaffte es. Nur vier Stunden später begannen die Kriegsgefangenen einen Aufstand in ihrem Lager. Sie vertrieben die Wehrmachtssoldaten vom Bahnhof Drewitz und besetzten die dortigen Panzersperren. So gelang es der Roten Armee, ohne weitere Kämpfe in Babelsberg einzurücken. Um vier Uhr früh an diesem Tag verlief die Frontlinie nun durch Tegel, Wittenau, Reinickendorf, Wedding, Pankow, Friedrichshain, Treptow, Adlershof, Altglienicke, Rudow, Neukölln und Zehlendorf. Nur im Westen der Stadt fehlten noch fünfundzwanzig Kilometer bis zur völligen Einkesselung Berlins durch die sowjetischen Armeen.

Die »Heroen« aus den mittleren und oberen Ebenen der Nazihierarchie flohen in diesen Morgenstunden zuhauf durch diese Schneise. Sie nahmen Geld, Wertsachen und Dokumente mit. Schleswig-Holstein und Bayern waren ihre bevorzugten Ziele. Andere brachten sich in Berlin um. Auch Kommandeure von Wehrmachtsverbänden, die Berlin noch retten sollten und von Westen her versuchten, in die Stadt zu gelangen. So der Generalmajor Scholz, der die 20. Panzergrenadier-Division befehligte. Er erreichte Berlin, sah die Lage und erschoß sich. Adolf Hitler saß an diesem Morgen in seinem Bunker, fünfzehn Meter unter der Reichskanzlei, und verfaßte einen Brief an den Generalfeldmarschall Ferdinand Schröder: »Ich bleibe in Berlin, um in ehrenvoller Weise am Entscheidungskampf Deutschlands teilzunehmen und ein gutes Beispiel für alle übrigen zu geben.« Aber wer waren die übrigen?

General Helmuth Weidling war an diesem Morgen mitgeteilt worden, daß er Befehlshaber des »Verteidigungsbereiches Berlin« werden soll. Noch war er es nicht. Und als er die Nachricht per Telefon von General Krebs erhielt, sagte er mutig: »Es wäre besser, wenn Sie befohlen hätten, mich zu erschießen. Dann ginge dieser Kelch an mir vorüber.« Weidling machte sich trotzdem sofort über die militärische Lage Berlins sachkundig. Später, bei einem Verhör in sowjetischer Kriegsgefangenschaft, gab er zu Protokoll: »Schon am 24. April überzeugte ich mich davon, daß es unmöglich war, Berlin zu verteidigen und es auch vom militärischen Standpunkt aus sinnlos war, da das deutsche Kommando nicht über ausreichende Kräfte verfügte.«

Für den russischen Marshall Iwan Stepanowitsch Konew, der als Oberbefehlshaber der 1. Ukrainischen Front eine Schlüsselrolle beim Kampf um Berlin spielte, war der Vormittag des 24. April 1945 erfreulich. Er ließ sich persönlich an den Teltowkanal fahren, um dort mit eigenen Augen zu sehen, wie Einheiten der 3. Gardepanzerarmee gegen 10.30 Uhr übersetzten. Er sah auch, wie Wehrmachtsverbände flohen. Zehlendorf wurde wenige Minuten danach von russischen Truppen besetzt.

Genau um 10.30 Uhr, ist in aufgezeichneten Erinnerungen erhalten, stürzte in Zehlendorf der Volkssturm-Hauptmann Vollak in die Wohnung des BVG-Angestellten Friedrich Matthey. Der Mitarbeiter der städtischen Verkehrsbetriebe war an diesem Morgen nicht zu seiner Dienststelle gegangen, die unter heftigem Beschuß russischer Artillerie lag. Und das fand Vollak unerhört. Er fuchtelte vor Matthey mit seiner Pistole herum und schrie ihn an. Es gebe zwar keinen Stadtverkehr mehr, aber alle öffentlich Bediensteten seien jetzt Soldaten und hätten sich zu fügen! Vollak wird in der letzten Ausgabe des »Völkischen Beobachters« gelesen haben, was der Gauleiter von Berlin und Reichspropagandaminister Dr. Goebbels in einem Appell geschrieben hatte: »In dieser schicksalhaften Stunde des Kampfes um die Reichshauptstadt wende ich mich an alle nichteingesetzten Soldaten und Männer Berlins, sich umgehend in die Verteidigungsfront der Reichshauptstadt einzureihen.« Matthey fügte sich. Er nahm eine Volkssturm-Armbinde entgegen, ein Gewehr und fünf Schuß Munition und den Befehl, mit sechs Kameraden des Volkssturms, die schon bereitstünden, den S-Bahnhof Sundgauer Straße zu verteidigen. Dort saß die Truppe nun und wartete auf den Feind. Aber die Russen ignorierten den S-Bahnhof. Er war strategisch nicht wichtig. Matthey und die anderen warfen schließlich ihre Gewehre in die Böschung und gingen nach Hause. Dort war der Krieg bereits zu Ende. Zehlendorf war komplett besetzt. Friedrich Matthey notierte später über seine Erlebnisse von diesem Tag und seine Volkssturm-Einheit: »Zu meinem Erstaunen mußte ich feststellen, daß es fast restlos keine Parteigenossen waren. Selbst die Gruppe von sieben Mann, wo ich zugeteilt wurde, hatte nur einen Pg., alle anderen Pgs., die sonst mit der Schnauze an erster Stelle standen, hatten alle solche Funktion, daß sie unabkömmlich waren.«

Unabkömmlich waren offenbar am späten Vormittag des 24. April 1945 auch die Parteigenossen und SS-Mitglieder, die als Wachmannschaft in der Moabiter Untersuchungshaftanstalt ihren schrecklichen Dienst versahen. Sie waren damit beschäftigt, die einsitzenden Häftlinge in ordentlicher alphabetischer Reihenfolge in den Hof zu führen und dort zu erschießen. Bis zum Buchstaben H kamen sie an diesem Tag noch. Wer von den Häftlingen das Glück hatte, im Alphabet weiter hinten zu stehen, überlebte vielleicht. Denn es war der letzte Tag dieser absurden Erschießungsaktion. Die Schüsse in Moabit gingen unter, denn pausenlos schlugen Granaten bereits in Tiergarten und Mitte ein. Unabkömmlich waren auch einige fanatische Nazis, die in dieser Situation noch den »Panzerbär« verteilten – »zum Lesen und weitergeben«, wie es hieß. In dem »Kampfblatt für die Verteidiger Gross-Berlins«, der seit dem Vortag erscheinenden Frontzeitung – der »Völkische Beobachter« stellte am 24. April sein Erscheinen ein –, wurde gnadenlos gelogen: »Erfolgreiche Abwehr und Gegenangriffe im Süden der Ostfront – Lage im Westen kaum verändert.« Goebbels gab bekannt: »Berlin wird den Bolschewisten nicht übergeben.« Und in dicken Lettern auf der ersten Seite wurde Friedrich der Große mit einem Zitat aus einem Brief an den Prinzen Heinrich vergewaltigt: »Es ist nicht schwer, Leute zu finden, die dem Staate in leichten und glücklichen Zeiten dienen; gute Bürger sind die, die dem Staate in einer Zeit der Gefahr und des Unglücks dienen.«

Solche Menschen, die den Sinn der Worte Friedrich des Großen wohl richtig verstanden hatten, gab es auch an diesem Vormittag. So versuchte der Generaldirektor der Staatlichen Museen in Berlin, Dr. Otto Kümmel, auf eigene Faust durch die Frontlinie hindurch Kontakt zu sowjetischen Kommandostellen aufzunehmen. Er wollte um Schutz für die Museen bitten. Im Ortsteil Frohnau im Norden saßen derweil rund zwanzig Bürger mit dem sowjetischen Offizier Koserog zusammen, der soeben mit seinen Truppen einmarschiert war. Sie versprachen ihm, bis zum Abend um 19 Uhr jemanden aus ihrer Reihe gewählt zu haben, der neuer Bürgermeister sein sollte und unmittelbar mit dem Aufbau einer antifaschistischen Verwaltung begann. Die Journalistin Margret Boveri, die in diesen Tagen genaue Aufzeichnungen machte, berichtet, sie sei auf das Dach ihres Hauses in Charlottenburg gestiegen, um zu sehen, wie weit bereits die sowjetischen Truppen der Innenstadt nahegekommen seien. Um sie herum schlugen Geschosse ein. Als sie wieder auf der Straße war, erlebte sie, wie ein kleiner Troß von Wehrmachtssoldaten aus Griesmehl und Margarine einen Brei kochte. Jemand schüttete einen halben Eimer Marmelade dazu. Bevor die Soldaten aßen, verpflegten sie eine Gruppe von Flüchtlingen, die an einer Wand der Hausruine kauerte. Auch die Boveri bekam »von der herrlich rosa Mehlspeise« ab. Das sind wenige Facetten einer Mittagsstunde in einer infernalischen Stadt.

In dieser Mittagsstunde des 24. April 1945 speist auch der Oberpostinspektor und Parteigenosse Karl Kieling. Er sitzt mit seiner Frau bei Tisch in seiner Wohnung in dem kleinen bürgerlichen Mietshaus in der Lauterstraße 25 in Friedenau. Außer ihm wohnen dort nur die Familie des Eigentümers und Gastwirtes Brendel und des Terrazzomeisters Kampe. Bis zum Bezirk Zehlendorf und zum Teltowkanal sind es nur wenige Kilometer. Der Geschützlärm russischer Panzer ist deutlich zu hören. Über dem ebenfalls nahen Stadtbezirk Tempelhof kreisen russische Flugzeuge. 2000 Maschinen sind im Einsatz und werfen Bomben. Den größten Kampflärm aber machen die deutschen Flak-Geschütze, die auf Bunkern und großen Gebäuden in der Innenstadt montiert sind. Margret Boveri schrieb, sie machten »eine ohrenbetäubende und wie es scheint ganz nutzlose Knallerei«. Kieling stört das offensichtlich kaum, denn er ißt mit seiner Frau seinen Eintopf.

Vom Beamten Karl Kieling weiß man, daß er bis zu diesem Aprilmittag äußerst unauffällig durchs Leben schritt. Dreißig Jahre verrichtete er brav seinen Dienst und brachte es schließlich zum Postoberinspektor. Als die Nationalsozialisten 1933 an die Macht kamen, trat Kieling am 1. April 1933 der NSDAP bei. Seine Mitgliedsnummer war 1.835.228. Er wurde Mitglied der NS-Volkswohlfahrt und des Kolonialbundes, später war er auch im Reichsluftschutzbund. In der NSDAP fiel Kieling nicht sonderlich auf, übernahm aber politische Funktionen. Er war in Friedenau Leiter des Reichsbundes der Deutschen Beamten, gehörte der Kreisleitung der NSDAP an und wurde Leiter des Tbc-Hilfe-Dienstes. Kieling war – nach den Unterlagen des Reichsorganisationsleiters der NSDAP in München – mit schwarzen Stiefeln, einer hellbraunen Dienstbluse, einer Dienstmütze im Wehrmachtszuschnitt und einem hellhavannabraunen Leibriemen ausgerüstet worden. Mit Kriegsbeginn 1939 erhielt er auch eine Waffe des Typs Walther PPK mit Tasche. Die Pistole legte er ordentlich in eine Schublade.

Auch jetzt, im Donner der Kanonen, ist Kieling ein ordentlicher Mensch. Zum Volkssturm hatte er nicht gemußt. Als Amtsperson war er unabkömmlich für die Verteidigung Berlins. Kieling weiß nicht, was Menschen wie Albrecht Haushofer, dessen Leiche gerade auf dem Ulap-Gelände in Moabit erkaltet, von seinesgleichen gehalten haben. Er wird auch nicht den »Panzerbär« von diesem Tage mit seinen aufstachelnden Durchhalteparolen gelesen haben. Das Endkampfblatt der Nazis wird nach der Schließung aller Berliner Druckereien in einer Ruine im alten Zeitungsviertel in der Kochstraße in der Stadtmitte gedruckt. In die südlichen und westlichen Stadtbereiche gelangen jedoch keine Ausgaben mehr. Karl Kieling hat Diensteifer, Treue und Gehorsam gegenüber der Obrigkeit wohl immer im schlechtesten Sinne verstanden. Als bedingungslos. Und so verstrickt er sich kurz vor Ende des Krieges in ein verbohrtes nutzloses Abenteuer.

In der Lauterstraße fällt ein Pistolenschuß. Und den hören Kieling und seine Frau. Sie stürzen weg von der Suppe und hin zum Fenster. In der Art, wie sie es wahrscheinlich immer gemacht haben, wenn während des Mittagessens auf der Straße zu laute Kinder zu ermahnen waren oder der Disput zweier Nachbarinnen interessante Neuigkeiten mithören ließ. Vielleicht waren sie auch nur verunsichert. Sind die Russen schon da? Die Szenerie, die sie in einiger Entfernung beobachten, besteht in einem Handgemenge zweier Männer. Einer trägt die braune Uniform der SA, der andere ist ein Zivilist. Aus der Entfernung ist nicht festzustellen, wer von beiden geschossen hat. Und worum es eigentlich geht, das wissen die Kielings auch nicht. Aber in dem Amtswalter und Postoberinspektor, gerade ein bißchen satt geworden vom Eintopf und ohnehin ein wenig aufgeregt in diesen aufgeregten Zeiten, erwacht nun der Volkssturm. Ein Raufhändel und ein Schuß vor seiner Haustür! Ein Zivilist und einer in Uniform! Da ist die Sache für Kieling klar. Er muß amtswalten. Die Waffe wird aus der Schublade gekramt und durchgeladen. Kielings Frau ahnt Unheil und fleht ihren Mann an, sich nicht einzumischen. Sie will ihn zurückhalten, weint schließlich. Aber Karl Kieling ist nicht aufzuhalten. Die Uniform ist wie ein Poststempel. Der Zivilist wie ein unfrankierter Brief.

Auf der gegenüberliegenden Seite der Lauterstraße haben zwei Krankenschwestern das Geschehen beobachtet und den Schuß gehört. Sie rennen hinüber, wollen helfen, die Kontrahenten auseinanderzubringen. Passanten bleiben stehen. Als Kieling mit seiner Waffe in der Hand auf die Gruppe zugerannt kommt, rufen ihm die Schwestern zu, er solle nicht schießen, die Sache sei erledigt. Auf dem Bordstein liegt der Revolver, aus dem der Schuß kam. Kieling sieht ihn, fühlt sich keiner Gefahr der Gegenwehr mehr ausgesetzt und schießt auf den Zivilisten. Der erhält einen

Schuß in den Bauch, aus dem Abstand von eineinhalb Metern und bricht zusammen. Die Krankenschwestern, Passanten und die Begleiterin des Opfers – seine Verlobte – kümmern sich um ihn. Der Uniformierte, der bei der Auseinandersetzung verletzt worden war, herrscht im gewohnten Befehlston die Krankenschwestern an: »Sie müssen mich zuerst verbinden. Der Hund kann auf der Straße verrecken.« – »Jawohl«, brüllt nun auch Kieling, »der Hund muß verrecken!«

Der, der da »verrecken« soll, ist der Arbeiter Erich Werner. Er habe der KPD nahegestanden, heißt es. Ihr Mitglied war er nie, aber gegen Adolf Hitler und gegen den Krieg ist er immer gewesen. Das hat er vorsichtigerweise nie laut gesagt. Aber einmal, niemand weiß genau wann und wo, äußerte er, Deutschland könne den Krieg nicht mehr gewinnen.

Der in der Uniform ist der NSDAP-Zellenleiter Fink. Der hatte damals diese Bemerkung mitgehört und sie sofort als staatsfeindlich und wehrkraftzersetzend interpretiert. Fink, in ganz Friedenau als Mini-Bonze und Denunziant bekannt, zeigte Werner an, machte Aussagen, die für den Arbeiter zu einer Haftstrafe führten. Und nun, in der Mittagszeit des 24. April 1945, trafen sich Fink und Werner in der Lauterstraße zufällig wieder. Es kam zu einem heftigen Wortwechsel. Werner hält dem NSDAP-Zellenleiter vor, er und seinesgleichen hätten »Tausende auf dem Gewissen«. Das Wortgefecht ging in Handgreiflichkeiten über. Wer zuerst die Hand gegen den anderen erhoben hat, bleibt ungeklärt. Sicher ist, daß Werner bewaffnet war und diese Waffe aus der Tasche zog. Der Schuß verletzte Fink leicht an einer Hand. Und dann griff Karl Kieling ein.

Die Krankenschwestern helfen dem schwerverletzten Erich Werner auf die Beine. Und sie bringen ihn in ein nahes Behelfskrankenhaus. Auch Fink geht dorthin. Die genauen Umstände, die sich nach dem Schuß Kielings ereignet haben, sind nie untersucht worden. Sicher ist, Finks Hand wird im Krankenhaus zuerst verbunden. Als man Werner in den Behandlungsraum trägt, zieht der NSDAP-Mann einen der Ärzte beiseite und flüstert ihm zu: »Der Mann ist ein Gegner, der soll sterben.« Aber Werner wird behandelt, den Umständen entsprechend. Die sind: Ein Leberriß beim Patienten, katastrophale hygienische Verhältnisse, kein Strom, keine Medikamente, Geschützfeuer im Hintergrund. Der Schwerverletzte liegt unter diesen Umständen in der Behelfsklinik in Friedenau. Tagelang. Zu der Schußverletzung kommt eine schwere Lungenentzündung. Draußen in der Stadt dringen Stoßkeile der Roten Armee mit immer heftigerem Feuer auf die Innenstadt zu. Die ist inzwischen eine vollständige Trümmerwüste.

Adolf Hitler begeht am 30. April im unterirdischen Bunker der Reichskanzlei Selbstmord. An diesem Tag wird auf dem Reichstag die rote Fahne gehißt. Am 1. Mai vergiftet im »Führerbunker« der Reichspropagandaminister Dr. Joseph Goebbels erst seine gesamte Familie und tötet sich dann selbst. An diesem Tag erliegt Erich Werner seinen Verletzungen.

Man könnte meinen, der Fall Karl Kieling müßte hier zu Ende sein. Zehntausendfach ist in den letzten Tagen der Schlacht um Berlin gestorben worden. Und auch am 2. Mai geht der Irrsinn weiter. Während in den frühen Morgenstunden der deutsche Stadtkommandant General Weidling in einem Wohnzimmer im Stadtbezirk Tempelhof die vom sowjetischen Armeegeneral Wassili I. Tschuikow vorgelegte Kapitulationsurkunde unterzeichnet, sprengt ein fanatisches SS-Kommando den Stadtbahntunnel unter dem Landwehrkanal. Über Nebenschächte dringen die Wassermassen auch in den Tunnel der U-Bahnlinie C zwischen den Stationen Wedding im Norden und Gneisenaustraße im Süden und ertränken rund tausend verwundete deutsche Soldaten und Frauen und Kinder, die dort vor den Kampfhandlungen Schutz gesucht hatten. Der Tod durch Verbrechen ist in diesen Tagen in Berlin allgegenwärtig, und er bleibt meist ungesühnt. Prominente Nazis begehen in diesen Tagen reihenweise Selbstmord. Der Raufhändel mit Todesfolge zwischen Fink, Werner und Kieling, wie sollte der aus der Masse ragen? Aber er tut es.

Nachdem am 8. Mai in Berlin-Karlshorst die endgültige Kapitulation Deutschlands unterzeichnet wird und somit der zweite Weltkrieg in Europa zu Ende ist, wird Karl Kieling bei der neuen Ordnungsmacht angezeigt. Sowjetische Soldaten greifen den Postoberinspektor und ehemaligen Amtswalter auf. Da die ihnen vorgetragene Sachlage klar ist – Opfer ein Antifaschist, Täter ein verbohrter Nazi –, hätte auch das Vorgehen der Russen, deren Generaloberst Nikolai Bersarin Militärkommandant der Stadt und nach Lage der Dinge auch oberster Gerichtsherr ist, klar sein müssen.

Üblich in diesen Tagen wäre gewesen: Aburteilung des Kieling durch ein sowjetisches Militärgericht im Schnellverfahren, Todesurteil, Vollstreckung durch ein Erschießungskommando. Aber die Russen übergeben Kieling der deutschen Justiz.

Was war die deutsche Justiz in Berlin im April/Mai 1945? Ein Trümmerhaufen innerhalb des »größten Trümmerhaufens der Welt«, wie es der Oberst und spätere amerikanische Stadtkommandant von Berlin, Frank Leo Howley – ein fanatischer Gegner der Sowjets – einmal gesagt hat. Die Lage der Justiz war in jeder Hinsicht desolat. Aus dem von Ostern bis Pfingsten 1945 geführten Tagebuch des Richters Karl Arndts gibt es einige Aufschlüsse. Arndts, der sich später selbst im Fall des Karl Kieling engagieren muß, war in der Nazizeit Kammergerichtsrat. Da er sich aber beharrlich geweigert hatte, der NSDAP beizutreten, war seine Karriere enorm behindert. Er wurde aufs Abstellgleis geschoben. Als die Nazirichter durch immer häufigeren Fronteinsatz verschlissen waren, bekam er doch noch eine Art Bewährungsaufstieg. Mit einer Verfügung vom 26. März 1945 wurde er zum »Hilfsrichter beim Landgericht Berlin wegen Einberufung des Landgerichtsdirektors zum Wehrdienst bis zu dessen Rückkehr oder Verminderung von Richterkräften bis längstens 31.3.1946« ernannt. Anfang April 1945 notierte er über seinen Arbeitsplatz, das Landgerichtsgebäude in der Neuen Friedrichstraße, in dem auch das Kammergericht ansässig war: »Die Nähe des Alexanderplatzes hat bewirkt, daß das sehr große Haus öfter Volltreffer erhielt; es hat kaum noch eine heile Fensterscheibe. Seit November 1944 ist die Sammelheizung nicht in Betrieb; alle Beamten tun zähneklappernd in Mänteln Dienst …«

Ende April schreibt Arndts, es könnte der Tag gewesen sein, an dem Kieling auf Werner schoß: »Das Landgericht war ganz leer. In seiner Nähe hörte man schon Granaten der russischen Armee einschlagen …« Am 7. Mai, dem Tag vor der endgültigen Kapitulation, geht der Richter erneut hin, »um zu sehen, was los ist«. Russische Soldaten hätten »sinnlos gewütet«, schreibt er, Akten und Bücher lägen herum, Schränke seien umgestürzt. Arndts sucht im Gebäude einen Ansprechpartner: »Endlich stellte sich heraus, daß ich mich bei dem mir bekannten Maschinenmeister melden mußte. Die Hauptsache ist die Feststellung, wer in Strafsenaten die Urteile gegen amtliche Staatsfeinde gefällt hat. Allen diesen Beamten, insbesondere denen vom Volksgerichtshof, wollen die Russen ans Leder …« Am 15. Mai ist vermerkt: »… meldete ich mich beim Kammergericht zum Arbeitseinsatz, um eine Bescheinigung zu erhalten, die mich der Kartenstelle (für Lebensmittelkarten, d. A.) gegenüber als erwerbstätig ausweist. Ich habe dann drei Stunden an der Aufräumung eines Hofes, auf dem allerlei Kleidungs- und Einrichtungsstücke von Hausbewohnern, von den Russen zerstört, aufgehäuft lagen, mitgearbeitet. Zum Schluß teilte mir ein Inspektor mit, es sei die Einrichtung eines vorläufigen Gerichts in den einzelnen Bezirken der Stadt geplant, … ob ich nicht mittun wolle.« Arndts tut mit. Am 16. Mai ist er in einem Schulgebäude in der Kreuzberger Gneisenaustraße. Er erinnert sich: »Wir mußten einen Lebenslauf schreiben und wurden von einem russischen Hauptmann empfangen, der uns durch einen ganz unzulänglichen Dolmetscher, einen Bauernjungen in Uniform, die merkwürdigsten Fragen vorlegen ließ; insbesondere interessierte ihn, wie lange wir die Volksschule besucht hatten und ob wir Pgs. gewesen wären.«

In der Tat hatte der sowjetische Stadtkommandant von Berlin, General Bersarin, bereits in den ersten Tagen nach Kriegsende den Aufbau einer neuen deutschen Justiz in Berlin forciert. In allen Stadtteilen sollten Amtsgerichte aufgebaut oder übernommen werden, die sich nun Bezirksgerichte nannten, nach dem sowjetischen Vorbild der Rayongerichte. Als einzige übergeordnete Instanz sollte das Stadtgericht tätig werden. Es wurde später am alten Platz des Landgerichts in dem Gebäude in der Neuen Friedrichstraße untergebracht. Die Bezirksgerichte sollten für alle Straf- und Zivilsachen, aber auch für Arbeitsgerichtsangelegenheiten zuständig sein. Schon am 16. Mai wurde die Konstituierung dieser neuen deutschen Justiz vorgenommen, im ehemaligen Amtsgericht Lichtenberg. Im Amtsgericht Steglitz fanden die ersten Strafprozesse bereits Ende Mai statt. Nur die Aburteilung politischer Straftaten hatten sich die sowjetischen Militärbehörden ausdrücklich vorbehalten.

Warum ausgerechnet Karl Kieling mit einer eindeutig politisch motivierten Straftat der militärischen Schnellgerichtsbarkeit entgeht, bleibt ein Rätsel. Vielleicht ist das Bezirksgericht Friedenau, eines von einundzwanzig, die nach Weisung Bersarins bis zum 1. Juni 1945 die ehemaligen zwölf Amtsgerichte zu ersetzen hatten, als besonders kompetent angesehen worden. Vielleicht erschien die

Sache den Sowjets auch zu unbedeutend, um sich selbst damit zu beschäftigen. Vielleicht war es nur ein Zufall. Aber es ist auch denkbar, daß man das Funktionieren der neuen Gerichtsbarkeit testen wollte. Für diese These spricht die Tatsache, daß der zuständige sowjetische Gerichtsoffizier, der den Fall Kieling an dieses Gericht übergab und alle Einzelheiten des Procederes zu genehmigen hatte, ausdrücklich verlangte, es sei darauf zu achten, daß am Richtertisch auch »die etwa erscheinenden Vorsitzenden, nämlich der Kommandeur, Gerichtsoffizier oder der Stadtpräsident Platz haben«.

Dr. Ernst Melsheimer ist Leiter der Staatsanwaltschaft beim Bezirksgericht Friedenau. Der neunundvierzigjährige Jurist war seit 1928 Oberjustizrat im preußischen Justizministerium in Berlin und Sozialdemokrat. Mit dem Erstarken der Nazis trat er aus der SPD aus. Seine Karriere ging damit weiter, und er wurde 1933 zum Landgerichtsdirektor ernannt, schließlich zum Kammergerichtsrat und 1944 zum Reichsgerichtsrat. Gleichzeitig war er tätig als Rechtsberater der Nationalsozialistischen Volkswohlfahrt (NSV). Später ist Melsheimer Mitglied der SED und wird nach der Gründung der DDR dort zum Generalstaatsanwalt und obersten Ankläger avancieren. Hilde Benjamin, KPD-Mitglied seit 1927 und ab 1928 in Berlin als Rechtsanwältin tätig, erhielt 1933 Berufsverbot. Nun, im April 1945, wird sie von der sowjetischen Militäradministration in Berlin-Lichterfelde als Oberstaatsanwältin eingesetzt. Sie wird später eng mit Melsheimer zusammenarbeiten als Vizepräsidentin des Obersten Gerichts in der sowjetischen Besatzungszone und ab 1953 als Justizministerin der DDR.

Aber zurück zum Fall Kieling. Melsheimer beantragt die Eröffnung der Voruntersuchung gegen den ehemaligen Postoberinspektor, und die endet in einer Mordanklage nach dem § 211 des Strafgesetzbuches (StGB) in seiner alten Fassung. »Alte Fassung« des Mordparagraphen – das wird in der Sache Kieling noch eine gewichtige Rolle spielen.

Am 27. Juni 1945 wird im Großen Bürgersaal des Rathauses Friedenau die Hauptverhandlung im Prozeß gegen Karl Kieling eröffnet. Vorsitzender ist der Amtsgerichtsdirektor Ahrens. Ihm stehen zwei Schöffen zur Seite. Der Prozeß findet öffentlich statt, und der Saal ist überfüllt. Das Gericht ist nicht auf der Bühne des Saales plaziert, sondern davor. Man will keine Barriere zur Öffentlichkeit aufbauen. Erhalten ist ein auf fünf Schreibmaschinenseiten verfaßter Bericht des Sprechers der neuen Berliner Justiz, Hans Günther. Er wird später Karriere machen und geschäftsführendes Vorstandsmitglied des gesamtdeutschen juristischen Prüfungsausschusses werden. Der am 1. Juli 1945 herausgegebene Bericht trägt die Überschrift: »Ein Schauprozeß?« Im Vorspann heißt es, daß dem Prozeß Kieling eine »über den üblichen Rahmen hinausgehende Bedeutung« zukomme, weil es die erste größere Strafverhandlung vor einem Berliner Gericht nach dem Zusammenbruch sei, der »zugleich alle die Symptome enthält, die das auf Rechtlosigkeit und Terror aufgebaute System des vergangenen Regimes kennzeichnen«.

Die Hauptverhandlung in der Mordsache Kieling dauert nur drei Stunden. »Es ist keine Sensation, es ist eine Gerichtsverhandlung – so, wie wir sie von früher, aus den Tagen vor 1933, kennen, gar nicht laut – fast gedämpft geht es zu. Auch die Zeugen fügen sich diesem Ton und nehmen sich nicht wichtiger, als sie sind«, schreibt Günther, »fast möchte man es ein Wunder nennen.« Und an anderer Stelle kommentiert er: »Es ist ein – traurig genug, es sagen zu müssen – geradezu alltäglicher Fall des kleines Amtswalters, auf dessen Pistolen die Tyrannis des Hitler-Regimes basierte. Trotzdem haben sich diese Menschen hier – es ist ihnen gewiß nicht leicht geworden – freigemacht von den Gefühlen des Hasses und der Rache, sie wissen, was sie ihrem Amt als Richter und Anklagevertreter schuldig sind. Sie spielen nicht mit dem Menschen, der als Angeklagter vor ihnen sitzt; obwohl er ein Verbrecher ist, quälen sie ihn nicht, und sie bemühen sich sogar, die Taktik seiner Verteidigung, obzwar sie unter der Last des Beweismaterials von selbst zusammenbricht, zu verstehen. Wenn eine Leidenschaft sie beseelt, so ist es der Wille, die Wahrheit zu suchen und das Recht zu finden.«

Pflichtverteidiger ist Dr. Reinhard Moral aus Friedenau, einer der ganz wenigen jetzt schon zugelassenen Anwälte. Moral stellt in Frage, ob der Leberriß die wirkliche Todesursache des Erich Werner darstellt, ob nicht die dazugekommene Lungenentzündung in dem Krankenhaus die eigentliche Ursache ist. Er macht geltend, daß Kieling bei seinem Schuß in Putativnotwehr gehandelt haben könnte, also in einer Notwehr, die auf einem Rechtsirrtum des Schützen beruht. Schließlich habe er sich ja im Recht gefühlt, die angegriffene Uniform und ihren Träger unbedingt schützen zu müssen. Ist es dann aber nicht nur eine Körperverletzung mit tödlichem Ausgang gewesen und kein Mord? Das Gericht beschäftigt sich mit diesen Fragen ernsthaft. Aber alle Beteiligten werden subjektiv beeinflußt, als ein zweiter Arzt des Krankenhauses aussagt, der Chefarzt. Der NSDAP-Zellenleiter Fink habe ihn vor der Behandlung von Werner eigens aus dem Operationssaal holen lassen, um ihm zu sagen: »Operieren Sie den Mann so, daß er stirbt!« Die Emotionen im Saal, besonders beim Publikum, sind nun auf der Seite der Anklagevertretung. Die Niederträchtigkeit der kleinen Nazi-Bonzen, der Amtswalter und Uniformträger schreit nach harter Strafe. Und so fällt es Melsheimer leicht, sein »ebenso anschauliches wie lebendiges Plädoyer« zu halten: Karl Kieling habe mit Überlegung getötet. Er sei des Mordes schuldig. Für Mord gibt es nur eine Strafe: den Tod. Diesem Sachverhalt müsse das Gericht Rechnung tragen. »Es tut dies«, schreibt Günther in seinem Prozeßbericht weiter, »dem Strafantrag entsprechend, leidenschaftslos, voller Strenge und mit der Überzeugung, der Gerechtigkeit zu dienen. Und was wir eingangs das Wunder nannten: das ist dieser nach dem Zusammenbruch erste Sieg jener deutschen Objektivität, die – so oft von Goebbels angespeit und gegeißelt – unter dem vergangenen Regime in beschämender Weise auch von der Justiz unterdrückt worden ist.«

Karl Kieling wird nach dem Todesurteil von sowjetischen Soldaten abgeführt und in Gewahrsam gebracht. Wann wird das Urteil vollstreckt? Vorerst nicht. Denn Dr. Moral legt Berufung ein und will eine neuerliche Entscheidung durch die einzige »Überinstanz« für das Bezirksgericht Friedenau, das Stadtgericht. Dort wird die Sache ordnungsgemäß aufgerollt, das Friedenauer Verfahren soll überprüft werden. Aber inzwischen haben sich in den fortdauernd irrsinnigen Zeiten wieder einmal alle Bedingungen geändert. Sie führen dazu, daß Kieling an der Revisionsverhandlung nicht teilnimmt. Denn nun sind die Amerikaner in Berlin eingezogen und haben in dem ihnen zustehenden Sektor der Stadt die Hoheit übernommen. Da Kieling Einwohner des amerikanischen Sektors ist, wird er unverzüglich aus sowjetischem Gewahrsam in das der US-Besatzer überstellt. Und da sitzt er nun: In dem nun amerikanischen Gerichtsgefängnis in der Ringstraße 9 in Lichterfelde. Der zuständige Amtsgerichtsdirektor weigert sich, Kieling an das Stadtgericht zu überstellen. Es sei nicht kompetent, läßt er wissen. Er habe einen »strikten Befehl« der US-Besatzungsmacht, Weisungen des Stadtgerichts zu ignorieren. Läßt der

»kalte Krieg« zwischen Sowjets und den westlichen Besatzungsmächten schon grüßen?

Das von den Russen eingerichtete Stadtgericht verhandelt dennoch den Fall Kieling erneut. Als Revisionsinstanz braucht es dafür nicht die Anwesenheit des Angeklagten. Vier Wochen nach dem Spruch von Friedenau wird das Urteil bestätigt. Kielings Verteidiger Dr. Moral, über die aufkeimenden Streitigkeiten zwischen Russen und Westalliierten bestens informiert, beantragt daraufhin erneut eine Revision. Aber wo? Eine weitere Instanz existiert gar nicht. Moral begründet sein Ersuchen daher pfiffig mit der Formulierung: »... im Hinblick auf die Möglichkeit der Bildung einer dritten Instanz.« Das Stadtgericht lehnt ab. Mit der Zurückweisung der ersten Berufung sei rechtskräftig geurteilt worden. Und es ersucht zugleich mit den notwendigen Formalitäten die US-Besatzungsmacht um Erlaubnis für die Vollstreckung des Urteils. Doch in Lichterfelde bleibt man hart.

Der Kommandierende Generalmajor James M. Gavin – er wird später stellvertretender US-Stadtkommandant in Berlin und Botschafter der USA bei der Alliierten Kommandantur – sagt schlichtweg, No! Das von den Sowjets eingeführte System sei gerichtsverfassungswidrig. Ein Mordfall könne nicht von einem Schöffengericht, und nichts anderes sei das Bezirksgericht in Friedenau, entschieden werden. Gavin läßt in seinem Sektor mit höchster Rückendeckung aus Washington neben den bestehenden Bezirksgerichten eine eigene höhere Instanz einrichten – das »Landgericht II«. Am 6. August 1945 nimmt dieses Gericht in einer Villa in der Zehlendorfer Goethestraße 26a seine Tätigkeit auf. Vor diesem Gericht und keinem anderen, entscheiden die Amerikaner, soll erneut über Kieling verhandelt werden. Der Nazi-Amtswalter und Postoberinspektor aus der Friedenauer Lauterstraße ist nach zweimaliger Verurteilung zum Tode nun endgültig zum Spielball der Justiz geworden. Im Vordergrund des Geschehens, scheint es, steht nicht mehr sein Schicksal, sondern das Kalkül weltpolitischer Machtinteressen.

In der Goethestraße sitzen drei Berufsrichter und sechs Geschworene über Kieling zu Gericht. Nach der Verhandlung sind sich alle einig: Karl Kieling hat schuldhaft getötet. Aber, ist er ein Mörder oder ein Totschläger? Ein Mörder ist jemand, der nach § 211 StGB verurteilt werden muß. Das »Landgericht II« steht auf dem Standpunkt, daß »gegenwärtig der Mord nach der neuen Fassung des § 211 StGB strafbar ist«.

»Alte Fassung, neue Fassung« – über den Kopf des Angeklagten wird nun mit einem Kuriosum der deutschen Rechtsgeschichte entschieden.

Bereits am 1. Juli 1945 hatte General Dwight D. Eisenhower in seiner Eigenschaft als Oberkommandierender der west-alliierten Truppen in Europa mit dem »Gesetz Nummer 1« die Nazi-Gesetzgebung annulliert. Aus dem amerikanischen Verständnis heraus galt ihr Gesetz mit dem Einzug ihrer Truppen auch für Berlin. Ausgenommen von der Festlegung im »Gesetz Nummer 1« waren ausdrücklich Gesetze und Verordnungen, die zwar während des Hitler-Regimes entstanden, aber nicht »typisch und speziell auf der nationalsozialistischen Anschauung« gegründet waren. Dazu zählte man eine Strafrechtsnovelle, die am 4. September 1941 erlassen worden war. Diese Novelle, begründete das »Landgericht II«, habe schließlich nur eine Sache geklärt, die in der deutschen Rechtsprechung schon lange ein Ärgernis war.

Nach der alten Fassung des Mordparagraphen 211 StGB, wie er auch vor 1933 gültig war, mußte der Tatbestand des Mordes von dem des Totschlags dadurch unterschieden werden, daß bei einer Verurteilung wegen Mordes eine »Tat mit Überlegung« festzustellen war. Eine überlegte Tat von Kieling, das hatten Melsheimer in Friedenau und auch die Berufungsrichter beim Stadtgericht für die Verurteilung festgestellt.

Für viele Richter, die nach deutschem Recht zu sprechen hatten, war aber immer schon das Merkmal der »Überlegung« äußerst schwierig. Oft mußten tiefenpsychologische Akrobatiken für die Urteilsbegründungen herhalten. In der Justiz hatte man vielfach darauf hingewiesen, daß in anderen Rechtssystemen bewußt auf dieses Merkmal verzichtet werde und lediglich »niedrige Beweggründe« den Unterschied zwischen Mord und Totschlag auszumachen hätten. Und »niedrige Beweggründe« könne man leichter definieren als eine »Überlegung«. Für die jeweiligen Angeklagten in Tötungsdelikten konnte diese vermeintliche Spitzfindigkeit in der Branche der Juristen von größtem Interesse sein. Mußte doch bei Mord »absolut« die Todesstrafe verhängt werden, bei Totschlag allenfalls die Höchststrafe zu lebenslänglichem Zuchthaus.

Nun hing auch Kielings Unversehrtheit an dieser Frage. Ausgerechnet im Jahr 1941, als es in Deutschland in Wirklichkeit keinerlei Recht und Gesetz mehr gab, schafften die Juristen eine Änderung des Mordparagraphen alter Fassung – mit eben der Novelle vom 4. September. Der neue § 211 StGB stellte fest, daß ein Mörder nur dann ein Mörder sei, wenn »verwerfliche Beweggründe zur Tat oder bestimmte gemeine Ausführungsarten nachgewiesen« werden konnten. Von einer »Überlegung« beim Täter war keine Rede mehr.

Die Richter in der 3. Instanz beim Schwurgericht des »Landgericht II« prüfen inständig dennoch beide Fassungen des Mordparagraphen in seiner Anwendung auf den Angeklagten. Vielleicht will man den vorausgegangenen Instanzen äußerste Akribie demonstrieren. Das Ergebnis: »Daß der Angeklagte die Tötung mit Überlegung ausgeführt hat, erachtet das Gericht nicht für voll bewiesen ...« Und weiter heißt es: »Das Gericht hält es aber auch nicht für erwiesen, daß der Angeklagte den Mordtatbestand der neuen Fassung des § 211 StGB erfüllt hat.«

Also habe Karl Kieling aus »sonstigen niedrigen Beweggründen« den Tod des Erich Werner herbeigeführt. Ein Totschlagsdelikt! Und nun kommt das Schwurgericht im US-Sektor zu einer denkwürdigen Konstruktion. In der Frage, was ein »niedriger Beweggrund« sei, stützt man sich auf das Eisenhower-Gesetz, das nach »Art. III Ziffer 4-6 des All. Gesetzes« festlegt: Niedrige Beweggründe können nur solche sein, die den im § 211 StGB neuer Fassung ausdrücklich definierten nahekommen und »deswegen von allen billig und gerecht denkenden Staatsbürgern als niedrig empfunden werden«. Diese, 1941 formulierten, niedrigen Beweggründe lauten »Mordlust, Geschlechtstrieb, Habgier«. Selbstverständlich hätte man im September 1941 nie und nimmer in ein deutsches Gesetz schreiben können, daß es ein niedriger Beweggrund sei, wenn ein Pg. und Amtswalter auf einen vermeintlichen Kommunisten schießt. Mordlust, Geschlechtstrieb und Habgier haben Karl Kieling aber nun tatsächlich nicht getrieben, als er auf Erich Werner schoß. Versucht das »Landgericht II« den politischen Hintergrund der Tat zu ignorieren?

Es ignoriert ihn nicht. Karl Kieling habe getötet, heißt es in der Urteilsbegründung, weil er »stur und verrannt der Ideologie der nationalsozialistischen Partei folgend ... ein Exempel statuieren wollte«. Es folgt wörtlich der Satz: »Hierin hat das Gericht gerade mit Rücksicht auf die Verbohrtheit des Angeklagten, die ihn offensichtlich zu ganz verkehrten moralischen Wertungen führte, die dann tatbestimmend wurden, einen sonstigen ›niedrigen Beweggrund‹ noch nicht erblicken können.« Schon deswegen sei die Höchststrafe von lebenslänglichem Zuchthaus nicht angemessen. Sie sei aber auch deswegen nicht angemessen, weil »das Opfer selbst unnötig hat Blut fließen lassen und dadurch die Tat mit ausgelöst hat«. Das unnötige Blut, das ist die Handverletzung von Fink. Kieling wird erneut verurteilt. Zu acht Jahren Freiheitsstrafe.

Noch ahnt niemand im zerbombten Berlin, daß sich hinter dieser spitzfindigen Art der Rechtsprechung eine Verniedlichung der Naziverbrechen versteckt, wie sie Jahre später im Westen immer wieder praktiziert wird und im Gegenzug im Osten zu heftigen Entgleisungen in die andere Richtung verführt. Aber das dritte Urteil in Sachen Kieling macht in der Stadt schnell die Runde, obwohl die Kommunikationsmöglichkeiten noch äußerst beschränkt sind. Überall gibt es Empörung. Erhalten ist eine Resolution, die von Bewohnern der Häuser Wisbyer Straße 12 und 12a im Bezirk Prenzlauer Berg verfaßt worden ist. In ihr gibt es reichlich Übertreibungen. Kieling wird als »Nazibestie« tituliert, und alle Anwesenden bezeichnen sich als »wir Antifaschisten«. Aber der Kernsatz dieser Resolution und wohl noch einer großen Zahl weiterer Proteste wird den Verantwortlichen im US-Sektor Kopfschmerzen bereitet haben: »Zwölf Jahre lang gingen Antifaschisten durch die Gaskammern. Während der Dauer des nazistischen Krieges wurden ungeheuere Teile der europäischen Bevölkerung von ihren Mordbestien drangsaliert und hingeschlachtet. Zwölf Jahre lang wurden an Frauen und Kindern unsägliche Bestialitäten ausgeübt, und aus diesem Grunde sehen wir in solchem Urteil eine Gefahr für den Aufbau des neuen Staates und für die Verwirklichung der Demokratie.«

Wo soviel Volkszorn im Spiel ist, handeln die Amerikaner pragmatisch. Im sowjetischen Sektor von Berlin hat das Kammergericht inzwischen die Arbeit wieder aufgenommen. Der Generalstaatsanwalt beim Kammergericht macht von seiner Befugnis nach § 143 der Strafprozeßordnung Gebrauch, die Sache Karl Kieling persönlich an sich zu ziehen. Die Amerikaner protestieren nicht. So geht das Verfahren in seine 4. Instanz. Am 4. September 1945 hatte inzwischen die Sowjetische Militäradministration in Deutschland (SMAD) für die russische Besatzungszone und den Ostteil Berlins die Vereinheitlichung des Gerichtswesens per Dekret angewiesen. In dem von Marshall Georgi Shukow unterzeichneten Befehl Nr. 49 lautet der erste Satz im Punkt 1 der Verfügung: »Das System der deutschen Gerichte in allen Gebieten ist in Übereinstimmung mit der Gesetzgebung zu reorganisieren, wie sie am 1. Januar 1933 existierte.« Damit ist im Prinzip auch klar, daß die neue Fassung des Mordparagraphen 211 des Strafgesetzbuches hier keine Gültigkeit hat.

Das Kammergericht hat in Sachen Kieling erst einmal eine gewichtige Verfahrensfrage zu klären. Haben in einer Mordsache fünf Richter zu entscheiden oder nur drei? Der Beschluß der Zentralkommandantur zur Besetzung von Gerichten gibt darüber keine genaue Auskunft. Man entscheidet sich dafür, daß drei Richter genügen. Schließlich hat das Kammergericht nur einen einzigen Strafsenat und leidet unter Personalmangel. Doch zwei der Richter hatten schon in Sachen Kieling mitgewirkt. Kein zulässiges Verfahren. Man löst das Problem durch Zuweisung eines vierten Richters und die Mitwirkung eines geschäftsplanmäßigen Vertreters. Die so etwas seltsam zustandegekommene Kammer kommt dann aber schnell zu einem eindeutigen Entschluß: Das Schwurgericht beim »Landgericht II« habe das Merkmal »niedrige Beweggründe« in Sachen Karl Kieling gründlich verkannt. Es müsse neu verhandelt werden. Und das soll im wiederhergestellten alten Schwurgericht beim Landgericht Berlin-Moabit erfolgen – im »Kriminalgericht«, wie die Berliner sagen. Nun steht Kieling in 5. Instanz vor dem Kadi. Am 20. Februar 1946 findet die Hauptverhandlung statt.

Den Vorsitz führt Landgerichtsdirektor Herzog. Neben ihm sitzen zwei weitere Berufsrichter und sechs Geschworene. Kieling wird von Dr. Reinhard Moral und Dr. Hans Aldenhoff verteidigt. Insgesamt werden sechs Zeugen und ein medizinischer Sachverständiger befragt. Zu Beginn des Prozesses hat Kieling nach der Verlesung des Eröffnungsbeschlusses die Möglichkeit, sich noch einmal zum Tatgeschehen zu äußern. Er macht das, was er in allen Prozessen zuvor auch gemacht hat, er behauptet, den Streit zwischen Fink und Werner habe er nur schlichten wollen. Die erste Zeugin ist die Verlobte von Werner, Fräulein B. Sie bestreitet diese Darstellung vehement. Das Handgemenge zwischen den beiden, sagt sie, sei längst beigelegt gewesen. Fink und Werner hätten sich ruhig gegenübergestanden, als Kieling mit der Pistole in der Hand auf die Gruppe zugestürmt sei. Ob Kieling vorher gerufen habe, »der Hund muß verrecken!«, daran kann sie sich nicht mehr mit Bestimmtheit erinnern. Aber das kann, unter Eid, eine der beiden Krankenschwestern, eine Frau Witt. Moral und Aldenhoff nehmen die Zeugen immer wieder ins Verhör und versuchen, deren Aussagen zu erschüttern. Aber es gelingt nicht. Der medizinische Sachverständige schließlich erklärt, daß Karl Kieling geistig normal ist. Nun sind alle Würfel gefallen. Kieling erhält vor dem Urteilsspruch das letzte Wort. Er ist den Dingen zu diesem Zeitpunkt offenbar schon weit entrückt. Eine erneute Verurteilung zum Tode kann er sich einfach nicht mehr vorstellen. So konfrontiert er das Moabiter Schwurgericht noch mit der dringenden Bitte, man möge ihn zur Haftverbüßung doch in eine Anstalt in der Nähe von Aschaffenburg bringen, dort könne ihn seine dort lebende Tochter leichter besuchen.

Moral und Aldenhoff plädieren auf Freispruch. Ihre hauptsächlichen Argumente ziehen sie aus der unklaren Rechtslage in der Einbeziehung und Auslegung der alten wie der neuen Fassung des § 211 StGB. Zuvor hat Karl Arndts plädiert, der jetzt Staatsanwalt beim Landgericht in Moabit ist. Es komme, sagt er, bei der Beurteilung der Tat des Karl Kieling nur Mord in Frage. Es seien »die Tötungsabsicht und die niedrigen Beweggründe dazu offenkundig« im Prozeß nachgewiesen worden. Arndts fordert die Todesstrafe. Das Gericht zieht sich zurück. Nach rund neunzig Minuten Beratung wird das Urteil verkündet: Karl Kieling wird wegen Mordes zum Tode verurteilt. Dauerhaft werden ihm zugleich die bürgerlichen Ehrenrechte aberkannt.

Dr. Reinhard Moral, Kielings Pflichtverteidiger, versucht noch einmal die Haut seines Mandanten zu retten. Er ruft das Kammergericht erneut um Revision an. Dieses lehnt ab. Auch Gnadengesuche an die deutsche Gnadenkommission werden verworfen.

Die letzte Instanz ist die Gnadenkommission der vier Alliierten, der Sowjets, Amerikaner, Briten und Franzosen. Sie befaßt sich mit dem Gesuch. Am 10. August 1946 meldet der Berliner »Kurier« unter der Sammelüberschrift »Beschlüsse der Berliner Kommandanten« kurz und knapp: »Die Kommandanten bestätigen den Urteilsspruch über Kieling, der am 20. Februar 1946 vom

Landgericht in Berlin wegen Mordes zum Tode verurteilt worden war.« Nach acht Instanzen, einschließlich der für die Gnadengesuche zuständigen, und innerhalb eines Zeitraumes von nur zehn Monaten endet damit die Odyssee des Karl Kieling durch ein Justizchaos.

Ist darin eine »Justiztragödie« zu sehen, wie es der ehemalige Vorsitzende des Richterbundes in Berlin, Friedrich Scholz, einmal formuliert hat? Sicher, ja. Aber es darf nicht vergessen oder verdrängt werden, in welchen Zeiten diese Tragödie stattfand. Die endgültige Bestätigung des letzten Urteilsspruchs gegen Kieling, die Abweisung des Gnadengesuchs bei der 43. Sitzung der Alliierten Kommandantur, die übrigens unter dem Vorsitz des US-Kommandanten Generalmajor Frank A. Keating stattfand, muß auch vor einem zeitgeschichtlichen, psychologischen Hintergrund gesehen werden. An dem Tage, an dem das Schwurgericht in Moabit über Kieling verhandelte, berichteten Zeitungen und Rundfunk über den Verlauf des Nürnberger Tribunals gegen die Hauptkriegsverbrecher. Am Tag zuvor hatte man sich dort mit der Beweisaufnahme in der Tatsache beschäftigt, daß die Naziführung die industrielle Verwertung von Menschenfett zu Waschseife und von Menschenhaut zu Lederersatz im großen Stil plante. Proben aus einem Danziger Laboratorium, in dem entsprechende Versuche unternommen wurden, waren dem Tribunal vorgelegt worden. Göring, Heß, Keitel, Rosenberg und die anderen auf der Anklagebank, hieß es in den Berichten, hätten bei dieser Demonstration keinerlei Regung gezeigt.

Am 21. August 1946 wird Karl Kieling in der Spandauer Haftanstalt, dem späteren Kriegsverbrechergefängnis, in dem noch Jahrzehnte der »Führerstellvertreter« Rudolf Heß einsitzen wird, hingerichtet. Um 7 Uhr morgens trennt ein Fallbeil den Kopf Kielings vom Körper. Es ist die Vollstreckung des ersten Todesurteils, das ein deutsches Gericht nach dem Ende der Nazidiktatur ausgesprochen hat. Am darauffolgenden Tag gibt es eine Mitteilung der »Berliner Ausstellungen, Abt. Säulenreklame«, die früher und heute wieder BEREK heißt, an die Presse: »Punkt 1: Außergewöhnliche Ereignisse innerhalb des Betriebes: Auf Grund einer Anordnung des Generalstaatsanwaltes wird ab sofort wieder jede Hinrichtung an den Säulen bekanntgegeben. Das altbekannte rote Plakat erscheint also wieder. Erstmalig nach dem Kriege ist es am 21.8.1946 geklebt worden.« Auch die Justizpressestelle teilt die Hinrichtung Kielings mit. In knappen Worten. Alle Berliner Zeitungen drucken sie. Im »Neuen Deutschland« ist die Notiz in der Sammelmeldung »Letzte Berliner Neuigkeiten« plaziert. Mehr als drei Mal so lang sind in der Rubrik die Mitteilungen über einen Preiswettbewerb des Magistrats und den Beschluß, daß Studenten künftig an der Sozialversicherung beteiligt sind. Die »Berliner Zeitung« meldet die Hinrichtung zwischen einem ausführlichen Bericht über die Beseitigung der Trümmerschäden in der Frankfurter Allee und einem Hinweis auf das Treffen der Freidenkerbewegung. In der »Täglichen Rundschau« ist die Kieling-Hinrichtung in der Rubrik »Berlin« vermerkt und wird durch den Wechsel der Seiten 3 und 4 unterbrochen. Der »Telegraf« bringt die Notiz zwischen zwei Kurzreportagen unter: »Gemüsefelder in der Baumschule« und einer anderen, in der es heißt, Captain Davis, Polizeiinspektor Sährig und der Feuerwerker Eduard Kothe seien zum Teltowkanal gefahren. Dort wollten sie prüfen, wie schnell Minen und andere Munitionsarten beseitigt werden können, die immer noch an den Ufern liegen. Berlin, scheint es, will Abschied nehmen von Zeiten, die der Irrsinn lenkt.

Der Scharfrichter entkommt dem eigenen Werkzeug

Gustav Völpel und die Bande des Werner Gladow

Im Zellengefängnis in der Lehrter Straße in Moabit wurde am 11. Mai 1949 ein Mensch aufgrund eines richterlichen Beschlusses vom Leben zum Tode befördert. Das geschah mit einem Fallbeil, einer Guillotine. An diesem Tage trennte es Kopf und Rumpf des vierundzwanzigjährigen Berthold Wehmeyer. Er hatte bei einer Hamsterfahrt in der sowjetisch besetzten Zone eine einundsechzig Jahre alte Frau umgebracht, um sich eines Sackes Kartoffeln zu bemächtigen.

Wehmeyer war der letzte Todeskandidat, der in den Westsektoren Berlins hingerichtet wurde, denn am 24. Mai 1949 trat das Bonner Grundgesetz in Kraft. Im Artikel 102 hieß es da kurz und bündig: »Die Todesstrafe ist abgeschafft.« Im Westteil Berlins machte daraufhin der Magistrat von seinem Recht auf Gnadenerlaß Gebrauch, und es wurden alle verhängten Todesurteile in lebenslängliche Haftstrafen umgewandelt. Später, erst am 9. Januar 1951, schaffte das Stadtparlament auch formell die Todesstrafe ab. Gleichzeitig wurde mitgeteilt, daß die Gerichte im Westen Berlins vom Mai 1945 bis zum März 1950 insgesamt fünfundzwanzig Todesurteile ausgesprochen hatten. Vollstreckt wurden davon neun.

Wer aber war der letzte Henker im Westen von Berlin? War es Gustav Völpel, der amtierende Scharfrichter für Gesamtberlin und die sowjetisch besetzte Zone, wie es oft angenommen wird? Das ist wenig wahrscheinlich, denn Völpel saß zur Zeit der Hinrichtung Wehmeyers selbst wegen schwerer Straftaten in Haft. Er saß in einer Westberliner Zelle. Und für Völpel war das gut so. Denn hätte er im Ostteil der Stadt gesessen, wäre er womöglich durch sein eigenes Werkzeug ums Leben gekommen, das er im Osten im Unterschied zur Westberliner Guillotine benutzen mußte – das Handbeil.

»Der Große Brockhaus«, der in jenen Tagen in seiner 16. Auflage erschien, gibt Auskunft darüber, was ein Scharfrichter ist, »eine zur Vollstreckung von Todesstrafen bestellte besoldete Person«. Die Anrüchigkeit ihres Gewerbes, heißt es im Lexikon weiter, setzte die Scharfrichter als »unehrliche Leute« gesellschaftlich und rechtlich zurück. Scharfrichter wurden auch Henker genannt, Freimann, Angstmann, Meister Hämmerling sowie Meister Hans oder Nachrichter.

Gustav Völpel hatte in den Kreisen, in denen er sich bewegte, den Spitznamen »Scharfrichter-Hannes« – wohl in Anlehnung an den Meister Hans. Seine offizielle Berufsbezeichnung war Nachrichter. Also der, der nach dem Richterspruch noch etwas nachzubessern hat – auf dem Richtblock.

Wie wird man Scharfrichter? Vielleicht genau auf die Art und Weise, wie es die Lebensgeschichte des Gustav Völpel vermuten läßt. Der 1901 in einem westpreußischen Nest geborene stämmige Junge mit zurückgekämmten schwarzen Haaren und einem Raubvogelgesicht hat dreimal eine Klasse seiner Volksschule wiederholen müssen, bis er 1918 kurz vor Ende des ersten Weltkrieges noch in den Kriegsdienst eingezogen wird. Danach strandet er in Berlin. Not, Hunger, Elend prägen ihn. Und die Geschichte bietet ein einzigartiges Schauspiel: Der Kaiser dankt ab, Karl Liebknecht ruft die sozialistische Republik aus. Dann kommen die Wirren der Weimarer Republik, das Aufkeimen der Nazi-Bewegung. Völpel ist arbeitslos wie Hunderttausende andere auch. Er kommt mit der Szene am Alexanderplatz und im Scheunenviertel in Berührung, der Alkohol wird zum guten Freund. Mit kleineren Straftaten bestreitet er seinen Lebensunterhalt. Aber Völpel hat Glück. Er kann eine Ausbildung bei der Ufa in Babelsberg zum Filmkopierer und Lichtpauser machen. Dort arbeitet er fortan für ein bescheidenes Einkommen, dessen größten Teil er in die Kneipen rund um den Alexanderplatz trägt.

Der »Alex« ist inzwischen der Kiez des Gustav Völpel. Als er im Vorkriegsjahr 1938 dort Lose für die Winterhilfslotterie verkauft, lernt er Martha kennen, eine hübsche Zwanzigjährige, die sich ebenfalls im Milieu aufhält. Aus der schnellen Liebe wird eine schnelle Heirat. Zwei Kinder zeugt Völpel in dem kurzen Eheglück. Dann – 1939 und wieder auf dem Alexanderplatz – kommt für ihn eine Katastrophe. Sturzbesoffen, wie so häufig, mokiert er sich lautstark über die Regierung Hitlers und deren Unfähigkeit, die sozialen Probleme zu lösen. Er wird verhaftet und zu einer langjährigen Freiheitsstrafe verurteilt. Martha Völpel hält sich und ihre Kinder in dieser Zeit mit gewerbsmäßiger Unzucht über Wasser, sie geht auf den Strich an der Oranienburger Straße, in der Münzstraße und in der Mulackstraße im Scheunenviertel.

Als mit zunehmend schlechterem Verlauf des Krieges die Nazis vermehrten Bedarf an wehrkräftigen Männern haben, wird Völpel aus der Haft in ein Strafbataillon der Wehrmacht versetzt. Er gehört zu jenen, die an vorderster Front »verheizt« werden sollen. Aber dazu kommt es nicht. Gustav Völpel, wieder im Suff, redet laut und öffentlich vor den Kameraden in seiner Kompanie von seinem Haß gegen den Staat, gegen Hitler, gegen den Krieg – in völliger Verkennung, was das in diesen Tagen bedeutet, zumal für einen, der in einem Strafbataillon seinen Kriegsdienst leistet.

Völpel wird denunziert und von einem Kriegsgericht zum Tode verurteilt. Doch er entgeht dem Henker und wird zu fünfzehn Jahren Festungshaft begnadigt. Die »Festung«, in die er kommt, ist das Konzentrationslager Dachau bei München. Im April 1945 befreien amerikanische Truppen die Häftlinge, darunter Gustav Völpel. Er schlägt sich nach Berlin durch, erreicht seine Anerkennung als Opfer des Faschismus (OdF). Das ist ein Ausweis, der im Jahr 1945 sehr viel gilt.

Völpel selbst hat seinen Lebenslauf knapper geschildert. Ein Gerichtsreporter der Zeitung »Der Tag« notierte, was der Henker im April 1950 in Moabit vor der 5. Großen Strafkammer zu seiner Vita sagte: »Ich habe Volksschulbildung und bin dreimal sitzengeblieben. 1918 zog ich mit 17 in den Krieg, danach wurde ich arbeitslos und kam erst später als Filmkopierer unter. 1939 (im Originaltext ist daraus durch einen Setzfehler 1930 geworden, d. A.) wurde ich politisch verhaftet. 1940 wurde ich eingezogen, 1944 wegen Wehrkraftzersetzung zum Tode verurteilt, aber zu 15 Jahren Zuchthaus begnadigt. 1938 heiratete ich. Zwei Kinder sind mir dann durch Bomben kaputtgegangen. Nach dem Kriege meldete ich mich beim Strafvollzug.« Völpel sprach, wie ein anderer Zeitzeuge vermerkt, »in haarsträubendem Berliner Dialekt mit slawischem Satzbau«.

Martha lebt in der alten Wohnung in dem Mietshaus in der Gabelsbergerstraße in Friedrichshain. Es ist von den Kriegsereignissen schwer mitgenommen, aber nicht von Bomben zerstört. Dort hausen die beiden im Frühsommer 1945. Gustav Völpel säuft, soweit er jedenfalls an Sprit gelangen kann, und Martha Völpel sorgt für den Unterhalt. Sie geht anschaffen in den Kneipen rund um den Alex, der eine Trümmerwüste ist, bringt die Freier mit nach Hause. Wenn Gustav Völpel nicht betrunken ist, zieht es ihn zu den zahlreichen Schwarzmärkten, auf denen er kauft und verkauft, immer mit dem Ziel, jenen Gewinn zu machen, der die nächste Flasche Schnaps finanziert. Eine einschneidende Änderung im Leben der Völpels kommt Ende 1945. Der ehemalige Todeskandidat hört davon, daß die Justiz einen Scharfrichter sucht. Völpel bewirbt sich und erhält den Zuschlag. Die Staatsanwaltschaft stellt ihn ein und gibt ihm einen Ausweis, auf dem seine besondere Qualifikation bescheinigt wird: Er ist nun »Nachrichter«.

Gustav Völpels Arbeitsgerät bei Hinrichtungen in den Westsektoren Berlins ist eine Guillotine, die die siegreichen deutschen Truppen 1871 im deutsch-französischen Krieg aus einem Pariser Museum als Beute mitnahmen. Sie gelangte zunächst in das berühmt-berüchtigte Kölner Gefängnis »Klingelpütz« und wurde erst 1944 nach Berlin »versetzt«. Die Guillotine wurde vor ihrem Einsatz im Zellengefängnis in der Lehrter Straße lediglich einmal modernisiert, indem man den Holzblock vor dem Fallbeil, auf den der Kopf des Delinquenten zu liegen kommt, aus ästhetischen Gründen blutrot anstrich. (Das Gerät liegt heute eingeölt und gut verpackt in einem Keller des Moabiter Kriminalgerichts, für die Öffentlichkeit nicht zugänglich. Zweifellos hatte diese Köpfmaschine während der französischen Revolution ihre Blutprobe abgelegt. Gerüchte, mit ihr seien auch die Revolutionäre Danton und Robespierre enthauptet worden, entbehren jedoch jeder Grundlage.)

Das Arbeitsgerät, das Gustav Völpel in Ostberlin und der sowjetisch besetzten Zone einsetzen muß, ist ein Handbeil. Es hat eine zweiundvierzig Zentimeter lange Klinge und wiegt sechs Kilogramm. Völpel ist persönlich für dieses Werkzeug verantwortlich. Er trägt es auf dem Wege zur und von der Arbeit in einem grünen Koffer bei sich, der mit grauem Stoff ausgeschlagen ist. In diesem Koffer befindet sich noch mehr. Darin liegen die schwarzen Handschuhe, die bei den Hinrichtungen benutzt werden, sowie eine vom »Scharfrichter-Hannes« selbst entworfene Maske. Sie besteht aus einer gelben Augenblende, ähnlich einer Motorradbrille, die zwischen den Augenbrauen ein Kreuz ziert. Dieses soll symbolisieren, daß der Scharfrichter im Auftrage der Gerechtigkeit handelt, mit dem Wohlwollen des Allmächtigen. Unter der Brillenmaske ist ein schwarzes Tuch angenäht, das Mund, Kinn und Hals verdeckt. Bei jeder Hinrichtung trägt Völpel diese Maske. (Koffer und Maske gelten heute als verschollen. Das Handbeil ist im Märkischen Museum eingelagert – wie das Fallbeil in Moabit den neugierigen Blicken der Öffentlichkeit verborgen.)

Das Handbeil wird in der Wohnküche der Völpels in der Gabelsbergerstraße 52 in Friedrichshain aufbewahrt. Martha muß es vom Blut der soeben Hingerichteten säubern, wenn der Scharfrichter-Hannes nach dem Vollzug nach Hause kommt und mit einer Flasche Schnaps am Hals am Küchentisch sitzt. Natürlich geschieht das erst, wenn Martha keinen Freier mehr im Schlafzimmer hat. Trautes Heim, Glück allein. In der Küche der Völpels hängt an einer Wand eine Zierfliese, die den Spruch trägt: »Liebe Deinen Nächsten wie Dich selbst.«

Von Ende 1946 bis zum Jahr 1948 hat Gustav Völpel nach eigenen Angaben in den beiden Teilen Berlins und der Sowjetzone achtundvierzig Hinrichtungen vollzogen. Für jeden Delinquenten erhielt er ein Handgeld von tausend Mark. Die sogenannten erkennenden Richter, die die Todesurteile aussprachen, hatten sich mit einem monatlichen Salär um rund dreihundert Mark zu begnügen.

Aber Völpel ist mit seiner Arbeitssituation nicht zufrieden. Er fühlt sich nicht ausgelastet, es sind zu wenig Todesurteile ergangen, wie er später einmal sagte. Deshalb wird der Schwarzmarkt für ihn zum Hauptbetätigungsfeld. Als Spezialist für Gold und Silber macht Völpel dort gute Umsätze. Der Ausweis des »Nachrichters« ist ihm dabei sehr behilflich. In der Szene rund um den Alex gilt es als schick, mit dem Scharfrichter in der »Münzklause« gesehen zu werden. Hier und in anderen einschlägigen Etablissements, in denen Gustav Völpel verkehrt, läuft sein drittes Stammgeschäft. Neben dem Hinrichten und dem Schwarzhandeln gibt er wertvolle Tips für schwere Jungen und leichte Mädchen. Der Vollstrecker der Justiz wird in kriminellen Kreisen so etwas wie ein spiritus rector. Alle kennen Völpel, Völpel kennt alle – im Geschäftszweig mit dem Rotlicht ist er durch Martha gut informiert. Ihr bleibt auf den Strichmeilen im Kiez kein neues Gesicht verborgen.

Im März 1948 steht Völpel zum erstem Mal nach dem Krieg vor dem Kadi. Ein Schöffengericht in Berlin-Mitte hat über einen mutmaßlichen Raubüberfall mit Körperverletzung zu befinden, den Völpel begangen haben soll. Am Verhandlungstag sind alle anwesend, nur Völpel nicht. Das irritierte Gericht vertagt sich. Kurz nachdem der Vorsitzende die Vertagung verkündet hatte, erscheint Völpel im Gerichtssaal, mit einer Miene des Bedauerns. Seine unglaubliche Erklärung für die Verspätung wird von den ihn begleitenden Justizwachtmeistern voll und ganz bestätigt: Am Tage seines eigenen Gerichtstermins hatte Völpel in Dresden drei Hinrichtungen vorzunehmen. Das hatte Priorität. Nach dem Bluthandwerk schaffte es die Justiz nicht mehr, ihren »Gustav fürs Grobe« rechtzeitig nach Berlin zurückzubringen. An einem späteren Termin wird Völpel dann wegen Körperverletzung zu zwei Monaten Gefängnis »verknackt«. Der Vorwurf des Raubes wird fallengelassen. Die Revision – nun im Moabiter Kriminalgericht – wird erst einmal vertagt, weil keiner der geladenen Zeugen erschienen ist.

Martha Völpel sagt an diesem Tag in der altehrwürdigen »Gerichtsklause« gegenüber dem Kriminalgericht in der Turmstraße einem Reporter, was sie von der Sache hält: Es sei eine Lappalie. Und ein Skandal. Wenn man ihrem Mann schon den Prozeß machen wolle, dürfe man die Regeln des Anstands nicht verletzen. Nie in der Geschichte der Henker habe man deren Namen der Öffentlichkeit preisgegeben und in der Zeitung erscheinen lassen. Die Indiskretion der Presse habe ihren Gustav »gesellschaftlich unmöglich gemacht«.

Völpel ist zu diesem Zeitpunkt auf freiem Fuß, berät die Gladow-Bande und verrät dem Reporter des »Tagesspiegel« in der »Gerichtsklause«: Für den Beruf des Scharfrichters müsse man »Naturmensch« sein, sonst könne man die Aufgabe nicht erfüllen. Sein Hauptwunsch: Am liebsten würde er ausschließlich in Westberlin arbeiten, dann erhielte er fünfundzwanzig Prozent seines Honorars in Westmark.

Natürlich kennt Gustav Völpel auch den siebzehnjährigen Werner Gladow, der in den Nachkriegswirren eine ganz besondere Geschäftsidee entwickelt. Gladow will der »Al Capone« von Berlin sein, Zeiten und Umstände scheinen ihm für diese Karriere günstig, und das Handwerkszeug für den Aufbau einer eigenen Bande entnimmt er jenen Hollywood-Schinken, die im Westen der Stadt in den billigen Kinos ständig gezeigt werden. Capones Ende, der am 4. Februar 1947 in Chicago zu Grabe getragen wird, schreckt den Nachahmer nicht.

Über die Art und Weise, wie der Scharfrichter Gustav Völpel und der Bandenchef Werner Gladow miteinander bekannt werden, gibt es zwei Versionen. In der einen heißt es, Gladow sei Stammkunde von Martha Völpel gewesen, hätte also in der Gabelsbergerstraße verkehrt und so logischerweise auch »Scharfrichter-Hannes« kennengelernt. Die andere Version klingt genauso hübsch und ist in der Presse jener Tage ausführlich dargestellt worden: Völpel habe Gladow auf dem Alexanderplatz zugesehen, wie er gleich acht andere Jugendliche verprügelte. Das soll ihm imponiert und ihn zu der Bemerkung veranlaßt haben: »Ich liebe Sportsfreunde.« Seitdem habe Gladow häufiger in der »Münzklause« mit Völpel ein Bier getrunken. Im »Pilsator« habe Völpel dann wenig später dem jungen Schwarzhändler Franz Redzinski, genannt »Bomme« zugeschaut, wie der einen anderen Schwarzhändler niederschlug. Auch dieser »Sportsfreund« faszinierte Völpel. Er soll zu »Bomme« gesagt haben, er werde ihm einen Jungen bringen und: »Wenn du mit dem auch fertig wirst, dann kannst du dich erst dicke tun.« Der andere war Gladow. Und dieser machte aus »Bomme« Hackfleisch, wie man damals in der Berliner Szene sagte. Fortan sollten Gladow und Redzinski enge Freunde gewesen sein, und »Scharfrichter-Hannes« gehörte zum Clan wie ein Übervater.

Es ist aber anzunehmen, daß der Kontakt zwischen dem letzten Gesamtberliner Henker und dem spektakulärsten Gesamtberliner Bandenchef der Nachkriegszeit in Wirklichkeit auf eine ganz banale Art zustandegekommen ist. In der »Münzklause«, im »Pilsator«, rund um den Alexanderplatz, im Scheunenviertel und am Bahnhof Friedrichstraße trifft sich in dieser Zeit alles, was nicht durch ehrlicher Hände Arbeit zu Geld kommen will. Daß sich hier irgendwo zwei Prominente der Szene, Völpel und Gladow, treffen und kennenlernen, ist nur natürlich. Und ihr Heimweg ist ein gemeinsamer. Völpel wohnt in der Gabelsberger Straße, Gladow in der Schreinerstraße. Das Viertel in Friedrichshain ist begrenzt durch Samariterkirche und Galiläa-Kirche, die Schlacht- und Kühlhäuser an der Eldenaer Straße und auf der anderen Seite die Frankfurter Allee. Ihre Wohnhäuser liegen ums Eck.

Werner Gladow ist 1931 in diesem Kiez geboren worden. Bedingt durch den Krieg, aber auch durch die Persönlichkeitsstruktur des Jungen, besuchte er bis zu seinem 15. Lebensjahr elf verschiedene Schulen. Die Eltern setzten den Sprößling immer wieder unter Druck. Werner sollte es einmal besser haben als sie, sollte Medizin studieren und Arzt werden. Aber von diesem Traum blieb nur soviel hängen: Werner Gladow erzählte in der Schule und später in der Szene viel vom Medizinstudium und handelte sich dadurch den Spitznamen »Doktorchen« ein. Der paßt auch deswegen gut zu ihm, weil er immer eine Idee pfiffiger als seine Kumpels ist. Gladow interessiert sich aber weniger für Schule und Medizin, mehr für das große Geld und sein Vorbild, den amerikanischen Gangsterboß Al Capone. Alles Wissen über den entnahm er einem Schundroman mit dem Titel »Ein Mensch wird Verbrecher«. Sein Lebensziel ist nicht eine Arztpraxis, sondern eine Villa im Nobelviertel Dahlem und ein gepanzertes Automobil, ein Dutzend Bankkonten und unbegrenzte Anerkennung durch seine Umgebung.

Die kriminelle Energie des Werner Gladow endete aber zunächst einmal mit einem gründlichen Flop. Noch vor Vollendung der mittleren Reife ließ der knapp Sechzehnjährige die Schule sausen und wollte am Alexanderplatz groß in das Schwarzmarktgeschäft einsteigen. Das hatte er mit dem sogenannten Blütenbündel vor. Der Trick geht so: Oben drauf ein echter Tausender, ganz unten auch, dazwischen primitiv nachgemachte Scheine oder einfach nur zurechtgeschnittenes Zeitungspapier. Der Jungkriminelle ging gleich beim ersten Versuch, mit dem Blütenbündel Kapital zu machen, einer zivilen Polizeisteife ins Netz. Da er sich gegen die Festnahme auch noch mit körperlicher Gewalt zur Wehr setzte, landete er mit einer Jugendstrafe von vier Monaten in der Haftanstalt Plötzensee.

Aus der Sicht Gladows war die Haftzeit vielleicht sogar ein glücklicher Umstand. Denn dort rekrutierte er unter den Mitgefangenen den größten Teil des harten Kerns seiner späteren Bande. Alle waren sie etwas älter als er, aber alle schauten sie auf zu ihm, dem »Boß«: Gerhard Rogasch (genannt »kurzer Seppl«), Kurt Gäbler (»der Lange«), Dietrich Bohla (»der ganz Lange«), Werner Papke (»Sohni«), Olaf Wellnitz (»Nese«). Und Franz Redzinski (»Bomme«) hatte er durch Vermittlung Gustav Völpels kennengelernt. Im späteren Prozeß werden insgesamt einundsiebzig weitere Personen als Mittäter oder Hehler der Bande genannt, es werden einhundertdreiundzwanzig zum Großteil schwerwiegende Taten aufgezählt, die die Bandenmitglieder im Zeitraum von Oktober 1945 bis zur Festnahme Gladows am 3. Juni 1949 begangen haben. Aber sowohl die Tätertruppe als auch die Taten dürften in Wirklichkeit zahlenmäßig sehr viel höher gelegen haben.

Die Aktionen der Gladow-Bande, die ganz Berlin in Atem hielten, waren besonders durch den Umstand geprägt, daß die Stadt plötzlich in einen östlichen und einen westlichen Teil gespalten war und die Zuständigkeit der Polizei an den Sektorengrenzen endete, aber natürlich nicht das Wirken der Gangster. Sie wechselten die Demarkationslinien wie Wild auf der Autobahn: War man drüben, war man sicher. Gladow hatte diesen Vorteil schnell erkannt. Einige Beispiele aus der »Arbeit« der Gladow-Bande zwischen 1948 und 1949:

Im April 1948 betrieb Wilhelm Kutzer in der Rankestraße in der Nähe des Kurfürstendamms ein Fotogeschäft. Als Blickfang lag in seiner Schaufensterauslage eine »Leica«. Er bediente gerade einen Kunden, als die Scheibe des Ladens mit einem Trümmerziegel eingeworfen wurde. Kutzer ließ seinen Kunden stehen und rannte hinaus. Der Täter flüchtete Richtung Wittenbergplatz. Nun war auch der hinter Kutzers Ladentheke schlafende Schäferhund aufgewacht und flitzte auf die Straße, dem Dieb hinterher. Der fühlte sich nun bedrängt, zog eine Pistole und schoß gezielt auf den Fotohändler. Zwei Oberschenkelschüsse setzten Kutzer außer Gefecht. Der Dieb entkam, auch ein in der Nähe postierter Aufpasser. Nie hat die Polizei diesen Fall genau klären können, aber es galt als sicher, daß der Dieb und Schütze Werner Gladow war, sein »Einstand« in die Welt des organisierten Verbrechens, und der Kumpan einer seiner engsten Vertrauten. Die beiden wußten nicht, was die Polizei später feststellte: Die »Leica« war funktionsuntüchtig, irreparabel. Aber sie dürfte wohl doch einen unbedarften Käufer gefunden haben – irgendwo auf einem der Berliner Schwarzmärkte.

Am 7. Mai 1948 inszenierte die Gladow-Bande erneut ein Klein-Chicago in Berlin. Um etwa 22 Uhr wurde der Fahrer eines Pkw der Marke »Hanomag« in einer Charlottenburger Seitenstraße unweit des Kurfürstendamms von drei Gestalten mit vorgehaltener Pistole gezwungen, seinen Wagen zu verlassen. Kurze Zeit später fuhr das Auto mit den dreien in hoher Geschwindigkeit Richtung

Ostsektor. Ein Kohlenhändler machte um 0.20 Uhr im Polizeirevier 88 telefonisch davon Mitteilung, daß er den »Hanomag« mit zwielichtigen Gestalten vor der Ruine eines Hauses in der Kleinen Markusstraße beobachtet habe. Die Straße liegt im Bezirk Friedrichshain, aber nahe an der Stadtmitte, dem hauptsächlichen Wirkungsfeld der Gladow-Bande. Daraufhin wurden die Polizeiwachtmeister Lehmann und Genschmar angewiesen, das Fahrzeug zu überprüfen. Lehmann ging auf die im »Hanomag« sitzenden Männer zu und forderte ihre Ausweise. Es wurde sofort auf ihn geschossen. Der Polizist wurde nicht getroffen, sprang zurück und schoß ebenfalls. Dann aber flüchteten die beiden Wachtmeister lieber. Auch die Mitglieder der Gladow-Bande suchten das Weite und ließen den Wagen stehen.

Spätestens seit diesem Vorfall weiß die Polizei in Ost wie in West, daß sie es mit einer gefährlichen Organisation zu tun hat, die ihre Schußwaffen skrupellos einsetzt. In den Polizeirevieren herrscht Angst, mit der Gladow-Bande konfrontiert zu werden. Und in der Stadt entsteht ein Mythos. Genau das hat Werner Gladow immer beabsichtigt.

Auf einem Rummelplatz in der Nähe des U-Bahnhofes Warschauer Straße war am 30. Oktober 1948 gegen 22 Uhr ein großes Feuerwerk angesagt. Als die ersten bunten Raketen gezündet wurden, alle in den Nachthimmel starrten, schloß Paul Senftleben seine Kasse der Achterbahn, zählte das Geld und wollte es in einer Tasche zu seinem Wohnwagen bringen, in dem ein kleiner Tresor stand. Aber dazu kam es nicht. Zwei maskierte Männer sprangen ihn vor dem Wohnwagen an und forderten mit vorgehaltenen Pistolen die Herausgabe der Einnahmen.

Senftleben, der von Vergnügungspark zu Vergnügungspark zog und wenig von den aktuellen Ereignissen in Berlin wußte und die Gefährlichkeit der Gladow-Bande nicht kannte, wehrte sich. Sofort wurde auf ihn geschossen. Senftleben wurde an der Schulter verletzt und stürzte. Die Räuber rannten mit der Beute davon. Eine Gruppe von Männern, die den Vorfall beobachtet hatte, nahm die Verfolgung auf. Allerdings nur hundert Meter. Die Täter verschafften sich Distanz, indem sie auf die Gruppe feuerten, einige hatten Pistolen in beiden Händen. Es herrschte Wild-West in Ostberlin.

Der nächste bemerkenswerte Vorfall, der mit Sicherheit auf das Konto der Gladow-Bande ging, geschah am 23. November 1948 vormittags gegen 11 Uhr im Westteil der Stadt. Vor dem Juweliergeschäft Schreiber in der Budapester Straße am Zoologischen Garten zerschlug ein Mitglied der Gladow-Gang, ungeachtet der vielen Passanten, die Schaufensterscheibe mit einem Ziegelstein. Zwei Kumpels standen etwas abseits Posten. Die auf Tabletts liegenden Schmuckstücke und Uhren wurden in eine Aktentasche gekippt. Dann flüchtete der Täter in Richtung Bahnhof Zoo. Einige Passanten und der Ladenbesitzer rannten ihm nach, gaben aber schnell auf. Der Räuber ballerte ein ganzes Magazin seiner Pistole leer, um die Verfolger abzuschütteln. Verletzt wurde niemand.

Als wenig später die Polizei eintraf, fand sie niemanden mehr. Die beiden Bandenmitglieder, die Schmiere standen, hatten sich rechtzeitig in Nebenstraßen absetzen können. Werner Gladow, der das Juwelierschaufenster ausgeräumt hatte, saß auf den morschen Balken des Dachgeschosses einer Hausruine in der Hardenbergstraße und schlief mit der Beute unter dem Kopf seelenruhig in den nächsten Tag.

Solche Aktionen sind typisch für die Gladow-Bande. Tipgeber für die lukrativen Raubüberfälle, aber auch für die Logistik, ist »Scharfrichter-Hannes« Gustav Völpel.

Besondere Sorge bereitet der Polizei die Tatsache, daß die Gladow-Bande offenbar über schrankenlosen Zugang zu Feuerwaffen und Munition verfügt. Waffen und Sprengstoff, Automobile und Benzin, das war 1948 so ziemlich das Ausgefallenste, was man besitzen konnte, wenn man nicht zur Ordnungsmacht gehörte.

Werner Gladow hatte schon eine Waffe besessen, bevor es eine Gladow-Bande gab. Er hatte sie irgendwo her aus dem Ausverkauf im Ramschladen des zweiten Weltkriegs. Aber nun mußte die Bande versorgt werden. Gladow kam auf die Idee der Entwaffnung der Waffenträger. Also der Ordnungskräfte. Damit, so war seine Überlegung, käme man in den Besitz wirklich funktionstüchtiger Waffen und Munition, und es wäre gleichzeitig mit einer immensen psychologischen Tiefenwirkung auf die Polizei verbunden. Im Polizeipräsidium am Alexanderplatz hatte man erst sehr spät bemerkt, daß es einen logischen Zusammenhang zwischen zunehmenden Überfällen auf Volkspolizisten und deren Entwaffnung und der immer schneller und häufiger schießenden Gladow-Bande gab.

Beispielhaft war die Aktion vom 25. November 1948.

Gegen 23.30 Uhr waren zwei Volkspolizisten der Sektorenkontrollstelle 24 in Berlin-Mitte auf Streife. An der Köpenicker Straße befand sich das Lokal »Fürstenhof«. Ihm galt ihre besondere Aufmerksamkeit. Da torkelten ihnen zwei vermeintlich Betrunkene entgegen, ein anderer Mann schlenderte auf die Vopos mit den Händen in den Hosentaschen zu. Eine anscheinend harmlose Situation. Plötzlich hatten alle drei Halstücher vor ihren Gesichtern und Pistolen in den Fäusten. Die Polizisten wehrten sich nicht, nahmen ohne Gegenwehr die Hände hoch und ließen sich die Dienstwaffen aus den Holstern stehlen. Einer der Räuber befahl leise: »Im Gleichschritt Marsch in Richtung Sektorenkontrolle 26. Wenn Ihr den Anweisungen nicht folgt, schieße ich.« Die VoPo-Streife taperte entwaffnet in die befohlene Richtung. Nur hundert Meter weiter, an der Adalbertstraße, tat ein zweites Postenpärchen seinen Dienst vor einer Gaststätte. Die entgegenkommenden Kollegen hielten sie arglos für eine willkommene Abwechslung im tristen Nachtdienst. Die hinter denen gehenden Zivilisten empfanden sie als irgendwie dazugehörig. In Sekundenschnelle wurden auch diese beiden VoPos entwaffnet. Man rief ihnen zu: »Und jetzt verschwindet! Alle vier!« Zum Abschied knallten noch ein paar Schüsse in die Luft. Bevor jemand auf das Geschehen aufmerksam wurde, waren die Mitglieder der Gladow-Bande schon in Nacht und Nebel untergetaucht.

Die dreisten Überfälle der Gladow-Bande fanden immer häufiger statt.

Am 4. Dezember 1948 wurde mit brutaler Waffengewalt der Taxifahrer Walter Chudek am Alexanderplatz gezwungen, eine Fahrt mit drei Gangstern Richtung Krankenhaus Friedrichshain anzutreten. Chudek zog den Zündschlüssel ab und ließ sich aus dem Auto fallen. Sofort wurde auf ihn geschossen. Der Taxifahrer wurde aber glücklicherweise nicht getroffen. Ohne Zündschlüssel brachte die Gladow-Bande den Wagen nicht in Gang, konnte aber dennoch unerkannt entkommen. Am 7. Dezember, gegen 19 Uhr, wurde in der Frankfurter Allee in Berlin-Lichtenberg ein Kommissionsgeschäft überfallen. Bruno Broscheit und seine Mitinhaberin bedienten in dem Ladenlokal, das im 4. Stock des Gebäudes liegt, gerade eine Kundin, als vermummte Männer mit Pistolen in den Händen eindrangen. Die beiden wurden an Händen und Füßen gefesselt.

Von Broscheit wollten die Ganoven wissen, wo sein Geld aufbewahrt ist. Broscheit schwieg. Und so wurden Foltermethoden angewendet, die man aus amerikanischen Gangsterfilmen kannte:

Broscheit wurden Schuhe und Strümpfe ausgezogen und seine Füße dann gegen eine eingeschaltete Heizsonne gehalten, bis der Geschäftsmann vor Schmerzen schrie. Es gab einen elektrischen Kurzschluß. Nun wurde eine Fackel aus einem mit Lumpen und Papier umwickelten Holzscheit angefertigt und angezündet, mit ihr wurde Broscheit weiter malträtiert. Er gab auf und redete. Die Kassette mit den Barschaften sei in seiner Wohnung, die auch als Zweigstelle seines Geschäftes diente. Zwei der vier Gladow-Banditen ließen sich die Wohnungsschlüssel aushändigen und fanden dort tatsächlich eine Geldkassette mit rund zehntausend Mark Inhalt. Auf ihrem Rückweg wurden sie von Passanten beobachtet, sofort wurde auf diese geschossen. Erst als wenig später eines der Bandenmitglieder Bescheid gab, daß die Beute »eingefahren« war, ließen die anderen Broscheit und seine Mitinhaberin in Ruhe und verließen das Kommissionsgeschäft in der Frankfurter Allee.

Am 22. Dezember gegen 17 Uhr wurde der Juwelier Reich an der Köpenicker Straße von der Gladow-Bande heimgesucht. Reich war in seinen hinteren Privaträumen, als die Gangster bereits die Auslagen der Schaufenster in ihre Taschen sackten. Als der Juwelier in den Ladenraum kam, wurde er mit einem Lungensteckschuß niedergestreckt. Die Bande entkam. Am 19. Januar 1949 wurden gleich an vier Kontrollpunkten der Sektorengrenze Überfälle auf VoPos verübt – die Gladow-Bande brauchte Nachschub an Waffen, vor allem an Munition. Nach altbewährter Methode wurden die Streifenpolizisten entwaffnet, sie wehrten sich nicht. Jeder von ihnen wußte, daß es die Gladow-Bande war, mit der man es zu tun hatte, und daß somit ihr Leben an einem seidenen Faden hing.

Der nächste Coup des Werner Gladow findet am 8. April 1949 statt. Es soll ein ganz großer werden. Aber es wird ein verhängnisvoller. Denn der Tipgeber und logistische Kopf der Bande, Henker Gustav Völpel, geht bei der Sache in den Knast.

Gustav Völpel hat die Verhältnisse des einundsechzigjährigen Neuköllner Fabrikanten und Kaufmanns Georg Kaließ ausgekundschaftet. Zweimal ist er deswegen mit obskuren Vorwänden selbst in dessen Wohnung in der Donaustraße gewesen. Nun ist er überzeugt davon, daß Kaließ in einer Kassette rund achtzigtausend Mark Westgeld verwahrt. Tagelang hadert der »Scharfrichter-

Hannes« mit sich: Soll er das Ding allein drehen oder soll er Profis einbeziehen. Von Natur aus feige, entscheidet er sich für die zweite Variante.

Zuerst interessiert Völpel das kiezbekannte Räuberduo Kuczinski und Kähler für das Projekt. Dann aber überläßt er die Sache doch lieber seinem kriminellen Ziehsohn Gladow. Anders als sonst aber fürchtet der Tipgeber diesmal, nicht fair an den vereinbarten zehn Prozent der Beute beteiligt zu werden und nimmt deshalb selbst am Überfall teil, steht Schmiere. Gladow, Redzinski und Bohla übernehmen den Job. Sie dringen gewaltsam in die Wohnung von Kaließ ein, fesseln und knebeln ihn, nachdem er mit Gummiknüppeln zu Boden geschlagen und mit Äther betäubt wurde. Sie suchen die Geldkassette und finden sie – da klingelt es an der Wohnungstür. Gladow hat den Finger am Abzug seiner Pistole, als er öffnet. Es sind Kuczinski und Kähler. In einem kurzen Handgemenge zwischen den fünfen wird geklärt, wem die Beute gehört. Dann rennen »Doktorchen«, »Bomme« und »der ganz Lange« auf die Straße, entkommen fast unbemerkt.

Passanten haben aber von dem Überfall etwas mitbekommen, alarmieren einen Polizeiposten. Wenige Minuten später können Kuczinski und Kähler festgenommen werden und auf der Straße auch Völpel. Bei ihm, der sich auffallend vor dem Haus von Kaließ herumgedrückt hatte, findet man in der Manteltasche seine gelb-schwarze Scharfrichtermaske und eine Pistole.

Bereits am 11. April wird Völpel dem zuständigen amerikanischen Militärgericht vorgeführt. Das überantwortet ihn sofort den deutschen Justizbehörden. Über eine Zusammenarbeit Völpels mit der Gladow-Bande ist noch nichts bekannt, so läßt die Anklageschrift auf sich warten.

Ohne Gustav Völpel macht Werner Gladow schon am nächsten Tag weiter. Gegen 12.30 Uhr, am 9. April 1949, wird das Goldwarengeschäft Wockenfuß in der Greifswalder Straße in Friedrichshain überfallen. Mit einem Mauerstein wird, wie oft erprobt, das Schaufenster eingeschlagen, die Auslagen werden in eine Tasche gerafft. Doch da kommen zwei Angestellte aus dem Goldladen, wollen den Räuber fassen. Sofort wird gefeuert. Einer der Täter versucht, mit der Beute auf einem Fahrrad zu entkommen, das am Straßenrand steht, der andere flüchtet in einen Hauseingang. Einige Passanten und ein vorbeikommender Autofahrer nehmen in dessen Mobil der Marke »Wanderer« die Verfolgung auf. Es wird wild auf sie geschossen. Der Wanderer bleibt stehen. Dann versagt die Pistole des Täters. Die Männer aus dem Pkw kommen nun auf den Räuber zu, sind sicher, ihn gefangen zu haben. Da taucht der andere der beiden auf, gibt dem in die Enge getriebenen Kumpanen Rückendeckung mit zwei Pistolen in den Fäusten, und sie können entkommen.

Die angeschossenen Angestellten von Wockenfuß werden Minuten später in das Krankenhaus am Friedrichshain gebracht. Einer von ihnen erliegt den Folgen eines Lungensteckschusses. Es ist der erste Raubmord der Gladow-Bande und der Anfang vom Ende.

Berlin-Kaulsdorf, Chemnitzer Straße: Am 22. April 1949, gegen 23 Uhr, stürmen Werner Gladow und drei Kumpane die Gastwirtschaft Grundmann. Sie sind maskiert und bis an die Zähne bewaffnet. Alle Gäste werden ausgeraubt, die Kasse geplündert. Als die Angestellte hinter dem Tresen nicht sofort tut, was man ihr sagt, wird ihr in die Schulter geschossen. Mit gutgefüllten Beutetaschen verläßt das Quartett wenig später in einem zuvor gestohlenen Wagen den Ort des Geschehens.

Aber es scheint, als ginge nach der Verhaftung des Gustav Völpel alles schief bei der Gladow-Bande. So auch hier. Der Sohn der verwitweten Gastwirtin Grundmann kann sich einen der Täter genau einprägen. Einer, sagt er den Kriminalbeamten, habe einen auffallend watscheligen Gang gehabt, sei nur etwa 1,50 Meter groß und habe lange wellige Haare. Das war die Beschreibung von Gladows engstem Vertrauten, Gerhard Rogasch, genannt »kurzer Seppl«.

Der letzte große Raubüberfall der Gladow-Bande findet am 11. Mai 1949 statt. Es ist der Tag, bevor die Sowjets ihre Blockade Westberlins beenden und die »Rosinenbomber« der Amerikaner aufhören, die Stadt und ihre Bevölkerung über eine Luftbrücke zu versorgen. Für einen Raubzug mußte Gladow einen schnellen, geräumigen Wagen besorgen. Das sollte vor dem »Café Kranzler« geschehen, das damals noch am alten Stammsitz Unter den Linden/Ecke Charlottenstraße war. An der in dieser Zeit wohl verkehrsreichsten Kreuzung Berlins hielten häufig große Wagen von Diplomaten, Politikern und Wirtschaftsbossen. So an diesem Tage auch der Dienst-BMW der Deutschen Wirtschaftskommission. Sein Fahrer, der vierundvierzigjährige Eduard Alte, vertreibt sich die Zeit, bis sein Chef wiederkommt, mit der Lektüre einer Zeitung.

Gegen 12.45 nähern sich drei Männer dem BMW – zwei von der Fahrbahn her, einer vom Bürgersteig. Schlagartig wird die Fahrertür aufgerissen und Alte aus dem Wagen gezerrt. Die Gangster steigen ein und starten. Der Chauffeur wird unsanft auf das Straßenpflaster geworfen. Und nun macht er einen verheerenden Fehler. Er schreit laut um Hilfe, dazu ermutigt durch die große Zahl von Passanten, die Unter den Linden unterwegs ist. Der Anführer der Banditen schießt sofort gezielt auf ihn. Dann fährt man davon, erst langsam, später sehr schnell, wie Zeugen bemerken. Der Wagen wird später in Friedrichshain gesehen und am nächsten Tag mit abmontierten Rädern am Rand des Müggelsees gefunden. Eduard Alte kann trotz schneller ärztlicher Behandlung nicht gerettet werden. Der Schuß aus einer 9-mm-Pistole war in den linken Oberarm gegangen. Das Projektil drang in den Brustkorb ein und zerriß die Brustschlagader. Der Tod Altes, konstatieren später die Gerichtsmediziner der Charité, ist durch starke Blutungen in der Brusthöhle eingetreten.

Nach dem Mord vor dem »Café Kranzler« und der Ausschreibung von dreitausend Mark Belohnung bekommen die Kriminalisten im Polizeipräsidium am Alexanderplatz erstmals einen brauchbaren Hinweis auf die Identität der Gladow-Bande. Weil ihn das Geld lockt, findet sich ein Spitzel aus der Szene bereit, sich gezielt über die vielen brutalen Raubüberfälle umzuhören. Das erste, was der V-Mann aus der Unterwelt zu berichten weiß, ist, daß alle munkeln, der Henker Gustav Völpel müsse seine Hände im Spiel haben. Außerdem werde auffällig oft von einem Jugendlichen gesprochen, den man »Doktorchen« nennt.

Völpel aber ist in Westberlin inhaftiert, und man kann ihn nicht in die Mangel nehmen. Und da ist »Doktorchen«, von dem weiß man rein gar nichts. Kommissar Zufall im zuständigen Dezernat E am Alex ist Kriminalrat Schläwicke. Ihm kommt die Beschreibung des einen Täters nach dem Raubüberfall auf die Gaststätte Grundmann in Kaulsdorf bekannt vor. Und er wird fündig: Bereits im Dezember 1948 war ein junger Mann, auf den die Beschreibung absolut zutreffend ist, in einer Mordsache festgenommen und im Polizeipräsidium erkennungsdienstlich behandelt worden. Es war Gerhard Rogasch, den man wenige Tage später wieder freilassen mußte, weil er ein perfektes Alibi hatte.

Nun schnappt sich Schläwicke den »kurzen Seppl« erneut. Er wird Grundmann junior gegenübergestellt, und der erkennt ihn zweifelsfrei wieder. Das Ende der Gladow-Bande ist damit besiegelt.

Nach pausenlosen Verhören von Rogasch können Mitglieder der Bande fast jeden Tag verhaftet werden. Am 3. Juni 1949 soll die Festnahme von »Doktorchen« erfolgen, von Werner Gladow, wie man inzwischen weiß. Und man kennt auch dessen Aufenthaltsort: Schreinerstraße 52 in Friedrichshain, zu Hause bei den Eltern und dem neunjährigen Schwesterchen.

Mit der Festnahmeaktion von Werner Gladow werden fünf Kriminalbeamte und ein Dutzend Wachtmeister beauftragt. Man geht geschickt vor, weil an der Gefährlichkeit Gladows keinerlei Zweifel bestehn. Ein Kriminaler verschafft sich Zugang zu der Wohnung unter dem Vorwand, er sei vom Arbeitsamt und müsse den derzeitigen Aufenthalt des Werner Gladow in seine Kartei eintragen. Gladows Mutter durchschaut den Trick sofort und ruft Werner, der sich in einem hinteren Zimmer aufhält, zu: »Polizei, Polizei!« Nun gibt es für die Beamten kein Zurück mehr, sie stürmen die Wohnung, treten die Türen ein. Werner Gladow bleibt auch in dieser Situation seinem großen Vorbild Al Capone treu. Mit einer Pistole in jeder Hand feuert er wahllos auf alles, was ihm entgegenkommt. Vierunddreißig Schüsse ballert er ab, trifft einen Kommissar in die Brust und einen Wachtmeister am Oberschenkel. Die Mutter schreit unentwegt: »Ihr Banditen, ihr Schweine, verlaßt sofort die Wohnung!«

Gladow wird durch einen Polizistenschuß am Unterkiefer verletzt. Er blutet sehr stark und kann schließlich überwältigt werden. In der Wohnung der Gladows finden die Beamten vier weitere Handfeuerwaffen und einen riesigen Vorrat an Munition. Eine der Pistolen wird später einwandfrei als jene identifiziert, aus der die tödlichen Schüsse auf Eduard Alte abgefeuert wurden.

Gustav Völpel hat vom unrühmlichen Ende der Gladow-Bande nichts mitbekommen. In der Moabiter Untersuchungshaft ist er vom Weltgeschehen isoliert. Er weiß auch nichts davon, daß Werner Gladow bereits kurz nach der Festnahme von »Scharfrichter-Hannes« beschlossen hatte, dem lästigen Mitwisser vergiftete Lebensmittel in der Untersuchungshaft zukommen zu lassen, damit er keine Gefahr mehr für die Bande darstellte. Aber dieser Plan konnte wegen der plötzlichen Verhaftung Gladows nicht mehr umgesetzt werden. Und nun wartet Völpel auf seinen Prozeß. Ob der so glimpflich ausgeht wie die davor?

Zunächst aber hatte sich Gustav Völpel noch in einer anderen Sache vor dem Landgericht in Moabit zu verantworten. Die 3. Große Strafkammer beschäftigt sich zur Jahreswende 1949/50 mit einem Verbrechen vom November 1948.

Völpel hatte damals zusammen mit einem Studenten der Freien Universität, einem Hans Gerhard Glauche, als angeblicher Kriminalpolizist bei einem Schwarzhändler im Stadtbezirk Wilmersdorf viertausend Mark West, fünfzehn Kisten Schokolade und dreißigtausend amerikanische Zigaretten »beschlagnahmt«. Den neunundzwanzigjährigen Glauche hatte er am Bahnhof Zoo kennengelernt.

Die beiden beschlossen, das Warenlager für den Schwarzmarkt gemeinsam etwas aufzubessern. Völpel kannte die Anschrift eines Händlers aus der Hildegardstraße. Es war ein leichtes, bei ihm vorstellig zu werden. Völpel, Glauche und drei auf die Schnelle am Bahnhof Zoo rekrutierte Kumpane führten eine »Hausdurchsuchung« durch und verschwanden mit den Luxusartikeln in einem Auto, das man sich zuvor ebenfalls in Zoo-Nähe »besorgt« hatte. Anschließend ging die Fahrt in die Bülowstraße, in eine Kneipe, es wurde aufgeteilt. Vermutlich war es ein Spitzel, der die Polizei über den Coup informierte. Glauche und Völpel konnten schließlich ermittelt werden.

Der Student erhält fünfzehn Monate Gefängnis, Völpel wird zu zwei Jahren Gefängnis wegen Amtsanmaßung, Anstiftung zum Betrug und Betruges verurteilt.

Dieses Urteil spricht man in Moabit am 21. Februar 1950 – auf den Tag genau einen Monat, bevor in Ostberlin der Prozeß gegen die Gladow-Bande beginnt. Der Zusammenhang zwischen Völpel und Gladow ist schon vor Prozeßbeginn in Ostberlin ein Politikum. Die Ostberliner »National-Zeitung« schreibt am 21. Februar anläßlich Völpels Verurteilung wegen der Sache in Wilmersdorf: »Der Angeklagte Völpel gehört zu den gefährlichsten Verbrechern Berlins und gilt als geistiger Urheber zahlreicher Verbrechen der Gladow-Bande. Trotz des schwerwiegenden Belastungsmaterials, das gegen ihn vorliegt, hat sich die West-Berliner ›Staatsanwaltschaft‹ bisher geweigert, den Verbrecher an die demokratische Justiz von Groß-Berlin auszuliefern.«

Die Meldung in diesem Tenor ist in dem Ostblatt bewußt lanciert worden. In den Zeitungen, die im Westteil erscheinen, gibt es dagegen keinen Hinweis auf das Zusammenwirken von Völpel und Gladow. Darüber hinaus haben einige Blätter die Formulierung »Osthenker« erfunden, als hätte Völpel niemals im Westteil der Stadt an einer Hinrichtung teilgenommen.

Eine andere Nuance bekommt die Angelegenheit am 16. April 1950. Die Westberliner Tageszeitung »Telegraf« bringt unter der Überschrift »Jetzt kommt Völpel dran« eine Meldung der Deutschen Presse Agentur (dpa): »Der im Gladow-Prozeß vielgenannte Berliner Scharfrichter Gustav Völpel wird am kommenden Freitag der 5. Großen Strafkammer des Landgerichts in Moabit als Angeklagter vorgeführt werden. Er ist angeklagt, am 8. April vorigen Jahres einen Raubüberfall auf den Neuköllner Kaufmann Georg Kaließ verübt zu haben. Dieser Fall bildet auch einen der Anklagepunkte im Prozeß gegen die Gladow-Bande, der vor kurzem mit Gladows Todesstrafe im Berliner Ostsektor endete.«

Am 21. März 1950 stehen die elf führenden Mitglieder der Gladow-Bande in Ostberlin vor Gericht. In der Hauptverhandlung gegen sie geht es um zwei Morde, fünfzehn Mordversuche, neunzehn schwere Raubüberfälle und zehn schwere Diebstähle. Es werden nur die zweiundzwanzig schwersten Straftaten verhandelt. Einundsiebzig Zeugen sind geladen und drei Sachverständige. Weil für den Mammutprozeß das Gerichtsgebäude in der Neuen Friedrichstraße viel zu klein ist, weicht man auf das Haus der Reichsbahndirektion in der Elsässer Straße aus (später Wilhelm-Pieck-Straße, inzwischen Torstraße).

Gladow wird von seinem Pflichtverteidiger Dr. Nicolai vertreten, den Vorsitz führt Landgerichtsdirektor Krüger. Das Schwurgericht besteht aus zwei Frauen und zehn Männern. Zehn Tage wird verhandelt. Dann kommt das vierstündige Plädoyer von Oberstaatsanwalt Stelter. Er beantragt für Werner Gladow die dreifache Todesstrafe – wegen der Morde an dem Juweliergehilfen von Wockenfuß und dem Kraftfahrer Alte sowie wegen unerlaubten Waffenbesitzes. Außerdem beantragt er fünfzehn Jahre Haft wegen der anderen Straftaten sowie Ehrverlust auf Lebenszeit. Gäbler und Rogasch sollen zu zweifacher Todesstrafe und jeweils fünfzehn Jahren Haft verurteilt werden, Redzinski zu Todesstrafe und fünfzehn Jahren, Papke zu fünfzehn Jahre Zuchthaus.

Am 8. April 1950 werden die Urteile gesprochen. Sie lauten für Gladow, Gäbler und Rogasch gleich: Todesstrafe und lebenslänglicher Ehrverlust. Redzinski erhält lebenslänglich Zuchthaus, Papke fünfzehn Jahre Zuchthaus und zehn Jahre Ehrverlust. Gladows Mutter Lucie wird freigesprochen. Die Anwälte legen sofort Revision ein. Aber die wird verworfen. Alle Verurteilten werden aus dem Gefängnis in der Dircksenstraße in Berlin-Mitte in das Zuchthaus Brandenburg-Goerden verlegt.

Gustav Völpel hat es besser. Die 5. Große Strafkammer hat lediglich über Anstiftung wegen schweren Raubes in Sachen Kaließ gegen ihn zu verhandeln. Dort erklärt »Scharfrichter-Hannes«, warum er trotz seines anrüchigen, aber staatlich sanktionierten und für jene Zeiten äußerst lukrativen Gewerbes auf die schiefe Bahn geraten ist: »Ich mußte ständig Alkohol trinken meiner Nerven wegen, und da blieb mir doch nichts anderes übrig, als auf dem Schwarzmarkt zu handeln.«

Alle Zeitungen im Westteil der Stadt berichten groß über den Völpel-Prozeß, doch lediglich der »Kurier« hat sich in seinem Bericht mit der schönen Signatur »Procontra« der vollen Wahrheit nicht versagt. Der Gerichtsreporter schreibt: »Er hatte zwar die Hemmungslosigkeit und den heillos verschobenen Ehrbegriff des Asozialen, nicht aber die kriminelle Aktivität, die er an seinem Freunde und Lehrling Gladow bewunderte. So war er der geborene Hehler, der allein an der Gladow-Bande Tausende verdiente. Im übrigen war er ein Bierbankganove, der listig lächelnd schwadronierte und gern den Mund voll nahm.«

»Procontra« gibt auch als einziger in einer Westzeitung wieder, was der Vorsitzende der 5. Großen Strafkammer, Landgerichtsdirektor Dr. von Goetze, nach der Verkündung des Urteils, das auf sieben Jahre Zuchthaus und Ehrverlust lautet, noch abschließend sagt: »Die Justiz ist gespalten, manchmal zum Vorteil der Verbrecher.«

In der Ostpresse der Stadt hat es der große und großartige Senior der Prozeßberichterstatter Berlins in der Zeit nach dem Kriege, Rudolf Hirsch, in der »Täglichen Rundschau« vom 22. April 1950 auf den Punkt formuliert: »Für den Prozeß gegen Gladow war es sehr störend, daß Völpel nicht in den Ostsektor ausgeliefert wurde. Hier hätte er sich noch wegen anderer Delikte zu verantworten. Störend ist ferner, daß wichtige Belastungszeugen in beiden Prozessen aus den anderen Sektoren nicht erschienen. Die Ordnungsstrafe für dieses Nichterscheinen vor Gericht müßte im Ost- wie im Westsektor geltend gemacht und eingezogen werden. Den Vorteil des jetzigen Mißstandes haben nur die Gladow, Völpel und Konsorten.«

Im zweiten Gladow-Prozeß in Ostberlin stehen achtzehn weitere Angeklagte vor dem Richter. Es ist das »Fußvolk« der Bande. Martha Völpel ist darunter, und sie wird zu fünf Jahren Zuchthaus verurteilt. Am 31. August 1950 werden alle am selben Tag eingelegten Revisionen verworfen. Der Strafsenat des Kammergerichts Ost bestätigt alle Urteile gegen die Gladow-Bande, das Westberliner Kammergericht bestätigt das Urteil gegen Gustav Völpel. Am 10. November werden Werner Gladow, Kurt Gäbler und Gerhard Rogasch in Franfurt/Oder pünktlich um sechs Uhr morgens durch ein Beil hingerichtet. Zuvor wurde Gäbler noch einmal auf seinen Geisteszustand untersucht, er behauptet seit vierzehn Tagen, psychisch defekt zu sein und für eine Hinrichtung nicht in Frage zu kommen. Der Bescheid ist negativ.

»Scharfrichter-Hannes« Gustav Völpel wird 1957 aus der Justizvollzugsanstalt Berlin-Tegel entlassen. Als völlig gebrochener und verarmter Mann stirbt er 1959 im Kreuzberger Urban-Krankenhaus. Seine Leiche wird eingeäschert und auf der Urnenstelle des Friedhofes an der Lilienthalstraße beigesetzt. Auf der Tafel steht: »Gustav Völpel, geboren 23.2.1901, gestorben 8.2.1959.« Inzwischen ist die Grabstelle eingeebnet.

Die Spuren der Überlebenden aus der Gladow-Gang haben sich über die Jahre verwischt. Bomme Redzinski, der harte Mann, der sich als knallharter Kämpfer in den letzten Kriegstagen sogar noch die Meriten eines Ritter-Kreuzes verdient haben soll, kam als gebrochener Mann aus dem Gefängnis. Kriminaloberrat a.D. Berndt Marmulla erinnert sich an eine Begegnung mit Bomme, kurz nach dessen Haftentlassung Anfang der 70er Jahre. Marmulla mußte zu jener Zeit als junger Kriminalmeister in Pankow Dienst versehen. Da wurde eines Tages von einer Funkwagenbesatzung ein Mann aufs Revier gebracht. Passanten hatten ihn gestellt, als er versuchte, einige Kleinigkeiten aus einem Auto zu stibitzen.

Der Eingelieferte nahm gegenüber dem jungen Kriminalmeister zackig-militärische Haltung an und beteuerte, er habe nie auf die Polizei geschossen, das sei Doktorchen gewesen. Eine Offenbarung, die sich für Marmulla nicht mit der Bagatelle, deretwegen er eingeliefert worden war, in Übereinstimmung bringen ließ. Mit dem Namen Redzinski konnte er nichts anfangen.

Eine Rückfrage in der Zentrale brachte für Marmulla die Aufklärung: Vor ihm stand ein Mitglied der legendären Gladow-Bande. Gladow war natürlich allen ein Begriff. Nicht nur einmal hatten ältere Kollegen ihre Verdienste im Kampf gegen diesen gefährlichen Gangster im besten Licht erscheinen lassen. Von Redzinski war erzählt worden, daß er sich damals der Festnahme entziehen konnte, indem er im Erzgebirgischen untertauchte. Eine Tätowierung sei ihm schließlich zum Verhängnis geworden. Aber einfach zuschnappen wollte die Polizei damals nicht. Das Risiko schien sehr groß, denn von Redzinski war bekannt, daß er Schießeisen besaß und sich praktisch nie davon trennte. Man habe ihn deshalb zum Betriebsarzt bestellt. Während der Untersuchung seien dem nackten Bomme dann die Handschellen angelegt worden.

Redzinski starb Anfang der 80er Jahre.

Schießerei zum Friedensfest

Oberwachtmeister Herbert Bauer wird zum gefallenen Helden

Im wunderschönen Villenvorort Frohnau des Berliner Stadtbezirks Reinickendorf zeichnete der Grenzverlauf zwischen dem französischen Sektor und der sowjetisch besetzten Zone bizarre Figuren. Da gab es den »Entenschnabel«, ein Stück Sowjetzone, das aus dem Ort Glienicke im Kreis Oranienburg nach Frohnau hereinragte. Aber immerhin, die alte Bundesstraße Nr. 96, die Oranienburger Chaussee, die der »Entenschnabel« abschnitt, gehörte an dieser Stelle eindeutig auf beiden Seiten zum Osten. Niemand konnte sich auf dieser Straße ohne Vorsatz auf die falsche Seite der Grenze verirren.

Anders war das einige hundert Meter weiter in Richtung Westen. Die Sowjetzone endete auf der Oranienburger Chaussee abrupt an der Kreuzung Edelhofdamm/Leipziger Straße. Geradeaus und links in den Edelhofdamm hinein war nun Westen. Die Leipziger Straße gehörte zum Osten. Aber: Das Eckhaus Oranienburger Chaussee 68a, eine dreistöckige herrschaftliche Villa aus dem Jahre 1912, zu der auch Nebengebäude zählten, gehörte samt Fußweg der linken Seite der Leipziger Straße zum französischen Sektor von Berlin. Die kuriose Grenzziehung, die nach den alten Plänen vorgenommen wurde, die Groß-Berlin vom Land Brandenburg trennten, hatte dieses Haus in eine Abseitslage gebracht, die keine Rücksicht darauf nahm, daß man Häuser natürlich nur über Straßenzugänge betreten konnte.

Wer an dieser merkwürdigen Grenze nicht vorsichtig war, wurde in den letzten Tagen des Jahres 1952 leicht zum Spielball der Ost-Westpolitik, obwohl er vielleicht nur den Bürgersteig wechseln wollte. Das geschah am ersten Weihnachtsfeiertag 1952 einer Familie, die im stockdusteren Frohnau von einer Feier zurückkehrte und ihr Quartier im Haus Oranienburger Chaussee 68a suchte. Diese Nacht endete mit denkwürdigen Ereignissen, mit einer wilden Schießerei und einem toten Polizisten. Was geschah?

Wenige Tage vor dem Weihnachtsfest 1952 kommen der ehemalige Oberst der Wehrmacht Willi Fehlauer, seine Frau Elisabeth und die dreiundzwanzigjährige Tochter Ingeborg nach Berlin. Auch Sohn Wolf-Dieter gehört zur Reisegemeinschaft, aber der spielt im weiteren Verlauf des Geschehens keine Rolle mehr, er nimmt an den Weihnachtsaktivitäten der Familie nicht teil. Fehlauers haben Unterkunft bei Bekannten erhalten, die in der Oranienburger Chaussee 68a wohnen. Es leben mehrere Familien in dem großen Gebäude mit dem schönen Garten rundum. Auch die Besitzer – die Familie des Professors Krüger.

Die Fehlauers sind nur aus einem einzigen Grund nach Berlin gereist. Sie wollen die jüngste Tochter Hildegard, 19, besuchen, die mit ihrem Verlobten hier lebt. Und sie wollen mit diesen beiden gemeinsam das Weihnachtsfest verbringen. Das tun sie auch. Am Heiligen Abend wird eine mitternächtliche Christmette besucht, und danach, so ist es der Wille des Oberst a. D., hält man beim zukünftigen Schwiegersohn noch Einkehr. Erst gegen vier Uhr morgens verabschiedet man sich.

Dann macht sich das Fehlauer-Trio auf den Weg zum Quartier. Es ist immer noch stockfinster in dieser Morgenstunde. Fehlauers gehen den Edelhofdamm entlang und sind sich sicher, daß nach dem Überqueren der Oranienburger Chaussee linker Hand die Krügersche Villa sein muß. Kurz vor dem Gartentor des Gebäudes in der Leipziger Straße, an das sie bereits gelangt sind, werden sie mit dem Ruf »Stoj!« gestoppt. Drei sowjetische Soldaten bremsen den Nachhauseweg der Fehlauers mit ihrem energischen »Halt!« Sie sind mit Wattejacken und Pelzmützen bekleidet und tragen Maschinenpistolen des Typs »Kalaschnikow«. Knapp zwei Meter weit befinden sich die Sowjetsoldaten nun im französischen Sektor, wie später die Westberliner Presse behauptet. Aber dafür gibt es keinen Beweis. Sie können auch auf der anderen Seite der Leipziger Straße gestanden haben, auf sowjetzonalem Gebiet. Die Straße ist schmal, und wer aus dem weiten Rußland kommt, würde sie wohl eher als eine Gasse bezeichnen.

Seit Monaten wird die Grenze bereits allein von Volkspolizisten der DDR kontrolliert. Was die drei Sowjetsoldaten an diesen Abschnitt in dieser Weihnachtsnacht gebracht hat, ist ungeklärt. Möglich ist, daß sie abkommandiert wurden, die Volkspolizei zu unterstützen oder zu kontrollieren. Denn in jenen Tagen sind Grenzprovokationen von beiden Seiten Alltag. Immer wieder kommt es zu Zwischenfällen.

Als sicher kann gelten, daß die drei Militärs nicht über den genauen Grenzverlauf informiert wurden und es wohl nicht für möglich hielten, daß die Grenze hier in einer kleinen Straße eines Berliner Vorortes direkt zwischen zwei Bürgersteigen verläuft.

Oberst a. D. Willi Fehlauer erkennt die Situation. Er sagt sich: Die Russen sind im Irrtum. Er hört sich deren kurze Befehle an, wie »Mitkommen!« und »Polizei!« Besonnen beginnt er mit den wenigen russischen Wörtern, die er im Krieg gelernt hat, einen Dialog. Fehlauer versucht zu erklären, daß man doch nur in das Haus dort oben wolle, daß dieses Haus im französischen Sektor liege und man die Interzonenpässe vorzeigen könne, die den rechtmäßigen Aufenthalt in den Westsektoren Berlins belegen würden. Sicher hat ihn auch der Anblick der Maschinenpistolen bewogen, Haltung zu bewahren. Deren Wirkung kannte er auch aus dem Krieg.

Die drei Russen verstehen nicht. Oder sie wollen nicht verstehen. Oder sie sollen nicht verstehen. Das kann nie geklärt werden. Sie verhalten sich so, als würden sie eine Grenzprovokation verhindern. Die These, die Russen hätten es ausschließlich auf Ingeborg Fehlauer abgesehen, um sie zu vergewaltigen, ist kaum zu halten. Dagegen sprechen alle Fakten. Aber noch heute wird in Frohnau diese Version gern erzählt.

Die drei werden nun drangsaliert und müssen mit dem Lauf der Kalaschnikow im Rücken im Eiltempo Richtung Sowjetzone marschieren. Auf der Oranienburger Chaussee gibt es eine verlassene Tankstelle, deren Kassenhaus noch steht. Willi Fehlauer ist erleichtert, weil er darin den Polizeiposten vermutet, zu dem die Sowjetsoldaten sie angeblich führen wollen. Aber es geht weiter, ungefähr fünfzig Meter. Rechts und links der Chaussee ist nun nur noch Kiefernwald. Eine beängstigende Situation. Und da lassen sich die Frauen etwas einfallen. Ingeborg schreit plötzlich, so laut sie kann, »Hilfe!« Sie schreit so laut, daß im zurückliegenden Edelhofdamm im französischen Sektor einige Bewohner die Fenster öffnen.

Die Rotarmisten sind verunsichert, lassen sich aber nicht beeinflussen. Mutter Elisabeth wirft sich auf den Boden und stößt spitze, gellende Schreie aus. Selbst der Oberst a. D. ist davon überzeugt, daß seine Ehefrau einen Herzanfall erlitten hat. Er und seine Tochter schleifen die simulierende Frau nun in den französischen Sektor zurück. Und die drei Rotarmisten, zwischen dienstlicher Pflichterfüllung und Mitleid hin- und hergerissen, folgen. Wieder an der Villa der Krügers, dem Quartier der Fehlauers, angekommen – die Russen befinden sich nun eindeutig im französischen Sektor –, machen die Soldaten klar, was sie wünschen: Die angeblich herzkranke Frau soll ins Haus gebracht werden, Vater und Tochter sollen mitkommen zur Polizei.

Einer der Rotarmisten postiert sich in der Leipziger Straße, hier nun im sowjetischen Sektor, gegenüber dem Steintreppenaufgang zur Villa. Ein anderer bezieht Position vor einem alten Baum an der Frontseite des Hauses in der Oranienburger Chaussee im französischen Sektor. Der dritte begleitet die Familie Fehlauer die beiden Steintreppen hinauf zum Eingang, wohl mit dem Ziel, den Oberst d. D. und dessen Tochter nach Ablieferung der Mutter wieder in Gewahrsam zu nehmen.

Geöffnet wird nach einem Sturmgeläut die Haustür von der Frau des Professors Krüger, die in Morgenrock und Nachthemd vor der seltsamen Gruppe erscheint. Als Fehlauers im Haus sind, werfen sie sich von innen gegen die Tür und können sie versperren. Der Rotarmist steht draußen. Kein ruhmreicher Sieg im Kampf gegen vermeintliche Grenzprovokateure. Der Soldat sucht nun seine Kameraden, und offensichtlich läßt er sich damit Zeit. Denn bevor er sie findet, hat Frau Krüger die Westberliner Polizei per Telefon alarmiert. Auch andere Anwohner der Oranienburger Chaussee, aufgeschreckt durch die Schreie, haben die Notrufnummer 01 bereits angewählt.

Der Funkwagen D 18 der Westberliner Polizei stoppt in dem Augenblick im Edelhofdamm, als sich vor dem Baum in der Oranienburger Chaussee die beiden Rotarmisten treffen, die sich illegal im französischen Sektor aufhalten. Es ist zu vermuten, daß sie sich darüber verständigen, die Aktion abzubrechen, den dritten Kollegen in der Leipziger Straße suchen und ihre Patrouille fortsetzen.

Aber nun: Ein Westberliner Polizeiwagen. Der Fahrer der Streife bleibt im Auto. Wachtmeister Heinrich Steinhoff und Oberwachtmeister Herbert Bauer steigen aus. Bauer hat seine Dienstwaffe gezogen und rennt zielstrebig auf die Eingangspforte des Hauses zu, in dem sich die Fehlauers befinden.

Die Russen – nach den Ereignissen der vergangenen halben Stunde offenbar völlig verwirrt – rufen »Stoj!« – Stehenbleiben! Der achtundzwanzigjährige Polizist Herbert Bauer schreit zurück: »Hier nix ›Stoj‹, hier westliches Gebiet«, und fuchtelt dabei mit seiner Pistole herum. Die Antwort ist eine Salve aus einer der beiden Kalaschnikows. Vier Mal treffen Geschosse aus der Maschinenpistole den Bauch von Herbert Bauer. Er bricht auf dem Pflaster zusammen. Steinhoff zieht nun ebenfalls seine Dienstwaffe und verfeuert das ganze Magazin in die Richtung, aus der das Mündungsfeuer der Maschinenpistole kam. Gleichzeitig ruft er Bauer zu: »Herbert, halte aus, es kommt Verstärkung!« Aber die beiden Rotarmisten sind längst fort. Sie suchen ihren dritten Kameraden in der Leipziger Straße. Derweil hat der Fahrer von D 18 per Funk eine Einheit der Bereitschaftspolizei alarmiert, heißt es im Polizeibericht. Aber vielleicht ist die schon unterwegs? Eine zweite Streife der Schutzpolizei ist inzwischen ebenfalls angekommen. Nur Minuten später kommen Mannschaftswagen, auf dem mit Karabinern bewaffnete Polizisten sitzen, eine halbe Hundertschaft. Nach dem Befehl »Absitzen!« wird sofort das Feuer eröffnet – hinein in das Dunkel der anderen Straßenseite. Fast eine halbe Stunde lang wird in das Nichts geschossen.

Berlin hat einen neuen Zwischenfall an der Zonengrenze zu vermelden. Das ist nichts Ungewöhnliches. Aber diesmal ist es ein Zwischenfall mit einem Toten. Was wird daraus gemacht?

Die »Deutsche Presse Agentur« (West) meldet den Vorfall wie folgt: »dpa – Bei einem Feuergefecht zwischen sowjetischen Soldaten und Westberliner Polizisten wurde in den frühen Morgenstunden des ersten Weihnachtsfeiertages im französischen Sektor Berlins der 28jährige Westberliner Schutzpolizei-Oberwachtmeister Herbert Bauer tödlich verletzt. Eine Gruppe bewaffneter sowjetischer Soldaten war gegen 4.30 Uhr etwa 150 Meter weit nach Berlin-Frohnau in den französischen Sektor eingedrungen. Nach Mitteilung der Westberliner Polizei hatten die Sowjets versucht, drei Menschen zu entführen. Ein Polizeikommando schritt gegen die Sowjetsoldaten ein und konnte ihr Vorhaben verhindern. Dabei kam es zu einem Feuergefecht, in dessen Verlauf der Polizist durch eine Schußgarbe aus einer Maschinenpistole so schwer verletzt wurde, daß er kurze Zeit darauf starb. Die Sowjetsoldaten konnten unerkannt entkommen.«

Der »Allgemeine Deutsche Nachrichtendienst« (Ost) meldet: »ADN – Am 25. Dezember versuchte eine starke Abteilung der Westberliner Stumm-Polizei um 4 Uhr morgens eine der üblichen, im voraus vorbereiteten Provokationen an der Stadtgrenze von Berlin. Unter dem Schutz der Dunkelheit schlich sich eine Gruppe von Provokateuren in Zivilkleidung lautlos an zwei sowjetische Soldaten heran, die an der Stadtgrenze von Berlin Wachdienst versahen, und versuchte, sie auf das Gebiet des französischen Sektors zu entführen. Die sowjetischen Soldaten forderten die ›Zivilpersonen‹ auf, stehenzubleiben. Als Antwort hierauf riefen die letzteren um ›Hilfe‹, was nichts anderes als ein vorher vereinbartes Signal war. Unmittelbar nach diesem Signal eilte eine Gruppe von 15 Stumm-Polizisten herbei. Einige von ihnen drangen in das Gebiet der DDR ein, überfielen die sowjetischen Soldaten und versuchten, sie mit Waffengewalt in den französischen Sektor von Berlin zu verschleppen. Inzwischen trafen weitere Gruppen von Stumm-Polizisten ein und eröffneten ein starkes Feuer auf die sowjetischen Soldaten, wodurch sie deren Leben in Gefahr brachten. Nur dank des Mutes und der Kaltblütigkeit der sowjetischen Soldaten wurde die Provokation vereitelt.«

Am 25. Dezember 1952 beginnen die Vernehmungen, die eine Westberliner Mordkommission durchführt. Man befragt alle, die in der Nacht des Tatgeschehens die Polizei angerufen haben, man sucht nach Augenzeugen. Das Ergebnis ist dürftig. Gar nicht nachgegangen wird der Frage, warum Oberwachtmeister Bauer bereits mit gezogener Schußwaffe aus dem Streifenwagen kletterte. Gefahr war in diesem Moment nicht im Verzug. Ungeklärt bleibt, warum sein Kollege Steinhoff nach den tödlichen Schüssen wußte, daß Verstärkung kommt. Er konnte gar nicht wissen, daß der Fahrer der Streife Kontakt mit der Funkzentrale aufgenommen hatte. Und es ist völlig unklar, wie in so kurzer Zeit mehrere Mannschaftswagen mit gut bewaffneten Polizisten an den Ort des Geschehens kommen konnten.

Nun, ist die Kripo in den Westsektoren der Stadt in diesem Jahr nicht besonders motiviert. Polizeipräsident Dr. Johannes Stumm hat gerade Abschied vom Chef der Kriminalpolizei, Kurt Linke, genommen. Er ist wie fünfundachtzig weitere Kriminalbeamte durch eine Berichtsserie der in Hamburg erscheinenden Illustrierten »Stern« entlarvt worden, illegale Geschäfte getätigt zu haben. In dem Report, der die Überschrift »Kripo, Kudamm, Korruption« trug und der eine »Berliner Polizeikrise« dokumentiert, war auch aufgedeckt worden, daß Westberlins Kripo an den sowjetzonalen Grenzen lukrative Geschäfte abwickelte. Da war von Zigaretten der Marke »Stella« die Rede, die via Kripo und die sowjetische Firma »Rasno-Export« zollfrei die Grenzen wechselten. Nicht jeder Ost-West-Kontakt im Jahre 1952 hatte an der Grenze zwischen Sowjetzone und Westberlin also mit der Weltpolitik zu tun. Doch diese Schießerei zum Christfest in Frohnau, die wird Bestandteil der großen Politik.

»Neues Deutschland«, Zentralorgan der SED, kommentiert: »Es sollte ein Zwischenfall provoziert werden. Daß dabei Menschenleben in Gefahr gerieten und ein Westberliner Polizist sterben mußte, das genierte die Manager des Zwischenfalls nicht. Sie wollten mit allen Mitteln eine Situation schaffen, in der geschossen wird. Das ist der einzige Weg, den sie sehen, um Verständigung und Frieden zu torpedieren.«

Die »Deutsche Presse Agentur« meldet: »Der Berliner FDP-Vorsitzende, Carl Hubert Schwennicke, erklärt, die SPD in Bonn sollte aus der Ermordung des Westberliner Polizisten Herbert Bauer durch sowjetische Soldaten am ersten Weihnachtsfeiertag Konsequenzen ziehen. Was sich in Frohnau im französischen Sektor Berlins im kleinen ereignete, könne sich morgen an den Zonengrenzen im großen wiederholen: ›Solange der Deutschlandvertrag und die EVG-Verträge nicht wirksam werden, ist die Bundesrepublik genau so den östlichen Aggressoren ausgeliefert wie die Westberliner Funkwagenbesatzung mit ihren Pistolen in Frohnau.‹«

Carl Hubert Schwennicke, der nach der Spaltung im Westteil der Stadt zur FDP-Spitze gehört, wird von seinen Gegnern als angeblicher ehemaliger Gestapo-Spitzel attackiert. Nun ist er Direktor bei Siemens. Seine politischen Aktivitäten beschränken sich darauf, die Wiederaufrüstung zu forcieren. Der Deutschlandvertrag und das Projekt der »Europäischen Verteidigungsgemeinschaft« (EVG) – Vorläufer der NATO – haben das Besatzungsstatut der Alliierten schon 1952 formal aufgelöst. Aber eben nur formal.

Alles bleibt beim alten. Da sind die tödlichen Schüsse auf Herbert Bauer in Frohnau willkommener Anlaß, mehr Waffenrechte zu fordern und damit volle Souveränität. Am 30. Dezember 1952, dem Tage, an dem die Beerdigung von Herbert Bauer stattfinden soll, ist bereits im Berliner Abgeordnetenhaus eine Große Anfrage der Schwennicke-Partei eingebracht. Darin heißt es: »Der neue sowjetische Gewaltakt an der Berliner Sektorengrenze erfordert endlich durchgreifende Maßnahmen zum Schutze der Westberliner Bevölkerung.« Der Senat solle Auskunft geben, ob er noch einmal mit den westlichen Besatzungsmächten über eine wirksame Bewaffnung der Westberliner Polizei verhandelt habe und wie die Alliierten dazu Stellung genommen hätten. Außerdem will Schwennickes FDP wissen, welche »anderen Maßnahmen vorgesehen sind, die der ständigen Bedrohung von Leben, Gesundheit und Freiheit der Westberliner Bevölkerung ein Ende setzen«.

Es gibt keine »anderen Maßnahmen«. Aber es gibt den Beschluß, die Trauerfeier für Herbert Bauer zu einem politischen Stadtspektakel zu machen. Am 30. Dezember findet sie um 15 Uhr auf dem Rudolf-Wilde-Platz vor dem Rathaus Schöneberg statt. Darüber berichten die Zeitungen in großen Aufmachungen.

Kleinere Ereignisse werden geflissentlich übersehen. So gibt es ein Mädchen, das von ostzonalen Grenzpolizisten an der Sektorengrenze an der Oranienburger Chaussee gebeten wird, ihnen einen Gefallen zu tun. Das Mädchen soll einen anonymen Kranz an der Stelle niederlegen, an der Herbert Bauer erschossen wurde. Am 29. Dezember sind an der Todesstelle Bauers wieder drei mit Maschinenpistolen bewaffnete Rotarmisten tätig. Sie sichern eine Gruppe von Vermessungstechnikern, die den genauen Verlauf der Zonengrenze überprüfen soll.

Tausende Berliner, von Presse und Rundfunk über das Geschehen um Herbert Bauer einseitig informiert und durch Parolen des Kalten Krieges emotional aufgeheizt, pilgern täglich zum Tatort. Der Oberwachtmeister ist im Westen der Stadt längst zum gefallenen Helden hochstilisiert worden. Es herrscht Hysterie in der Stadt der ungenauen Grenzen. Zwei Polizeimeldungen schildern die Lage vom Vortag, dem Tag der großartig geplanten Bestattung von Herbert Bauer. Beide haben mit Bauer nichts zu tun.

Mit vorgehaltenen Karabinern versuchen nach dem einen Bericht Volkspolizisten auf dem Nennhauser Damm in Staaken eine Westberlinerin zum Überschreiten der in der Straßenmitte verlaufenden Zonengrenze zu zwingen. Als die Frau trotz der auf sie gerichteten Gewehrläufe auf Westberliner Seite bleibt, ziehen die Volkspolizisten ab. Die andere Meldung ist den Wortlaut wert:

»›Hilfe, Menschenraub!‹ schrien ohne jeden Anlaß fünf männliche und zwei weibliche Jugendliche am Sonnabendabend in Lichterfelde, fünfzig Meter von der Zonengrenze entfernt. Dabei zündeten sie Knallkörper an. Die Polizei schickte vier Funkwagen und ein Einsatzkommando an die Grenze. Die Jugendlichen haben Anzeigen wegen groben Unfugs zu erwarten.«

Am Dienstag, dem 30. Dezember 1952, findet die Trauerfeier für Herbert Bauer statt. Bürgermeister Ernst Reuter hat Industrie, Handel und Handwerk gebeten, den Beschäftigten dafür freizugeben. Die öffentlichen Gebäude in Westberlin haben ihre Flaggen auf Halbmast zu setzen. Der Reinickendorfer Bezirksbürgermeister Dünnebacke hat die Bewohner seines Bezirks aufgerufen, Trauerflor aus den Fenstern zu hängen. Der RIAS überträgt die Trauerfeier live. Hunderttausende sind auf dem Rudolf-Wilde-Platz versammelt. Es ist eine der größten Demonstration, die Berlin in den Nachkriegsjahren erlebt. Für die Bundesregierung in Bonn nehmen Minister Kaiser und der Berliner Bundesbevollmächtigte Vockel teil. Die Rede hält der Regierende Bürgermeister. Ernst Reuter sagt: »Die Schüsse, die Herbert Bauer töteten, haben jeden einzelnen von uns getroffen, und sie haben uns gezeigt, wie sehr unser gemeinsames Schicksal dadurch bestimmt ist, daß die Welt noch nicht Frieden gefunden hat.« Und er sagt weiter: »Wir wollen nicht mehr dulden, daß Berliner geraubt, entführt und niedergeschossen werden, und die Welt muß endlich begreifen, daß wir ein Recht auf dieses Verlangen haben.«

Bauers Leiche wird mit großem Pomp zum Friedhof Tegel geleitet, unter den Klängen des Liedes vom »guten Kameraden« und dem Geläut der Freiheitsglocke des Schöneberger Rathauses. Eine Motorradstaffel der Westberliner Polizei flankiert den Sarg. Die Straßen werden von weinenden Menschen gesäumt, viele von ihnen tragen brennende Fackeln in ihren Händen. Sie alle haben in ihrer Bewegt- und Betroffenheit nicht begriffen, daß der tote Herbert Bauer letztlich nur eines war: Eine Leiche, die man dringend brauchte. Der »Tagesspiegel« beendet seinen ausführlichen Bericht über die Beisetzung mit den Sätzen: »Pfarrer Weinhold sprach das Vaterunser. Die Witwe des Toten und die nächsten Angehörigen traten an das Grab. Dumpf polterte Erde auf den Sarg, der Wind wehte Rauch über das Grab. Dann erlosch das Licht der Fackeln.«

Der »Tagesspiegel« kommentiert auch. In dem Kommentar heißt es: »Auch die Alliierten durften den sowjetischen Angriff, dessen Opfer wir gestern zu Grabe trugen, als gegen sich selbst gerichtet auffassen. Daß sie sich bei der Trauerkundgebung im Hintergrunde hielten, ließ ihnen vermutlich der noch immer als Fiktion aufrechterhaltene Viermächtestatus der Stadt erscheinen ... In diesem Sinne war wohl auch Reuters an die Alliierten gerichtete Mahnung aufzufassen, endlich die Berliner Polizei mit den Waffen auszustatten, die sie zu ihrem eigenen und zum Schutze der Berliner Bevölkerung benötigt. An Grenzen, die so sinnlos und dazu noch so unübersichtlich sind wie die zwischen Westberlin und der Sowjetzone verlaufende, können sich immer wieder Zwischenfälle ereignen. Um dem Gegner jeden Vorwand zu Übergriffen zu nehmen, muß der Senat besonders gefährdete Stellen sichern lassen, und zwar durch ausreichend bewaffnete Posten. Mancher Polizist hat, als er von seinem Kameraden Bauer Abschied nahm, mit einem Gefühl der Bitterkeit auf die kleine Dienstpistole geblickt, die den Toten auf seiner letzten Fahrt begleitete. So rühmenswert es ist, daß Bauer seine Pflicht tat, obwohl er wußte, wie unzulänglich seine Waffe gegen die mit Maschinenpistolen ausgerüsteten Sowjetsoldaten war, so können wir doch diese selbstlose Haltung nicht als Regel voraussetzen.«

Nachtrag:

Am 30. Dezember 1952, dem Tag, an dem die Trauerfeierlichkeiten für den Westberliner Polizisten Herbert Bauer stattfinden, erschießen Unbekannte an der Zonengrenze im französischen Sektor an der Ecke Behmstraße/Schwedter Straße den jungen Volkspolizisten Helmut Just aus einem Hinterhalt. Die Täter werden nie gefaßt. Am Silvestertag danach schickt der Vorsitzende der Sowjetischen Kontrollkommission in Deutschland, Armeegeneral Tschuikow, ein Schreiben an die Hohen Kommissare der Westmächte und weist sie zum wiederholten Male auf ihre Verantwortlichkeit hin, terroristische Anschläge zu unterbinden.

Die Totenfeier für Helmut Just wird wenige Tage später von der DDR-Regierung zu einem ähnlichen Propagandaspektakel gemacht, wie es der Leichenzug für Herbert Bauer im Westen war.

Wie ein Herzinfarkt ein politisches Problem erledigt

Der Nachrichtenfälscher Heinz Stephan

In den fünfziger Jahren sind in keiner Stadt der Welt so viele Geheimdienste und Spitzelorganisationen konzentriert wie in Berlin. Der aus der »Organisation Gehlen« hervorgegangene Bundesnachrichtendienst der 1949 gegründeten Bundesrepublik Deutschland unterhält fünf Agenturen in der Stadt, das Bundesamt für Verfassungsschutz und das Ministerium für Gesamtdeutsche Fragen sind ebenfalls mit je fünf Adressen präsent, achtzehn Organisationen dubiosen Charakters arbeiten mit ihnen eng zusammen. Gleich fünfundvierzig Anschriften weist die Liste amerikanischer Geheimdienststellen auf, vierzehn britische und elf französische gibt es, siebzehn konspirative Trefflokale und illegale Quartiere sind im Westteil der Stadt bekannt geworden. Wie viele Geheimdienststellen und konspirative Orte im Ostsektor existieren, ist nicht erforscht. Darüber hinaus sind in Westberlin vierzig militaristische und revanchistische Organisationen ansässig; viele von ihnen haben einen eigenen sogenannten Nachrichtendienst.

Diese Aufzählung ist unvollständig. Keiner hat je ganz genau Buch führen können über die Schlapphutvereine in der Hauptstadt der Spione. Da gibt es zum Beispiel die »Dienststelle X 9592« des Bundesnachrichtendienstes und den »Untersuchungsausschuß freiheitlicher Juristen«, die »Kampfgruppe gegen Unmenschlichkeit« und die »US Army Regional Support Group«, den »12th Berlin Intelligence Staff« der Briten und das altehrwürdige »Deuxième Bureau« der Franzosen, wie auch den »Memellandbund im Bund heimattreuer Ost- und Westpreußen«. Tausende sind in dieser Branche beschäftigt. Deutsche Mark, Dollar, Pfund und Franc fließen in Milliardenhöhe in das Geschäft des Kalten Krieges.

Der Münchener Publizist Erich Kuby hat in seinem Buch »Das ist des Deutschen Vaterland – 70 Millionen in zwei Wartesälen« Westberlin in dieser Zeit mit den Worten beschrieben: »Die Agenten, die Untergrundorganisationen, die halb Unter-, halb Übergrundorganisationen, wie die heillose Kampfgruppe gegen Unmenschlichkeit, der Bund freiheitlicher Juristen, der amerikanische Propagandasender RIAS, dessen ausführende Organe doch im wesentlichen Deutsche sind, und eine Presse, die ihren kümmerlichen Provinzialismus durch weltanschauliche Aggressivität zu vertuschen sucht – sie alle gefallen sich darin, mit besonders intimen Kenntnissen über das SED-Regime zu prunken.«

Natürlich geht es in Westberlin nicht nur um intime Kenntnisse. Man will auch die politischen Verhältnisse in der Sowjetisch Besetzten Zone, der SBZ, ändern. Westberlins Regierender Bürgermeister Ernst Reuter hat die Stadt längst als die »billigste Atombombe« gegen den Sozialismus bezeichnet, sein späterer Nachfolger Willy Brandt erklärt sie anschließend zur »Frontstadt des Kalten Krieges«. Dieses Terrain ist ideal für einen Mann wie Heinz Stephan.

Stephan wurde 1912 als Sohn eines sächsischen Dorfschullehrers geboren. Das deutschnationale Elternhaus prägte den Knaben. Als der Zwanzigjährige 1932 etwas verspätet das Abitur machte, gehörte er bereits seit zwei Jahren der Hitlerpartei NSDAP und deren Sturmabteilung SA an. Schnell machte er bei den Nazis Karriere. Als Hitler 1933 die Macht erschlich, waren Typen wie er gefragt. Stephan galt als zuverlässig, weil er schon vor der Machtübernahme in der Partei war, als überdurchschnittlich intelligent, als ein kreativer, kommunikativer und spontaner Mensch. Und so wurde er für die neuen Machthaber hauptamtlicher Spitzel.

Heinz Stephan erlernte keinen Beruf. Die »politischen Aufgaben« nahmen ihn voll und ganz in Anspruch. Er wurde Mitglied der SS, arbeitete für die Geheime Staatspolizei Gestapo und später für den Sicherheitsdienst SD. Sein Betätigungsfeld waren Arbeitsämter, in denen er Regimegegnern auf der Spur war, und Betriebe der sächsischen Textilindustrie, in denen er nach subversiven Elementen schnüffelte. Wie viele Menschen Stephan bis zum Kriegsende 1945 denunzierte und ins Konzentrationslager oder an den Galgen gebracht hat, wird nie geklärt, auch nie hinterfragt. Seine eigentliche Geschichte begann ohnehin erst nach Kriegsende.

Bis 1948 lebte Heinz Stephan in Dresden unter falschem Namen. Immer in der Gefahr, als ehemaliger Gestapo-Agent enttarnt und zur Rechenschaft gezogen zu werden. Als ihm endgültig der Boden unter den Füßen zu heiß wurde, ging er nach Westberlin. Er meldete sich als politisch Verfolgter des stalinistischen Regimes an und nannte in einem obligatorischen Lebenslauf, den er den Besatzungsbehörden im US-Sektor abzuliefern hatte, einen falschen Vornamen. Sein Geburtsjahr gab er mit 1903 an.

Mit dieser Vorgehensweise war Stephan kein Einzelfall. Von den Zehntausenden, die die Ostzone verließen und im Westen des gespaltenen Deutschlands und insbesondere in Westberlin als »politisch Verfolgte« Asyl erbaten und erhielten, waren es nicht gerade wenige, die jede Menge Dreck am Stecken hatten – aus der Zeit des »Dritten Reiches«.

Stephan schlug sich in Westberlin anfangs mit Vertreterjobs im Versicherungswesen und in der Textilindustrie durch. Er fand eine Festanstellung bei der »Spinnstoff-Fabrik AG« in Zehlendorf und versuchte sich im Handel mit Textilmaschinen. Alles scheiterte. Nichts klappte. Ab 1952 blieb dem ehemaligen Dresdner Gestapo-Spitzel nur ein bescheidenes Einkommen durch das Sozialamt. Aber dann hatte er eine geniale Geschäftsidee: Handel mit Informationen aus der SBZ. Heinz Stephan wurde Nachrichtenhändler in der Hauptstadt der Spione.

Anfang 1953 biedert sich Heinz Stephan bei Redaktionen der Berliner Tageszeitungen und den Korrespondenten überregionaler Blätter als Insider in Sachen Ostzone an. Und da alle Bedarf an solchen Informationen haben, kommt er schnell ins Geschäft. Er prahlt nun damit, der Gestapo und dem SD angehört zu haben – und wunderlicherweise wird das auch seine Visitenkarte –, und er erfindet Herrn »X«. Der sei, so die Legende von Stephan, ein Kumpel aus ehemals treudeutschen Zeiten und nun ein »Verbindungsmann«, der direkt aus dem »Büro Ulbricht« geheime Informationen liefern könne. Dieses wird geglaubt. Heinz Stephan beliefert jeden, der sie haben will, mit Storys aus der sowjetischen Besatzungszone. Sie erscheinen dutzendweise in den Blättern jener Tage und bringen ihm dennoch nur ein mäßiges Auskommen.

Der Durchbruch erfolgt, als der Westberliner Korrespondent der Hamburger »Welt« und spätere »Sonderkorrespondent für die DDR« dieses Blattes, Wolfgang Weinert, wieder Gefallen an Stephans Geschichten findet. Eine erste Zusammenarbeit der beiden hat es etwa zweieinhalb Jahre zuvor gegeben, davon ist noch die Rede. Weinert wird später vor Gericht die bemerkenswerten Sätze sagen: »Vielleicht liegt es an unserem Beruf, daß wir eine Schwäche für Märchen haben.« Und er ergänzt: »Wir hatten am Schluß direkt eine Schwäche für ihn. Ich möchte sagen, er gehörte fast zu uns.« Dieses journalistische Credo ist nur verständlich, wenn man die Hintergründe der »Welt« in jenen Monaten beleuchtet, als der Nachrichtenhändler Heinz Stephan dort den Zugang zur großen Welt der Politik erhält.

Bereits am 15. Mai 1945 hatten die Sowjets mit der »Täglichen Rundschau« in Berlin und die Amerikaner seit dem 18. September 1945 in München mit »Die Neue Zeitung« in ihren Zonen eine neue demokratische Pressekultur in Deutschland begründet. Es handelte sich um die »Lizenzpresse« der Besatzungsmächte, die natürlich zuallererst die Bedürfnisse der Herausgeber zu respektieren hatte. Die Briten wollten gleichziehen und gründeten in Hamburg 1946 »Die Welt«.

Während man es bei der »Täglichen Rundschau« nicht schwer hatte, ausgewiesene Antifaschisten für die Redaktion zu gewinnen, war die Situation in Hamburg eher schwierig. Der mit der Gründung der »Welt« betraute britische Presseoffizier, Professor H. B. Garland von der Universität Essex, schrieb später: »Das Hauptproblem waren jedoch die Journalisten. Mein Ziel war es, das fähigste Team aus Leuten zusammenzustellen, die dem Regime ferngestanden hatten.« Aber das mißlang ganz gründlich. Zum ersten Chefredakteur wurde Hans Zehrer berufen, dem man (besonders von deutscher Seite) schnell nachwies, daß er als ehemaliger Chefredakteur der »Tat« vor 1933 bereits den Nazis nahegestanden hatte. Zehrer mußte noch vor dem Erscheinen der ersten Ausgabe der »Welt« wieder gehen. Unter der nachfolgenden Chefredaktion von Rudolf Küstermeier entwickelte sich das Blatt schnell. Nach einer Startauflage von 160 000 Exemplaren gelang dann im Februar 1949 ein Auflagenmaximum von über einer Million Exemplaren. Gedruckt wurden sie an den Standorten Hamburg, Essen und Berlin, und es wurden, im Gegensatz zu den anderen neuentstandenen überregionalen Tageszeitungen, Hunderttausende Leser in der sowjetisch besetzten Zone erreicht.

Diese Tatsache brachte die Strategen in der Bonner Adenauer-Regierung auf den Plan, die nichts unversucht ließen, sich der

»Welt« zu bemächtigen. Bereits im Juli 1948 forderte der – ausnahmslos aus Deutschen bestehende – »Presserat für die britische Zone«, dem völlig unabhängigen Blatt entweder deutsche Kompetenz zu geben oder klar zu formulieren, daß es sich um eine »Lizenzzeitung« einer Militärmacht handele, die natürlich nicht in allen Zonen vertrieben werden könne.

Dahinter stand der Versuch, die Briten zur Aufgabe ihrer expandierenden »Welt« zu bewegen oder aber »Die Welt« aus dem Spektrum der »Lizenzpresse« der Besatzer auszuklinken und zu einem Instrument Bonner Politik zu machen. Aber die Briten mit ihrer legendären Pressetradition blieben vorerst hart. Wenige Tage, nachdem das Blatt seit 1. Juli 1949 auch täglich erschien, wurde die Redaktion durch den britischen Militärgouverneur General Robertson angewiesen, über der Leitartikelspalte täglich folgende Notiz abzudrucken: »Es ist das Ziel der ›Welt‹, eine überparteiliche Zeitung zu sein: wahrheitsgetreu in ihrer Nachrichtengebung und objektiv in ihrer Stellungnahme. ›Die Welt‹ ist bestrebt, das demokratische Denken zu fördern, indem sie zur Bildung einer gesunden öffentlichen Meinung in Deutschland beiträgt. Verlag und Redaktion sind deutsch. Die britische Kontrolle, unter der sie einstweilen steht, soll gewährleisten, daß die Zeitung ihre Aufgabe erfüllt. Sie wird nicht ausgeübt, um der Darstellung einseitiger Gesichtspunkte zu dienen.«

Das Blatt wendete sich mit der Zuspitzung des Kalten Krieges und dem Wunsch, die Adenauer-Regierung in die Interessenslage des westlichen Bündnisses einzubeziehen. Am 21. April 1950 hielt in einem Schreiben der britische Hohe Kommissar nunmehr den Zeitpunkt für gekommen, die britische Kontrolle über »Die Welt« und die Wochenendausgabe »Welt am Sonntag« stufenweise aufzuheben. Am 20. Mai 1950 entfiel diese Kontrolle tatsächlich.

Neuer Chefredakteur wurde Paul Bourdin. Er wechselte in die Redaktion der »Welt« direkt vom Stuhl des Pressesprechers Konrad Adenauers in Bonn. Bereits am 18. September 1950 war jedoch Bourdins Tätigkeit bei der »Welt« wieder beendet. Er mußte gehen, weil die übergroße Mehrheit der Redaktion nicht bereit war, seinen Kurs, der mit seriösem Journalismus nichts mehr zu tun hatte, mitzutragen.

Was war geschehen? Bourdin hatte am 31. August 1950 unter der Schlagzeile »Stalins Deutschlandplan enthüllt« eine als »Weltsensation« angepriesene Märchenerzählung ins Blatt gedrückt (oder drücken müssen), die von einem Zeitzeugen später mit den Worten charakterisiert wird: »Tatsächlich war es in der Geschichte der Zeitung der durchschlagendste Mißerfolg, der je mit einer großen Aufmachung erzielt wurde ... Paul Bourdin hatte sich unmöglich gemacht.« Stalins angeblicher Deutschlandplan kam aus dem Büro des Berliner Korrespondenten Weinert. Dessen Informant war kein anderer als Heinz Stephan. Und der hatte Stalins »Deutschlandplan« auf der eigenen Schreibmaschine verfaßt. Damit endete zunächst auch Stephans »Welt«-Karriere.

In Bonn verstand man das Signal.

Was nützte eine Zeitung mit einer politischen Ausrichtung, wie man sie wollte, die nun sogar völlig unabhängig von der Besatzungsmacht war, wenn man doch die Redaktion nicht auf den eigenen politischen Kurs einschwören und sie knebeln konnte, weil die »Haustradition« das nicht zuließ? Da setzte man zunächst einmal Gerüchte in die Welt. Es war plötzlich die Rede davon, daß »Die Welt« von »Gewerkschaftskreisen« erworben werden könnte oder aber von dem Kölner Bankier Robert Pferdmenges, einer Zentralfigur in der wiederentstandenen westdeutschen Großindustrie. Die Verlegerzeitung »Zeitungs-Verlag« stellte dann klar, daß es wohl unschön wäre, wenn »Die Welt« in die Hände von Einflußgruppen wie Gewerkschaften oder Unternehmern käme, besonders unschön wäre es aber, wenn »die Bundesregierung direkt am Blatt beteiligt« sei. Nun war die Katze aus dem Sack, denn um letzteres genau ging es schließlich. Aber es mußte natürlich Nebel geworfen werden.

Nachdem die Briten mit der Übergabe des Verlages an einen privaten Investor einverstanden waren, gab es sechzehn Bewerber. Den Zuschlag erhielt der Hamburger Verleger Axel Springer – wohl nicht ohne Protektion aus Bonn.

Neuer Chefredakteur wird 1953 der einstmals von den Briten geschaßte Hans Zehrer. Sein Stellvertreter wird Conrad Ahlers, der bis dahin Pressereferent der Dienststelle von Theodor Blank in Bonn war, dem späteren Verteidigungsministerium der Adenauer-Regierung. Ahlers war gleichzeitig auch Stellvertreter von Paul Bourdin im Amt des Bundespressesprechers. Nun ist Bourdins Flop aus Bonner Sicht gesühnt, und die Karriere des Berliner Nachrichtenfälschers Heinz Stephan bei der »Welt« kann vorläufig weitergehen.

Sie erlebt ihren ersten Höhepunkt wenige Tage nach den Ereignissen des 17. Juni 1953 in der DDR. Nachdem mit Hilfe sowjetischer Panzer der Aufstand in Ostberlin niedergeschlagen ist, braucht man im Westen dringend Informationen über die Opfer. Heinz Stephan kann sie liefern. Diesmal ohne große Umwege über »Die Welt« werden dem Ministerium für Gesamtdeutsche Fragen und dem Bundeskanzleramt in Bonn Listen mit Namen von DDR-Bürgern vorgelegt, die am 17. Juni angeblich erschossen wurden. Das Elaborat von Stephan basiert auf dessen Phantasiefigur »X« aus dem »Büro Ulbricht« und hat einen Wahrheitsgehalt von Null. Aber es wird freudig angenommen, bezahlt und für Propagandazwecke sofort eingesetzt.

Mit diesem Coup ist Heinz Stephan ein Mann, der in Bonn hohe Reputation genießt. Er muß nun nicht mehr mit seinen »Informationen« von Redaktion zu Redaktion tingeln, er kann gleich bei Staatssekretär Dr. Otto Lenz im Bundeskanzleramt anklingeln, wenn er aus seinen »geheimen Quellen« etwas ganz Besonderes zu berichten haben will.

Ab und zu klingelt Dr. Lenz auch zurück. Nicht direkt zu Stephan, sondern zum Pressereferenten des Bundesbevollmächtigten in Westberlin, zu Wilhelm Wrasmann im »Bundeshaus«. Das macht er immer dann, wenn eine »Nachricht« gebraucht wird, die aus der vermeintlich zuverlässigen Schatulle von Stephan zu beschaffen wäre. So etwas geschieht auch im Juli 1953, wenige Wochen vor der Wahl zum 2. Deutschen Bundestag. Lenz will über Wrasmann wissen, ob es Quellen gebe, die belegen könnten, daß Sozialdemokraten in Westdeutschland ihren Wahlkampf mit Ostgeldern finanzierten. Wrasmann kann natürlich die Sache organisieren. Stephan liefert ihm auf Bestellung einen Bericht, aus dem hervorgeht, daß zwei SPD-Funktionäre jeweils 10 000 DM aus Ostquellen erhalten hätten. Insgesamt seien 20 Millionen durch Kuriere aus dem Osten in den Westen transferiert worden.

Lenz legt diese »Information« Adenauer vor – angeblich mit der Bemerkung, daß der Bericht noch nicht geprüft sei. Aber der Bundeskanzler benutzt sie sofort: Vor fünfzehntausend Besuchern einer Wahlkampfveranstaltung der CDU in der Westhalle in Frankfurt am Main behauptet er, der SPD-Funktionär Hugo Scharley, zugleich DGB-Ortsvorsitzender in Gelsenkirchen-Heßler, und der SPD-Funktionär Heinrich Schroth aus Solingen seien in die Affäre verstrickt.

Dieses Märchen ist der Anfang vom Ende des Nachrichtenhändlers Heinz Stephan. Man verzeiht ihm nicht, daß Adenauer mit »Informationen« in den Wahlkampf zieht, die er wenig später gerichtsnotorisch als ungeprüft und unrichtig anerkennen muß. Denn Scharley und Schroth gehen sofort auf Drängen der SPD-Zentrale vor Gericht und erwirken eine einstweilige Verfügung, daß solche verleumderischen Behauptungen nicht weiter in die Welt gesetzt werden dürfen. Beweise für die Richtigkeit der Angaben von Stephan findet niemand, nicht einmal der Bundesnachrichtendienst.

Es dämmert den Verantwortlichen in Bonn, daß Heinz Stephan ein Scharlatan ist. Man muß ihn also kaltstellen, besser vor Gericht stellen, denn die »sowjetzonale Seite« hat nun mit der öffentlich gewordenen Zweckgemeinschaft Stephan/Adenauer ein Propagandamittel in der Hand, das sich trefflich für die These nutzen läßt: Alles, was im Westen über den Osten behauptet wird, ist ein Machwerk von Fälschern.

Doch Stephan auszuschalten ist nicht so einfach. Der hat über »Die Welt« Zugang zum Hamburger Nachrichtenmagazin »Der Spiegel« erhalten und gilt inzwischen ohnehin ganz allgemein als Zulieferer für das Informationsbedürfnis in Bonn. Engste Beziehungen pflegt er zum Berliner Innensenator Hermann Fischer. Vor allem aber: Er steht in festen Diensten der »Kampfgruppe gegen Unmenschlichkeit« (KgU), die höchste Anerkennung von amerikanischer Seite genießt und auch vom Berliner Senat und anderen deutschen Stellen finanziell gefördert wird. Man kann Heinz Stephan nicht über Nacht demontieren, ohne gleichzeitig vor der internationalen Öffentlichkeit den Bonner Staat zu demolieren.

Man kommt – spät erst, im Juni 1955 – auf die Idee, Heinz Stephan »landesverräterischer Beziehungen« zu verdächtigen. Sollte es sich bei dem Nachrichtenfälscher, der den Bundeskanzler Adenauer so sehr in Bedrängnis gebracht hat, um einen östlichen Agenten handeln, der bewußt Skandale provoziert, um Bonn in Mißkredit zu bringen, dann wäre die Sache propagandistisch leicht aufzuarbeiten. So wird Stephan in Untersuchungshaft genommen, in der er bis Februar 1956 bleibt, und der 3. Strafsenat des Bundesgerichtshofes hat die Anschuldigung des Oberbundesanwaltes zu prüfen, ob Heinz Stephan aus Berlin der Prozeß gemacht werden kann. Man kann und muß. Zwar haben sich leider keinerlei Hinweise darauf finden lassen, daß der Ex-Gestapo-Mann östliche Interessen vertritt, aber man hat bei der Durchsuchung der Wohnung des Heinz Stephan eindeutige Belege gefunden, daß sämtliche Texte, die er je vorlegte, gefälscht waren. Auch die angeblichen Originaldokumente aus der Ostzone waren – so ein späteres Gutachten des Bundeskriminalamtes – auf der Schreibmaschine von Heinz Stephan verfaßt worden. So bleibt dem 3. Strafsenat des Bundesgerichtshofes nur übrig, das Verfahren an die Berliner Justiz abzugeben. Betrug und Urkundenfälschung werden Stephan zur Last gelegt. Aber erst einmal kommt er auf freien Fuß.

Der Prozeß gegen Heinz Stephan vor der 10. Großen Strafkammer des Berliner Landgerichts in Moabit wird zu einem Sittengemälde der Stadt in den heißesten Tagen des Kalten Krieges. In der Presse ist es vor allem »Die Welt«, die sich von Stephan radikal lossagt, ohne auch nur einmal zu erwähnen, daß sie Stammkunde des Fälschers war – sie dokumentiert Aufstieg und Fall des Heinz Stephan. In Wirklichkeit ist es das Armutszeugnis westdeutscher Politik vor dem Mauerbau.

Am 18. Oktober 1957 wird die Hauptverhandlung gegen Stephan eröffnet. Es sind vierzehn Verhandlungstage angesetzt. Den Vorsitz führt Landgerichtsdirektor August Michna, Staatsanwalt Dr. Karl Schlippe ist Vertreter der Anklage, und Rechtsanwalt Gerhard Schwarz vertritt Heinz Stephan.

Am Tage der Eröffnung der Hauptverhandlung kann die B.Z. (Westberlin) eine Exklusivnachricht verbreiten. Sie lautet:

»Im Auftrage des Generalstaatsanwaltes ist in der Nacht zum Donnerstag ein früherer Mitarbeiter der ›Kampfgruppe gegen Unmenschlichkeit‹ in Berlin, Heinz Stephan, wegen versuchter Erpressung verhaftet worden.«

Dann wird mitgeteilt, daß Stephan im Juli 1957 vom Direktor des neugegründeten Scherl-Verlages den Auftrag erhalten haben soll, belastendes Material über den Scherl-Verlag, das sich in der Redaktion des »Spiegels« in Hamburg befindet, zu sichten und, wenn möglich, zu beseitigen. Stephan habe nach dem Scheitern seines Auftrags dem Scherl-Verlag gedroht, diesen Auftrag öffentlich zu machen, wenn er nicht 25 000 DM erhalte. Die Staatsanwaltschaft sehe darin den Tatbestand der Erpressung erfüllt.

Stephans Anwalt habe erklärt, von Erpressung könne keine Rede sein. Sein Mandant habe als Redaktionsassistent beim Scherl-Verlag noch mindestens 11 000 DM Außenstand als Honorar und habe einige Male angedroht, die Summe notfalls einzuklagen. Das sei keine Erpressung, sondern ein legitimes Vorgehen. Als Entlastungszeugen habe Stephan u.a. den ehemaligen Berliner Innensenator Fischer benannt, der seine Unschuld beweisen könne.

Die »Depesche« (Westberlin) berichtet am gleichen Tag in einer Kurzmeldung, daß Heinz Stephan sich wegen Verbreitung falscher Nachrichten und Urkundenfälschung vor Gericht verantworten muß. Stephan wird in der Meldung als »Textilingenieur« tituliert, und im letzten Satz der Meldung steht: »Es ist anzunehmen, daß die Kammer wegen Gefährdung der Staatssicherheit zum größten Teil unter Ausschluß der Öffentlichkeit verhandeln wird.«

Zumindest zwei Westberliner Zeitungen wissen also vor Eröffnung des Prozesses gegen Heinz Stephan bereits, was man wünscht: Der Nachrichtenfälscher soll als kleiner Erpresser vor den Kadi, ohne großes Aufsehen, und weil Belange des Staates berührt sind, soll die Öffentlichkeit ausgeschlossen bleiben. Zum letzten Mal wird der Versuch unternommen, die Angelegenheit Stephan zu verschleiern. Aber der Plan geht nicht auf. Dr. Schlippe stellt zwar tatsächlich den Antrag, die Verhandlung ohne Öffentlichkeit stattfinden zu lassen, aber der Richter akzeptiert das nicht. Auch wird die Angelegenheit mit dem Scherl-Verlag zur Nebensache erklärt.

Es bleibt dabei: Heinz Stephan wird sich allgemein wegen seiner Lügengeschichten zu verantworten haben, die er jahrelang vom Käseblatt bis zum Bundeskanzleramt erfolgreich verkauft hat. Dr. Schlippe, dem Ankläger, bleibt nur eines übrig: Immer wenn Stephan bei der Einvernehmung durch den Richter zuviel redet, schaltet er sich mit der Bemerkung ein: »Ich mache darauf aufmerksam, daß eine Verordnung der Alliierten besteht, wonach deutsche Bürger über Dinge, die die Besatzungsmacht betreffen, vor deutschen Gerichten nicht befragt werden dürfen.« Danach nickt der Richter, und Stephan sagt gar nichts mehr.

Die erste Prozeßberichterstattung findet wie üblich am Tag nach der ersten Verhandlung statt, also am 19. Oktober 1957. »Die Welt« schreibt ausführlich über die Irreführung Adenauers durch Stephan in Sachen Schroth und Scharley und fügt hinzu: »Aus der gleichen Quelle stammt auch ein 40 Schreibmaschinenseiten umfassender ›Originalbericht‹ über eine tief im Erzgebirge gelegene ›Agentinnenschule des SSD‹ (Staatssicherheitsdienst der DDR, d. A.). Das Manuskript ist gespickt mit Geschmacklosigkeiten, die der Verfasser als erotische Pikanterien empfunden haben mag, und ist nach Inhalt und Stil so gehalten, wie sich das berühmte Lieschen Müller dergleichen vielleicht wünscht.«

Die »Berliner Morgenpost« verkündet ihren Lesern in einem Einspalter: »Falsche Nachrichten verkauft« und fabriziert in dem Eigenbericht die Unterzeile: »Früherer Gestapo-Mann und Textilfabrikant auf der Anklagebank.« Im Text selbst steht nichts Erhellendes. Auch der »Tagesspiegel« begnügt sich mit einer einspaltigen Meldung, in der lediglich der Beginn des Prozesses vermeldet wird und immerhin der Hinweis darauf erfolgt, daß Stephans Kontaktmann in der Ostzone ein angeblich ehemaliger Kumpel aus SS-Zeiten gewesen sein soll, der nun bei der Staatssicherheit der DDR tätig sei.

Auch die Ostberliner Presse hält sich kurz. Die »Neue Zeit« meldet einspaltig und kommentiert den Versuch von Dr. Schlippe, den Prozeß unter Ausschluß der Öffentlichkeit zu führen mit der Bemerkung, es gehe wohl darum, »keinen Einblick in die dunklen Machenschaften dieser zwielichtigen Kreise zu gestatten«. Einzig die »Berliner Zeitung« bringt in ihrem Zweispalter die Dinge auf den Punkt: »Ein Prozeß mit Pferdefüßen. Moabit verhandelt auf Bonner Geheiß gegen ›Nachrichtenhändler‹ Stephan.« Im Text heißt es: »Wie aus informierten Kreisen verlautet, braucht Bonn diesen Prozeß, um ›das Gesicht des Rechtsstaates‹ zu wahren.«

Diese knappe Bemerkung aus der Ostberliner Presse reicht aus, um in Bonn und der überregionalen westdeutschen sowie der Westberliner Lokalpresse den Blick dafür zu schärfen, was in Sachen Heinz Stephan auf dem Spiel steht. Für den Nachrichtenfälscher gibt es jetzt keine Schonung mehr – er ist zum Abschuß freigegeben.

22. Oktober 1957: zweiter Verhandlungstag in Moabit gegen Heinz Stephan – Konrad Adenauer ist am Tag zuvor vom 3. Deutschen Bundestag erneut zum Kanzler gewählt worden. Am Tag darauf schreibt »Die Welt« über den Stephan-Prozeß: »›Kübel über Kübel von Schmutz‹ nannte der Vorsitzende Richter das, was ein Großteil dieser ›Informationen‹ zum Inhalt hat. Von der kleinen Behördenangestellten bis zum jetzigen Berliner Regierenden Bürgermeister (Willy Brandt, d. A.) wurden da beispielsweise Hunderte von ehrenwerten Personen in Westberlin und der Bundesrepublik in langen Namenslisten bezichtigt, besoldete und feste Geheimspitzel des SSD zu sein. Aufs schlimmste verdächtigt wurden u. a.

Journalisten, die Stephans ›Nachrichten‹ verhältnismäßig schnell als Schwindelprodukte erkannt hatten. Hohe amtliche Persönlichkeiten brauchten erheblich länger dazu.« Weiter heißt es in der »Welt«: »Und es scheint schwer verständlich, daß der Angeklagte diese diffamierenden Machwerke, die teils ebenso frei wie bösartig erfunden, teils aus früheren Publikationen primitiv zusammengebraut sind, massenhaft sowohl vom Bundeskanzleramt wie vom damaligen Berliner Innensenator Fischer, die zu seinen Kunden zählten, honoriert bekam.«

Daß besonders »Die Welt« zu den Kunden von Stephan gehört hatte, darüber schreibt das Blatt kein Wort, und nur im Westberliner »Tagesspiegel« erfährt man, was unter »früheren Publikationen« zu verstehen ist, derer sich Heinz Stephan als Quelle bemächtigt hat: Es sind Artikel aus der »Täglichen Rundschau«, dem Lizenzorgan der Sowjets in der SBZ, das ohnehin jedem problemlos zugänglich war.

Einzig der Westberliner »Abend« berichtet von diesem zweiten Verhandlungstag noch ganz im Sinne des Bundeskanzleramtes. Daß der »Herr X« nicht existiert, dämmert auch dieser Zeitung. Aber sie titelt ihre Geschichte: »Sollte Stephan den Westen ›verwirren‹?«

Noch, scheint es, ist es nicht auszuschließen, daß man den Nachrichtenfälscher zu einem erstrangigen Geheimagenten des Ostens machen kann. Noch ist Hoffnung da.

24. Oktober 1957: Die »Welt« faßt einen Prozeßtag zusammen. Über Stephan ist zu lesen, daß es zwischen ihm und der »Kampfgruppe gegen Unmenschlichkeit« zum Krach gekommen sei, weil er – Stephan – sich nicht an der »Aufreißung von Schwerpunkten« habe beteiligen wollen. Staatsanwalt Dr. Schlippe kann diesen Begriff nicht verstehen. Stephan erläutert dem Gericht: Mit »Aufreißen von Schwerpunkten« sei das »Abschießen von Gegnern« gemeint. Aber dann zitiert der Richter aus einem Bündel von Briefen, die belegen, daß gerade Stephan »persönliche Gegner« gerne abschoß. Immer, wenn jemand dem Nachrichtenfälscher auf die Spur kam – so wird nun enthüllt –, wurde er sogleich von Heinz Stephan der Mitarbeit eines östlichen Geheimdienstes bezichtigt.

In einem der vom Gericht verlesenen Dokumente behauptet Stephan, »von Kind an treu dienen gelernt« und »stets die Tugenden eines Mannes geübt« zu haben. Bereits 1923 will er in einem Freikorps gegen die Bolschewisten gekämpft haben. Landgerichtsdirektor August Michna: »Da waren Sie doch erst elf Jahre alt und haben mit Murmeln gespielt?« Stephan antwortet, ohne die Frage offensichtlich begriffen zu haben, völlig zusammenhanglos: »Ich war nie in einer Partei, bin vom ersten bis zum letzten Tag im Krieg gewesen und siebenmal verwundet worden.« Heinz Stephan, der Lügner, muß sich dann anhören, was Aktenlage ist: Er war nie in einem Freikorps, er hat nur 1940 siebeneinhalb Monate der Wehrmacht angehört, ging nie an die Front, wurde logischerweise auch nie verwundet. Und er war kein Obersturmbannführer der SS, sondern einfaches Mitglied.

An diesem Verhandlungstag in Moabit wird auch bekannt, daß Heinz Stephan 1954 der »Deutschen Partei« beigetreten war, vom Osten als »faschistisch« bezeichnet, sofort im Stadtbezirk Tempelhof eine Funktion bekam und das »Ostbüro« der Partei (mit eigenem Nachrichtendienst) durch »Informationen aus erster Hand« belieferte. »Die Welt« notiert aus dem Gerichtssaal die Frage des Vorsitzenden: »Ist denn auch nur eine einzige Ihrer Nachrichten jemals bestätigt worden?« Darauf sagt Stephan: »Keine ist widerlegt.« Und er fügt hinzu: »Ich kann es heute noch nicht glauben, daß mein SS-Kamerad X mich aufs Kreuz gelegt hat.«

Am 25. Oktober wird vor der 10. Großen Strafkammer des Landgerichts bekannt, daß sich Heinz Stephan nur vor dem Gericht so schützend vor seinen mysteriösen Hauptinformanten, den Herrn »X«, stellt. Bereits bei seiner Verhaftung hatte er der Kripo mitgeteilt, daß sein früherer SS- und Gestapo-Kamerad, der ihm aus dem »Büro Ulbricht« geheimste Geheimnisse zukommen läßt, ein gewisser Hans Bahlig ist. Eine einfache Recherche ergibt, daß es tatsächlich einen SS-Oberscharführer dieses Namens gegeben hat. Aber: Hans Bahlig ist ausweislich einer Sterbeurkunde am 19. oder 20. April 1945 bei den Kämpfen um Reddigau (Bergmoor) gefallen. Er konnte also schlecht in den Jahren 1953 bis 1955 in Ulbrichts Nähe spionieren. Für Stephan ist diese Enthüllung eine Katastrophe, es fällt die letzte Säule seines Lügengebäudes. Trotzdem behauptet er, es habe noch einen anderen Hans Bahlig gegeben, und der sei sein »ostzonaler Vertrauensmann«.

Am 29. Oktober 1957 erhellt der Prozeßverlauf: Hermann Fischer, inzwischen siebenundfünfzig Jahre alt, ehemaliger Bezirksbürgermeister von Tempelhof und nun Oberregierungsrat im Wartestand sowie Berliner Innensenator a. D., Spitzenpolitiker der FDP, hat Stephan mindestens neun Mal getroffen und war vor allem daran interessiert, »umfangreiche Listen über Vertrauensleute des Ostens, die für den Senat arbeiten«, zu erhalten. Die Bezahlung, sagt der Ex-Senator aus, erfolgte über »Spesenpauschalen«, die durchaus üblich seien. Fischer gebraucht häufig den Satz, es sei schließlich um die »kommunistische Unterwanderung der Berliner Verwaltung« gegangen. Den überwiegenden Teil der Informationen von Stephan habe er immer als »Spielmaterial« des SSD angesehen. Trotzdem habe er es für seine Pflicht gehalten, die Materialien an das Landesamt für Verfassungsschutz weiterzugeben. Aufgrund dieses weitergegebenen »Spielmaterials« sind dann, wie sich später im Prozeß herausstellt, Angestellte des Senats und der Bezirksämter entlassen worden. Fischer gibt auch zu, Heinz Stephan an die »Kampfgruppe gegen Unmenschlichkeit« weiterempfohlen zu haben.

Ernst Tillich, Leiter der »Kampfgruppe gegen Unmenschlichkeit« sagt am 30. Oktober aus: »Anfang Februar 1954 hat Senator Fischer mir den Angeklagten Stephan als absolut zuverlässigen Vertrauensmann bezeichnet, den er bereits aus der Zeit vor 1933 kenne. Er sei, so gab Fischer an, Informant von Bundesdienststellen und der Dienststelle Blank.« Tillich verschweigt in seiner Aussage, daß er den Senator selbst um Hilfe gebeten hatte, »vier undichte Stellen« in seiner seltsamen Organisation zu stopfen und ihm daraufhin Stephan als Informant empfohlen worden war. Fortan war Stephan bei der KgU mit einem Monatsgehalt von achthundert Mark tätig, seine »Auskünfte« wurden einzeln extra honoriert. Bei Tillich erhielt der Nachrichtenfälscher den Decknamen »Mulert«, bei Fischer hatte er von »Amts wegen« bereits einen anderen: »Suchy«.

Die Sensation dieses Tages liegt aber woanders. Fischer hatte unter Eid ausgesagt, daß Stephan ihm erst im Sommer 1953 bekannt wurde. Nun sagt Tillich, Fischer habe den Fälscher nach eigenem Bekunden bereits aus der Zeit vor 1933 gekannt. Der »Telegraf« titelt seinen Prozeßbericht mit der Schlagzeile: »Wo liegt der Meineid?«

Am 31. November 1957 sagt der Schöneberger Apotheker Lothar Beutel aus. Er war Leiter des Oberabschnitts Elbe des faschistischen SD. Beutel kann bestätigen, daß Stephan in den Jahren nach 1933 »in verantwortlichen Funktionen als Leiter eines Dezernats der Gestapo in Dresden« tätig war. Diese Aussage regt die anwesenden Vertreter der Presse auch nicht mehr auf. An der Nazi-Vergangenheit des Heinz Stephan war ohnehin nicht mehr zu zweifeln. Interessanter ist, daß »Spiegel«-Redakteur Kurt Blauhorn zugibt, daß sein Nachrichtenmagazin wissentlich gefälschtes Material von Stephan verwendet hat. Und Ernst Tillich von der KgU, der so skeptisch gegenüber den Informationen des Stephan gewesen sein will, ihm aber dennoch monatlich ein festes Salär zukommen ließ, muß eingestehen, daß er Heinz Stephan seine eigene Pistole überlassen hat.

»Neues Deutschland« kommentiert: »In sechs Prozeßtagen, in denen mehr verschwiegen als gesagt wurde, kam der widerliche Absud des Frontstadtsumpfes an die Oberfläche. Es geht vor dem Moabiter Gericht nicht um die Person Stephan. Das System sitzt auf der Anklagebank.«

Zu diesem System gehörte als fester Bestandteil die abstruse »Kampfgruppe gegen Unmenschlichkeit«. 1948 begann sie ihre Tätigkeit im Auftrag der amerikanischen Besatzungsmacht als »Suchdienst für vermißte Deutsche«. Der »Suchdienst« residierte in der Ernst-Ring-Straße 2-4 in Berlin-Nikolassee hinter einem elektrisch geladenen Zaun. Schon Ende 1949 erzählte der erste Chef der KgU, Dr. Rainer Hildebrand, einer Gruppe von US-Journalisten, was sich wirklich hinter diesem Zaun befand: »Mein Büro verfügt über den bestinformierten Spionagedienst Deutschlands.«

Monatlich erhielt die KgU 220 000 DM der Bank Deutscher Länder und rund eine Million DM der Deutschen Notenbank. Letztgenannter Betrag wurde über die sogenannte Lohnausgleichskasse des Westberliner Senats bezogen. Zuwendungen gab es auch von der »Care«-Organisation und der »Ford Foundation«. Bis 1955 zahlte auch das »Rote Kreuz« in Westberlin regelmäßig in die KgU-Kasse. Weitere Mittel kamen aus US-Geheimdienstquellen, einem geheimen Fonds des Bundeskanzleramtes und vom Ministerium für Gesamtdeutsche Fragen in Bonn sowie von der Industrie.

Zur Jahreswende 1949/50 wurde der KgU, deren »Erkenntnisse« kategorisch den US-Geheimdiensten CIC und MID sowie auch der Gehlen-Organisation in Bonn weitergegeben wurden, die »Abteilung II b« angegliedert, die die interne Zusatzbezeichnung »Widerstand« erhielt. Sie war zuständig für Sabotage- und Terroranschläge auf dem Gebiet der sowjetischen Besatzungszone. Heinz Stephan war dabei.

Der weitere Verlauf der Verhandlung gegen Heinz Stephan läßt sich am neutralsten aus der Presse dokumentieren – der westlichen. Die »Frankfurter Allgemeine Zeitung« schreibt am 2. November 1957: »Am fünften Verhandlungstag beantragte der Staatsanwalt, die Öffentlichkeit wegen Gefährdung der Staatssicherheit auszuschließen. Der Leiter der West-Berliner Kampfgruppe gegen Unmenschlichkeit, Tillich, stand als Zeuge vor Gericht. Landgerichtsdirektor Michna lehnte den Antrag ab. Nach Aussagen Tillichs empfahl Fischer der Kampfgruppe den ›zuverlässigen Informanten Stephan‹ 1954 zur Aufdeckung von vier ›undichten Stellen‹ des Sicherheitsdienstes der Zone in ihrem Apparat. Außerdem könne er durch seine guten Beziehungen eine Veröffentlichung über die ›Kampfgruppe‹ in einem Nachrichtenmagazin (gemeint ist der ›Spiegel‹, d. A.) verhindern.«

Es wird Tillich zitiert, der vor Gericht erklärt: »Wir respektierten ihn als einen Vertrauensmann des Innensenators, der erklärt hatte, daß Stephan wahrscheinlich zur Dienststelle Blank gehöre und der Steuerfahndung behilflich sei.« Die F.A.Z. berichtet weiter, daß Tillich bestreitet, Stephan zu schmutzigen Berichten über seinen Vorgänger Dr. Rainer Hildebrand angestiftet zu haben. Daß er nicht mehr wisse, ob er Stephan seine Pistole ausgehändigt habe. »Im Berliner Abgeordnetenhaus wird seit einiger Zeit eine Große Anfrage über die Tätigkeit der Kampfgruppe erwartet«, weiß die Zeitung abschließend zu berichten. Aber im Abgeordnetenhaus weiß man über eine solche Anfrage zu diesem Zeitpunkt noch nichts. Doch sie wird kommen. Es ist der F.A.Z.-Hinweis auf das zwingende Ende der KgU. Die Organisation der Saboteure paßt nicht mehr ins Schema. Denn schließlich hat das Blatt auch etwas von diesem Verhandlungstag gedruckt, was Staatsanwalt Dr. Schlippe am liebsten durch Ausschluß der Öffentlichkeit verhindert gesehen hätte. Es ist die Rede von einem Gift namens Kantharidin.

Kantharidin wird aus dem Körpersaft der Spanischen Fliegen, der Kanthariden, gewonnen. Ein bis zwei Gramm wirken auf den Menschen tödlich. Schon kleinste Dosen bewirken auf der Haut und in den Schleimhäuten Blasenbildung, starke Entzündungen und Eiterungen. Es folgen Entzündungen der Verdauungswege,

Schlingbeschwerden, Erbrechen, Durchfall und starke Atemnot. Bei Männern führt das Gift in nicht tödlicher Dosis zu schmerzhaften Erektionen.

Das Gift der Spanischen Fliege, das die KgU einsetzte, und das auch mit dem Namen Heinz Stephan verbunden ist, macht vor der 10. Großen Strafkammer in Moabit nun endgültig klar, daß hier kein Prozeß mehr gegen den Nachrichtenfälscher allein geführt wird. Die »Kampfgruppe gegen Unmenschlichkeit« sitzt auf der Anklagebank. Aus der Verhandlung:

Richter zu Tillich: »Gaben Sie Stephan den Auftrag, Material über bestimmte Politiker zu beschaffen?«

Tillich: »Nein, er hat diese Listen von meinem Schreibtisch gestohlen!«

Der Verteidiger Schwarz bei der Vernehmung des ehemaligen KgU-Agenten Richard Hennig: »Ich bitte den Zeugen zu fragen, ob er über schwarze Listen, die die KgU angelegt hat, etwas weiß.«

Richter: »Sie haben die Frage gehört, Herr Zeuge.«

Hennig: »Wir haben natürlich Material über bestimmte Personen gesammelt.«

Schwarz: »Haben Sie den Auftrag zur Beschattung bestimmter Politiker erhalten?«

Hennig: »Ich erhielt den Auftrag, Material aus dem Osten über den SPD-Bundestagsabgeordneten Wehner zu sammeln.«

Staatsanwalt Dr. Schlippe: »Gab es bei der KgU undichte Stellen?«

Hennig: »Es ist öfters vorgekommen, daß Leute verhaftet wurden, von denen man sich nicht vorstellen konnte, wie das passiert ist.«

Dr. Schlippe: »Steht das im Zusammenhang mit Wehner?«

Hennig: »Auf keinen Fall.«

Damit läßt das Gericht die Sache mit den schwarzen Listen auf sich beruhen. Später wird bekannt, wie Heinz Stephan sie zusammenstellte. Er setzte alle Leute auf diese Listen, die dem Innensenator nicht paßten oder die Ernst Tillich von der KgU nicht genehm waren. Um diese Namen nicht auffällig konzentriert erscheinen zu lassen, wanderte Stephan durch die Büroflure von Senatsbehörden und schrieb Namen von den Türschildchen ab. Seine »Klienten« integrierte er in diese Listen fein säuberlich in alphabetischer Reihenfolge.

Am 28. Juni 1955 hatte »Die Welt« berichtet (Rache ist süß!):

»Es gibt auch handschriftliche Notizen des Gehirnzentralenchefs (damit ist KgU-Chef Ernst Tillich gemeint, d. A.) über ihm unangenehme Personen, die er am liebsten, ›da die vorhandenen Gesetze nicht ausreichen‹, mit Hilfe ›außergesetzlicher Mittel‹ beseitigen möchte.«

Diese handschriftlichen Notizen wurden nie aufgefunden. Vielleicht ist der Umstand aus dem Gerichtsprotokoll zu erhellen? Verteidiger Schwarz befragt Kriminalobersekretär Neuendorf, der die Verhaftung Stephans leitete.

Schwarz: »Ist damals bei der Verhaftung Stephans ein Inhaltsverzeichnis der beschlagnahmten Akten angefertigt worden?«

Neuendorf: »Nein.«

Schwarz: »Wissen Sie, daß etwas aus den Akten entfernt worden ist, zum Beispiel ein Handzettel von Tillich? Haben Sie jemals der KgU Aktenmaterial übergeben?«

Neuendorf (etwas wirr): »Nein, nicht daß ich wüßte.«

Schwarz: »Kennen Sie den Zeugen Baitz?«

(Gerd Baitz ist seit 1951 stellvertretender Vorsitzender der KgU und rechte Hand von Ernst Tillich, verantwortlich für alle »operativen Aufgaben«. Vorher war er Chef der Kriminalpolizei im US-Sektor, der GCIS – German Criminal Investigation Service.)

Neuendorf sagt auf diese Frage: »Dienstlich.«

Schwarz hakt nach: »Duzen Sie sich mit dem Zeugen Baitz?«

Neuendorf (stark unsicher): »Dienstlich nicht, aber privat.«

Der Prozeß gegen Heinz Stephan bekommt immer mehr den Charakter einer Selbstenthüllung der Zusammenarbeit offizieller Westberliner und Bonner Stellen mit dubiosen Organisationen wie der KgU. Die Befragung durch Stephans Anwalt Schwarz hat das Ziel, KgU-Chef Tillich als unglaubwürdig darzustellen, damit sein Mandant nicht verurteilt werden kann.

Schwarz fragt Tillich: »Kennen sie das Gift Kantharidin?«

Tillich zögernd: »Nein«.

Schwarz: »Gaben Sie Stephan den Auftrag, in Ostberlin für die Kantine der Mitarbeiter des Staatssicherheitsdienstes bestimmtes Fleisch zu vergiften?«

Tillich (sichtlich aus der Fassung): »Nein!«

Schwarz: »Kennen Sie den Chemiker Fröhlich?«

Wieder ein »Nein« vom Zeugen Tillich. Und auch Baitz will nicht eingestehen, daß Stephan beim »Konsum« in Lichtenberg die Spanische Fliege in die Fleischvorräte habe legen sollen. Alle diese Aussagen werden übrigens unter Eid gemacht. Dann wird erneut Hennig vernommen.

Schwarz: »Haben Sie schon einmal etwas über Kantharidin gehört?«

Hennig: »Dieses Gift ist mir ein Begriff.«

Nun greift der Vorsitzende der 10. Großen Strafkammer zum schon oft geübten Mittel der Rechtsbelehrung: »Zeuge, ich mache Sie noch einmal darauf aufmerksam, daß die Aussage verweigert werden kann, wenn Sie sich selbst dadurch belasten.«

Aber Hennig antwortet: »Ich habe während meiner Arbeit bei der KgU mit jemandem zu tun gehabt, der mir sagte, er hätte mit Kantharidin experimentiert.«

Der Richter: »Sind Sie da nicht einer Ente zum Opfer gefallen, Herr Zeuge? Wie sollte denn ihr geheimnisvoller Jemand experimentieren?«

Hennig: »Er war doch Chemiker bei uns!«

Verteidiger Schwarz: »Können Sie den Namen des Chemikers sagen und etwas über den eventuell geplanten Verwendungszweck des Kantharidin?«

Hennig: »Es ist schwierig, über diesen Fragenkomplex hier zu sprechen. Ich weiß, daß ich vor Gericht die Wahrheit sagen muß, aber andererseits muß ich damit rechnen, daß die KgU – ich meine …«

Richter: »Ich habe Sie doch schon darauf aufmerksam gemacht, daß die Aussage verweigert werden kann, Herr Zeuge!«

Hennig: »Ja, ich verweigere die Aussage.«

Fröhlich heißt in Wirklichkeit Feustel. Er war der Nachfolger von Wolfgang Kaiser, dem ersten Leiter des chemischen Labors der KgU, der sich 1952 vor einem Ostberliner Gericht für Giftmordanschläge zu verantworten hatte. Die Sache mit dem Gift der Spanischen Fliege hätte im Prozeß gegen Heinz Stephan nicht die geringste Rolle gespielt, wenn nicht etwas vorausgegangen wäre, was internationales Aufsehen erregt und den Namen der »Kampfgruppe gegen Unmenschlichkeit« schon längst in düstere Wolken gehüllt hätte.

Am 20. Oktober 1955 bereits hatte ein übergelaufener KgU-Agent namens Wagner in Ostberlin auf einer Pressekonferenz gesagt: »Ich sehe mich gezwungen, hier vor der Weltöffentlichkeit festzustellen, daß die angeblich humanitäre Organisation KgU Gift nicht nur produziert, sondern auch einsetzt. Baitz hat über den damaligen Sachgebietsleiter Sachsens, Kurt Milster, Deckname Malik, dem früher in Leipzig wohnhaft gewesenen Tierarzt W. Schöbe den Auftrag erteilt, Giftanschläge durchzuführen.«

Im Prozeß um Heinz Stephan ist dem Gericht mit Sicherheit bekannt, was der Öffentlichkeit noch nicht bekannt ist: Ernst Tillich hatte Gift auch im privaten Programm. Dabei handelte es sich nicht um wirkliches Gift, sondern eher um eine primitive biologische Waffe. 1952 hatte ein KgU-Mitarbeiter namens Dethloff entdeckt, daß sein Chef mehrfach größere Geldbeträge nicht durch die Bücher gehen ließ, sondern für sich privat verbrauchte. Der letzte nennenswerte Betrag stammte von Mr. Wyne vom CIC und belief sich auf 31 500 DM. Dethloff stellte Tillich zur Rede, versuchte ihn zu erpressen. Wenige Tage später erkrankte Dethloff an der »Bornholmer Krankheit«, einer Art Herzentzündung. Das Coxackie-Virus vom Typ B ist ihm durch Tee eingeflößt worden, den er an seinem Arbeitsplatz zu sich genommen hatte. Zubereitet wurde er vom KgU-Chef Ernst Tillich persönlich.

Diesen Sachverhalt enthüllte ein Mitarbeiter der Zweigstelle des Ministeriums für Gesamtdeutsche Fragen namens Karl Germer.

Germer war wie Tillich Mitglied der SPD. Als prominenter Streiter gegen die Vereinigung von SPD und KPD war Germer unverdächtig, der »östlichen Seite« in die Hände zu arbeiten. Aber Germer hatte längst erkannt, daß verbrecherische Aktionen, wie sie Tillich und Baitz betrieben, letztlich dieser »östlichen Seite« nur in die Hände spielten. Germer teilte sein Wissen über den Anschlag mit dem Coxackie-Virus gegen Dethloff dem Ostbüro der SPD und Staatssekretär Dr. Lenz in Bonn schriftlich mit. Wörtlich verlangte Germer in seinem Schreiben an Lenz, daß »die KgU nicht mehr wie bisher in so primitiver Weise mit Gift arbeiten darf«.

Zu einem Strafverfahren gegen Tillich kam es nicht, obwohl es dazu Anlaß genug gegeben hätte, denn die gesundheitlichen Schäden von Dethloff wurden in einem ärztlichen Gutachten als dauerhaft bezeichnet. Statt dessen wurde Germer nun auf Betreiben von Tillich auf die »schwarzen Listen«, die von Heinz Stephan erdichtet wurden, gesetzt. Dethloff wurde damit verdächtigt, Agent des Ostregimes zu sein.

Dennoch: Jetzt betrieb die SPD ernsthaft die Auflösung der

»Kampfgruppe gegen Unmenschlichkeit«. Zuerst wurde Tillich aus der Partei ausgeschlossen. Am 6. November 1952 wurde mitgeteilt, daß Ernst Tillich von der Mitgliederliste der SPD gestrichen wurde, weil »er seinen Verpflichtungen nicht nachgekommen« sei. Im Pressedienst der SPD begründete man die Forderung zur Auflösung der KgU damit, daß »sie eine Gefahr für die Wiedervereinigung darstellt«.

Zurück zum Prozeß gegen Heinz Stephan in Berlin-Moabit 1957. Mitte November sind die Beweisaufnahmen abgeschlossen und die Plädoyers gehalten. In der Ost- wie der Westpresse wird ausführlich über den Fall berichtet, der inzwischen die Öffentlichkeit in ganz Deutschland beschäftigt.

Der Nachrichtendienst der Hamburger »Welt« verbreitet am 11. November 1957 folgende Meldung: »In dem mehrwöchigen Prozeß gegen den 45jährigen ›Nachrichtenhändler‹ Heinz Stephan vor der Zehnten Großen Strafkammer des Landgerichts in Westberlin beantragte der Staatsanwalt am Wochenende viereinhalb Jahre Zuchthaus und fünf Jahre Ehrverlust. Stephan wird vorgeworfen, durch den fortgesetzten Verkauf falscher Nachrichten das Bundeskanzleramt, den ehemaligen Berliner Innensenator Fischer und die ›Kampfgruppe gegen Unmenschlichkeit‹ in besonders schweren Fällen während der Dauer von zweieinhalb Jahren betrogen zu haben. Die Offizialverteidigung des Angeklagten vertrat die Ansicht, daß dieser Prozeß auf politischen Halbwahrheiten beruht habe, daß Untergrundbewegungen, ein verworrenes Spitzelsystem und der ›Dschungel der Nachrichtendienste‹ in den Jahren 1953 bis 1956 einem labilen Charakter wie dem des Angeklagten Stephan zum Verhängnis geworden seien. Nicht nur die Taten oder Untaten des Angeklagten stünden vor Gericht, sondern eben auch die Umwelteinflüsse und die Einstellung derjenigen, die seine Berichte verwerteten und neue Nachrichtendienste dieser Art anforderten.«

Am 14. November 1957 kommentiert »Die Welt«: »Der Prozeß gegen den Nachrichtenhändler Heinz Stephan ist beendet. Er wird vermutlich zu den Fällen gehören, die in die Kriminalgeschichte eingehen. Das Zwielicht, das über der Verhandlung schwebte, hat sich keineswegs vollkommen gelichtet. Ob jemand eine Lehre aus dem Prozeß zieht, bleibt fraglich. Noch ist es in Berlin allzu leicht, sein Scherflein auf der üppig sprießenden Wiese der Geheimdienste zu weiden. Wer – von der Warte einer höheren Gerechtigkeit gesehen – schuldhafter gehandelt hat: Stephan, der Lieferant, oder seine ›Kunden‹, das zu entscheiden war nicht Sache des Gerichts.«

Am 15. November 1957 kommentiert die »Süddeutsche Zeitung« aus München das Prozeßende in Sachen Stephan. Es ist das einzige Blatt, das im Klartext über die KgU redet: »Die Kampfgruppe gegen Unmenschlichkeit scheint eine Art Verwirrung des Rechts und der Moral nach Berlin getragen zu haben. Es ist allzu billig, Gesetzesübertretungen stets mit dem politischen Kampf zu begründen, ganz so, als ob dem politischen Widersacher gegenüber Recht und Gesetz überhaupt gar nicht zu gelten hätten. Man gerät allzu leicht ins Uferlose, von den Luftballons und Propagandatraktätchen bis zu Giftampullen. Ernst Tillich leugnete alles, worüber seine Mitarbeiter, um sich nicht zu belasten, die Aussage verweigerten. Und der Staatsanwalt half dabei. Zuerst wollte er die Öffentlichkeit ausschließen. Dann, in seinem Plädoyer, stellte er sich schützend vor die KgU. Was ihn dazu wohl veranlaßt haben mag? Oder sollte man fragen *wer*, wer in diesem immer noch unter Besatzungsrecht stehenden Berlin?«

Vier Jahre Haft also lautet das Urteil gegen Heinz Stephan, den Lügner. Und obwohl in der ganzen Bundesrepublik deutlich geworden ist, welches System das Tun Stephans ermöglicht hat, wird keine Konsequenz daraus gezogen. Gegen Fischer, Tillich und Baitz sind Strafverfahren in Berlin wegen Meineids anhängig. Einige durch Verleumdung Stephans aus dem Senatsdienst entlassene Beamte haben Verfahren angestrengt, die klären sollen, ob ihre Entlassung rechtmäßig war. Das Thema Stephan bleibt ein Thema, nicht nur in Berlin, obwohl das Urteil längst gesprochen ist.

In Bonn ist von der SPD-Opposition noch im Juni 1958 die Frage offen, aus welchen Steuertöpfen eigentlich Honorare für »stinkende Nachrichtenfabrikation« bezahlt werden. Die Rede ist da natürlich wieder von Stephan und der Affäre Schroth/Scharley. Und es ist der sogenannte Reptilienfonds gemeint. Das ist der Titel 300 im Haushalt des Bundeskanzleramtes zur »Förderung des Informationswesens«. 1958 hat er mit 12,2 Millionen DM eine nie dagewesene Höhe erreicht. Die Mittel sind nach wie vor der parlamentarischen Kontrolle entzogen. Die Abrechnung wird lediglich vom Bundesrechnungshof geprüft. Wer, wird gefragt, bezahlte eigentlich die Fälschungen von Heinz Stephan und anderen Leuten seines Schlages. Und mit welcher Legitimation?

Man muß nun – nach Einstellung aller offiziellen Zahlungen deutscher Stellen an die reichlich diskreditierte »Kampfgruppe gegen Unmenschlichkeit« – verhindern, daß es zu einer Neuauflage der Affäre Stephan kommt. Dieser könnte ja, nach einiger Zeit zermürbender Haft, zu genaue Einzelheiten darüber preisgeben, wie die Beziehungen zwischen dem Nachrichtenhändler, dem Bundeskanzleramt, der Organisation Gehlen und der Dienststelle Blank usw. ausgesehen hatten. Da passiert folgendes: Heinz Stephans Anwalt Schwarz legt unmittelbar nach der Urteilsverkündung beim Bundesgerichtshof Revision ein. Im September 1958 bestätigt der zuständige 5. Strafsenat dennoch »im wesentlichen« das Urteil des Berliner Landgerichts. Es macht aber Verfahrensfehler aus, die Betrugsversuche Stephans gegenüber dem Berliner Landesamt für Verfassungsschutz betreffen. Also soll das Berliner Landgericht in dieser Sache nochmals verhandeln.

»Die Welt« schreibt: »Bei der gegebenen Rechtslage besteht durchaus die Möglichkeit, daß das Landgericht das Verfahren bezüglich dieses relativ unwichtigen Teilkomplexes nach § 154 der Strafprozeßordnung einstellt, weil er im Verhältnis zu den übrigen Komplexen nicht ins Gewicht fällt. Dadurch wäre das Landgericht auch nicht gehindert, wiederum eine Gesamtstrafe in der alten Höhe auszusprechen, da die Einsatzstrafen aus den fünf rechtskräftig gewordenen Teilen des Urteils zusammengerechnet weit mehr als vier Jahre Zuchthaus betragen.«

Aber so kommt es nicht. Am 14. März 1959 vermeldet »Die Welt«: »25 Prozent Rabatt bekam der Nachrichtenschwindler Heinz Stephan gestern in Moabit. Die im November 1957 gegen ihn verhängte Strafe wurde von vier Jahren auf drei Jahre Zuchthaus herabgesetzt ... Stephan schien mit dem neuen Urteil zufrieden zu sein. Er nahm es an. Der Haftbefehl wurde aufrechterhalten.«

Durch die »geringfügigen Ungenauigkeiten« also wird das Strafmaß gegen Stephan drastisch abgemildert. Bereits in der ersten Augustwoche 1959 wird der unbequeme Häftling dann vorzeitig entlassen. Die Begründung ist »gute Führung« und Verbüßung von zwei Dritteln der Gesamtstrafe unter Anrechnung der Zeit der Untersuchungshaft. Um Heinz Stephan wird es jetzt in der Öffentlichkeit still. Niemand interessiert sich mehr für ihn. Zum letzten Mal wird sein Name am 18. Dezember 1959 in Kurzmeldungen der Westberliner Zeitungen erwähnt: Der ehemalige KgU-Agent und Nachrichtenhändler Heinz Stephan ist plötzlich gestorben, heißt es da. Auf dem Totenschein wurde als Todesursache »Herzinfarkt« angegeben.

Warum der bis zu seiner Haftentlassung kerngesunde Heinz Stephan so plötzlich nach einem ersten Herzinfarkt versterben konnte, wird nie geklärt werden. Eine Zeitung, die (Ostberliner) »B.Z. am Abend« veröffentlicht am 19. Dezember 1959 folgende Meldung: »Berlin (Eig. Ber.). Überraschend ist der Nachrichtenhändler Heinz Stephan (47) in Westberlin kurz nach seiner Entlassung aus dem Zuchthaus gestorben. Als Todesursache wird ›Herzinfarkt‹ angegeben. Stephan war im November 1957 in Moabit zu vier Jahren Zuchthaus verurteilt worden. In dem Prozeß, der verschiedene Geheimdienste und die KgU stark bloßstellte, wurden mindestens sechs Meineide geschworen. Vor knapp zwei Monaten kam ein Mann aus der Kategorie Stephans in München ums Leben: Stephan Bandera, Agentenchef einer Emigrantenorganisation und ehemaliger Offizier in Oberländers Bataillon ›Nachtigall‹ war mit Cyankali vergiftet worden.«

Theodor Oberländer war ab 1956 drei Jahre lang in Konrad Adenauers Kabinett »Vertriebenenminister«. Seine Vergangenheit war im wesentlichen dadurch geprägt, daß er als Leutnant des Sonderbataillons »Nachtigall« der faschistischen Deutschen Wehrmacht in der von den Deutschen besetzten ostpolnischen Stadt Lemberg »Säuberungen« durchzuführen hatte. Oberländers enthüllte Kriegsverbrechen aus dem Jahre 1941 brachten die Adenauer-Regierung in Bedrängnis. Ein gefährlicher Zeuge war Oberländers Mitstreiter Stephan Bandera, ein ukrainischer Faschist, damals zweiunddreißig Jahre alt und in der Ukraine bereits rechtskräftig wegen Mordes verurteilt. Er kam später in die Bundesrepublik und wurde zu einem Führer der antisowjetischen ukrainischen Nationalbewegung. Als Oberländer 1959 politisch wegen seiner Vergangenheit nicht mehr zu halten ist, ereignet sich am 15. Oktober 1959 ein Todesfall, den die »Welt am Sonntag« so beschreibt: »Am Abend jenes Tages wurde im Treppenhaus der Münchner Kreitmayrstraße Nummer 7 ein Mann leblos aufgefunden. Der Notarzt stellte Herzinfarkt als Todesursache fest.«

Am 12. August 1961, einen Tag vor dem Berliner Mauerbau, wird sich der Ukrainer Bogdan Staschinsky bei der Berliner Polizei melden und gestehen, Bandera im Auftrage des KGB mit einer Giftpistole vom Leben zum Tode befördert zu haben. Damit enden die Spekulationen, Banderas Tod stehe in Verbindung mit den Enthüllungen um den Minister Oberländer.

Heinz Stephan war den »Kalten Kriegern« in Bonn ein dienstbarer Geist. Starb er eines natürlichen Todes? Oder räumte ihn eine interessierte politische Seite aus dem Wege? Kann sein, kann aber auch nicht sein, wer weiß das schon so genau.

Studenten-Demos – Justizpossen – Polizeiskandale

KOM Kurras erschießt Benno Ohnesorg

»Bei den Straßenschlachten, die der Besuch des Schahs von Persien am 2. Juni 1967 in Berlin auslöste, belagerten die Demonstranten zeitweise auch den Kurfürstendamm. Sie zündeten auf der Fahrbahn einen Scheiterhaufen an und behinderten den Verkehr. Nach dem Bekanntwerden des Tods des Studenten Benno Ohnesorg wurde für zehn Tage ein generelles Demonstrationsverbot verhängt. Während dieser Zeit verteilten seine Kommilitonen auf dem Boulevard Flugblätter und versuchten, mit Passanten über die Ereignisse zu diskutieren. Die Studentenbewegung wurde nun zunehmend offensiver, trug nicht zuletzt zum Rücktritt des Regierenden Bürgermeisters Albertz bei und forderte in einer Kampagne die Enteignung des Verlagshauses Springer.«

»Geschichtslandschaft Berlin, Orte und Ereignisse, Band 1. Charlottenburg, Teil 2, Der neue Westen« – das ist der genaue Titel eines Buches der Historischen Kommission zu Berlin aus Anlaß der 750-Jahr-Feier der Stadt Berlin 1987, das 1985 erschien und aus dem dieses Zitat stammt. Im Vorwort der Westberliner Publikation heißt es unter anderem, es sollen »neben solchen Stätten, an denen politische Geschichte greifbar wird, vor allem solche Orte berücksichtigt werden, von denen bestimmte Impulse auf das wirtschaftliche, soziale und kulturelle Leben Berlins ausgegangen sind, aber auch Orte, die einen wesentlichen Stellenwert im Alltag der Menschen eingenommen haben.« Weiter heißt es im Vorwort:

»Die Historische Kommission zu Berlin beschreibt daher in Zusammenarbeit mit dem Landeskonservator die ›Geschichtslandschaft Berlin‹ als eine Sammlung von ›Orten und Ereignissen‹, die von Fragestellung, Methode und Erkenntnisziel her neue Wege beschreitet.«

Seltsame neue Wege. Die veröffentlichte »Geschichtslandschaft Berlin« garnierte die Historische Kommission an jener Stelle, an der unpräzise und extrem kurz über den Tod des Benno Ohnesorg berichtet wird, mit Fotos von APO-Aktionen aus dem Februar 1968. Hatte man keine Bilder von den Ereignissen des 2. Juni 1967? Oder wollte man keine? Schließlich gingen sie um die ganze Welt.

Es gibt das Foto, das der damalige Bildreporter der SED-West-Zeitung »Die Wahrheit« schoß: Eine Frau hält den Kopf des soeben angeschossenen Benno Ohnesorg, der blutend auf dem Boden liegt. Jürgen Henschel hielt an diesem 2. Juni viele Bilder fest. Auf einem sieht man eine junge Frau, die mit schweren blutenden Kopfwunden von Polizisten abtransportiert wird. Auf einem anderen lächelnde Polizisten, den Gummiknüppel in der Hand, die einen Studenten in den Würgegriff nehmen. Es gibt auch ein Foto von gutgekleideten Herren, die mit Baulatten diesseits einer Polizeiabsperrung auf jene einprügeln, die jenseits der weißen Stahlrohrgitter stehen.

»Die Wahrheit« schrieb darunter: »Ein Bilddokument, das Bände spricht: Diese knüppelschwingenden Schah-Freunde sind es, die vor dem Rathaus Schöneberg den Krawall in Szene gesetzt haben, für den in verleumderischer Weise die friedlich im Hintergrund stehenden jungen Demonstranten verantwortlich gemacht wurden. Die Schläger, unter denen sich Agenten des iranischen Geheimdienstes befinden, wurden zuvor mit einem Sonderbus zum Rathaus gefahren! Die Humanistische Union hat gegen sie Strafanzeige erstattet.«

Im Rathaus Schöneberg wurde an diesem Tag der Schah von Persien von der Westberliner Stadtregierung empfangen. Später sollte der Mann auf dem Pfauenthron, von dem die brave Hausfrau wußte, daß er sich in Paris eine Badewanne aus Glas und eine Kloschüssel aus Gold hat fertigen lassen, in der Deutschen Oper mit Mozarts »Zauberflöte« kulturell verwöhnt werden. Schah Reza Pahlewi war ein Titelheld der Gazetten. Seine Ehen mit der deutschstämmigen Soraya 1951 und 1959 mit der einundzwanzigjährigen Studentin Farah Diba, sein verzweifelter Versuch, einen Thronfolger zu zeugen, interessierten einen Teil der Nation. Eine Minderheit aber wühlte auf, daß sich hinter dem Glanz des Pfauenthrons in Teheran ein brutales Regime verbarg, dessen Geheimdienst SAVAK Zehntausende Oppositionelle folterte und umbrachte. Der Schah von Persien war für sie ein Synonym für die Verlogenheit und Doppelmoral der bürgerlichen Gesellschaft. Sein Staatsempfang in Berlin wurde als Provokation empfunden.

Versuchen wir also einen Eintrag in das Buch »Geschichtslandschaft Berlin«, der in Kürze den wahren Sachverhalt schildert, auch wenn er nicht von der Historischen Kommission zu Berlin stammt:

Am 2. Juni 1967 ist der Schah von Persien zum Besuch der Opernaufführung in der Bismarckstraße eingetroffen. Die Außerparlamentarische Opposition (APO) hat zu einer Demonstration aufgerufen. Weil die Polizei Demonstrationen in der Stadt nur noch in Nebenstraßen zuläßt, versammeln sich Tausende Studenten in der Krummen Straße nahe der Oper, um gegen den Schah zu protestieren. Zu ersten Gewalttätigkeiten kommt es bereits, als unter dem Schutz der Berliner Polizei rund zweihundert »Jubelperser« mit Baulatten und Stahlruten vor dem Rathaus Schöneberg wahllos auf Demonstranten eindreschen. Erst später wird man erfahren, daß die »kaisertreuen« Perser, die mit Bussen des Senats zum Ort des Geschehens gefahren wurden, weitgehend Angehörige des persischen Geheimdienstes sind, die die Europa-Tournee ihres Regenten begleiten. All dieses wissen die Polizisten nicht. Sie sehen den Feind in den Studenten, den »Geisteskranken« und »Tieren«, und sie fürchten die »Kumpanei der Akademiker«. Die Studenten, so hat ihnen die Presse suggeriert, die Anwälte, Staatsanwälte und Richter würden unter einer Decke stecken.

Kriminalobermeister Karl-Heinz Kurras gehört zu einem »Greifertrupp«, einer kleinen operativen Polizeieinheit, die sich Präsident Duensing ausgedacht hat, um die Demonstranten zu verunsichern. Die »Greifer« holen sich aus der Menge wahllos unter massivem Schlagstockeinsatz einzelne Personen heraus, die vorübergehend festgenommen werden. Der Journalist Walter Barthel, Augenzeuge des Geschehens im Parkhof in der Krummen Straße, gibt die Bemerkung eines Polizeibeamten wieder, der zum selben Trupp wie Kurras gehört: »Das ist doch die einzige Strafe, die dieser Strolch da zu erwarten hat, die Justiz zieht sowieso nicht mit.« So denken viele Polizisten.

An diesem Freitag wird im Parkhof des Hauses Krumme Straße 66-67 in Berlin-Charlottenburg der sechsundzwanzigjährige Student Benno Ohnesorg schwer verletzt. Er ist das Opfer eines Schusses aus der Dienstpistole des einundvierzigjährigen Kriminalobermeisters (KOM) Karl-Heinz Kurras. Ohnesorg stirbt Stunden später in einem Krankenhaus.

Dem Ereignis folgt der Rücktritt des Berliner Innensenators

Wolfgang Büsch und seines Polizeipräsidenten Erich Duensing und schließlich – am 26. September des Jahres – der Rücktritt des Regierenden Bürgermeisters Heinrich Albertz (SPD). Westberlin hat sechs Jahre nach dem Mauerbau seine schwerste innenpolitische Krise. Die APO verläßt nun in ganz Deutschland die Linie einer reinen Protestbewegung und beginnt sich militant zu formieren. Der Tod von Benno Ohnesorg führt zu der Parole: »Auch unsere Geduld ist am Ende!«

Wie es genau zu dem tödlichen Schuß kam, ist bis heute ungeklärt. Fest steht: Der Todesschütze Karl-Heinz Kurras war Täter und Opfer zugleich.

Der studentische Protest der sechziger Jahre richtete sich erst gegen die verkrusteten Strukturen an den Universitäten, dann in der ganzen Gesellschaft. In Berlin protestierten erstmals am 11. Juni 1964 einige Dutzend Studenten auf dem Kurfürstendamm gegen die Wiederwahl des Bundespräsidenten Heinrich Lübke, dem nachgesagt wurde, an baulichen Plänen für die Errichtung von Konzentrationslagern der Nazis beteiligt gewesen zu sein. Heute weiß man, daß das stimmt. Hinzu kam das Verhalten der Amerikaner im Vietnamkrieg, die Giftgas einsetzten und Massaker unter der Zivilbevölkerung anrichteten. Anders als in den anderen Zentren des studentischen Protestes, in Frankfurt am Main, Hamburg und München, reagierten Senat, Presse und Polizei in Westberlin mit extremer Härte. Die »Frontstadt des Kalten Krieges« und zugleich »Schaufenster des Westens« mitten in der realsozialistischen DDR, die die anwesenden US-Truppen als »Garanten der Freiheit« feierte, sollte sich keine Blöße geben. So ging die Polizei unter der Führung von Erich Duensing rigoros gegen jede Demonstration vor.

Die Blätter »BILD« und »BZ« aus dem Axel-Springer-Verlag unterstützten die falsche Polizeistrategie mit Sprüchen wie (»BILD«): »Polizistenhiebe auf Krawallköpfe, um den möglicherweise doch vorhandenen Grips locker zu machen.« Politische Unterstützung kommt vor allem von Franz Josef Strauß. Der Hamburger »Spiegel« gab ein Fernschreiben des bayerischen Politikers an den Deutschen Richterbund wieder, in dem die APO als eine Ansammlung von »Geisteskranken« bezeichnet wird. Und in einem Telegramm an den bayerischen Ministerpräsidenten Goppel schrieb Strauß wörtlich: »Die Außergesetzlichen haben in gröbster Weise die öffentliche Ruhe und Ordnung gestört … Diese Personen nützen nicht nur alle Lücken der Paragraphen des Rechtsstaates aus, sondern benehmen sich wie Tiere, auf die die Anwendung der für Menschen gemachten Gesetze nicht möglich ist …« Vor diesem ideologischen Hintergrund spielt sich der Fall Ohnesorg/Kurras ab. –

Todesschütze Kriminalobermeister Karl-Heinz Kurras muß vor den Kadi. Ihm wird vorgeworfen, den Studenten fahrlässig im Dienst getötet zu haben. Der Schuß traf Ohnesorg von hinten in den Nacken. Nach dem Abtransport aus dem Parkhof in der Krummen Straße durch ein Rettungskommando starb er zweieinhalb Stunden später um 23 Uhr im Krankenhaus Moabit. Kurras wird vom Polizeidienst vorläufig suspendiert. Die Hauptverhandlung gegen ihn ist für den 21. November 1967 vor der 14. Großen Strafkammer des Berliner Landgerichts angesetzt.

Die Beerdigung von Benno Ohnesorg am Freitag, den 9. Juni 1967, wird zu einer politischen Demonstration, von der Fernsehbilder in alle Welt gehen. Rund achtzehntausend Studenten und viele Professoren und wissenschaftliche Mitarbeiter der Westberliner Hochschulen begleiten den Wagen mit dem Sarg des Studenten zum Zehlendorfer Kleeblatt, dem Autobahnkreuz zur Transitstrecke nach Hannover, Ohnesorgs Heimatstadt, wo er auf dem Friedhof Bothfeld beigesetzt werden soll.

Die DDR verzichtet aus propagandistischen Gründen auf jede Kontrolle der rund fünfhundert Fahrzeuge, die dem Leichenwagen folgen. In Babelsberg säumen Mitglieder der Freien Deutschen Jugend mit Fahnen die Autobahn. Die Beisetzung findet im engsten Familienkreis statt. Aber in der Sporthalle am Niedersachsenstadion sind fünftausend Studenten aus der ganzen Bundesrepublik zu einer Trauerkundgebung versammelt. Dort spricht der Münchner Publizist Erich Kuby davon, daß der Tod Benno Ohnesorgs als »gezielte Aktion zur physischen Ausschaltung der Opposition« im Lande einzuordnen sei. Der Marburger Politologie-Professor Wolfgang Abendroth hält eine Rede mit dem Titel: »Westberlin – ein Manöverfeld für die Notstandsplanung in der Bundesrepublik«. Er erhält tosenden Beifall, als er sagt: »An den Berlinern ist der Notstand probiert worden … Es ist vorweggenommen worden, was die Große Koalition mit den Notstandsgesetzen beabsichtigt.«

Am 21. November 1967 spricht die 14. Große Strafkammer des

Berliner Landgerichts Karl-Heinz Kurras vom Vorwurf der fahrlässigen Tötung frei. Der Vorsitzende der Kammer, Landgerichtsdirektor Geus, redet bei der Urteilsbegründung jedoch von »einem gewissen Unbehagen«, das bei diesem Spruch zurückbleibe. Der Generalstaatsanwalt beim Landgericht hatte in seinem Plädoyer acht Monate Gefängnis für angemessen gehalten. Das Urteil stößt auch in der Westberliner Presse auf herbe Kritik. Denn im Verlauf des Prozesses ist durch ein medizinisches Gutachten deutlich geworden, daß Kurras dem turbulenten Geschehen am 2. Juni offenbar psychisch nicht gewachsen war. Es ist von einer »vegetativen Labilität« die Rede, und es wird bekannt, daß Kurras ein Waffennarr ist, der eine sportliche Schießvereinigung der Polizei mit ins Leben gerufen hat. Der Rechtshänder hat an seiner rechten Hand eine dauerhafte Verletzung. Dem Richter sagt er stolz: »Ich schieße mit der linken Hand so gut wie mit der rechten.«

Es wird auch bekannt, daß Polizeibeamte am 2. Juni noch vor dem Schuß auf Benno Ohnesorg in den Reihen ihrer Einsatzbeamten zur Irritation und damit zur Aufstachelung das Gerücht streuten, ein Polizist sei von APO-Studenten getötet worden. All diese Umstände haben in der Öffentlichkeit inzwischen das Gefühl dafür gestärkt, daß ein Freispruch für Kurras nicht rechtens sein kann. Kurras wird zu einem Dauerproblem, zu einem Justizproblem, zu einem Problem für die Polizeiführung.

Karl-Heinz Kurras, der suspendierte Polizist, jobbt in einer Friedenauer Handelsfirma als Art Wachschutzbeauftragter. Er hat sich den Decknamen Schneider zugelegt. Am 1. Oktober 1968 hebt der 5. (Berliner) Strafsenat des Bundesgerichtshofs das Urteil gegen Kurras auf. Eine andere Große Strafkammer des Landgerichts soll den Fall noch einmal verhandeln. Mit dem Revisionsantrag hatte sich der Vertreter der Nebenkläger, des Vaters und des Bruders von Benno Ohnesorg, Rechtsanwalt Dr. Otto Schily, durchgesetzt.

Schily hatte mit Erfolg gerügt, daß die 14. Große Strafkammer ihre Aufklärungspflicht verletzt habe. So hatte man es nicht als nötig angesehen, einen Reporter des Süddeutschen Rundfunks als Zeugen zu hören und ein von diesem aufgenommenes Tonband als Beweismittel zu verwerten. Dem Band hätte sich entnehmen lassen, ob Kurras nur einmal schoß oder wirklich erst einen Warnschuß abgab und ein zweiter Schuß Ohnesorg verletzte, der nach Kurras' Darstellung erst zweieinhalb Minuten später gefallen sei. Die Strafkammer habe es einerseits offengelassen, heißt es in der

Begründung des Urteils des 5. Senats, ob Kurras einmal oder zweimal geschossen habe, jedoch andererseits das psychiatrische Gutachten anerkannt, in dem der Sachverständige davon ausgegangen war, daß sich die turbulenten Ereignisse, durch die Kurras in einen psychogenen Ausnahmezustand geraten sei, in höchstens anderthalb Minuten abgespielt und sich gerade wegen dieser kurzen Dauer so intensiv auf das Gemüt des Kriminalbeamten ausgewirkt hätten.

In Übereinstimmung mit dem Bundesanwalt erklärt der Strafsenat die Aufklärungsrüge also für begründet. Das ist ungewöhnlich. Denn Tonbandaufnahmen sind normalerweise als Beweismittel vor Gericht nicht zulässig. Dennoch hat der Vorsitzende des 5. Senats des BGH das Gefühl, daß die Kombination – Abhören des Bandes und beeidete Zeugenaussage des Rundfunkreporters – die 14. Große Strafkammer zu einer genauen Erkenntnis über den wirklichen Zeitraum des Geschehens im Parkhof in der Krummen Straße geführt hätte und »zu ungunsten des Angeklagten zu einem anderen Urteil gekommen wäre«.

Senatspräsident Prof. Dr. Sarstedt geht auf noch etwas ein: Das Einsetzen von »Greiftrupps«, also von Kriminalbeamten in Zivil, gegen Demonstranten sei von vornherein geeignet gewesen, Konflikte heraufzubeschwören. Dadurch sei eine äußerst gefährliche Lage geschaffen worden. Kurras sei mit seinem »Greiftrupp« seit halb sieben Uhr morgens unterwegs und mit den Nerven ziemlich herunter gewesen. Äußerungen in der Presse, Ohnesorg sei wohl nicht zufällig erschossen worden, könne man durchaus zustimmen. Ob aber die Organisatoren dieses Einsatzes ein strafrechtliches Verschulden treffe, habe der 5. Strafsenat nicht zu entscheiden. Die Begründung der Bundesrichter ist also ein deutlicher Appell an die Wahrung der Rechtsstaatlichkeit.

Die Berliner Polizeiführung ist nun nervös geworden, ist sie doch zum ersten Mal direkt in der Affäre Kurras angesprochen worden. Mit gemischten Gefühlen sieht man der Wiederauflage des Verfahrens gegen Kurras entgegen. Die neue Hauptverhandlung beginnt am Freitag, den 18. April 1969, vor der 10. Großen Strafkammer des Berliner Landgerichts. Zwölf Verhandlungstage sind angesetzt. Das »Kriminalgericht« ist mit Barrieren abgesperrt. In den Seitenstraßen sind Wasserwerfer und Hundertschaften der Bereitschaftspolizei postiert. Man befürchtet Demonstrationen. Aber dazu kommt es nicht und auch im Verhandlungssaal sitzen lediglich fünfzehn Zuhörer auf den Bänken, die für die Öffentlichkeit reserviert sind. Nach den Eröffnungsformalitäten kommt es erst einmal zu einem Disput zwischen dem Vorsitzenden Landgerichtsdirektor August Michna und dem Rechtsanwalt Horst Mahler, der die junge Ehefrau Ohnesorgs, Christa, als Nebenklägerin vertritt.

Es beginnt eine Posse, die in die Berliner Justizgeschichte als »Robenstreit« eingehen wird.

Mahler ist im dunkelblauen Anzug erschienen, darunter trägt er einen schwarzen Rollkragen-Pullover. Eine Robe trägt er nicht. Michna findet das anstößig und fragt: »Herr Mahler, Sie tragen hier nicht die Amtstracht eines Rechtsanwalts, obwohl Sie das tun, wenn Sie vor den Zivilkammern des Landgerichts und vor den Senaten des Kammergerichts auftreten. Weshalb wenden Sie diese Methode an?« Mahler antwortet, er habe beschlossen, auf dieses Ritual zu verzichten, weil er ihm eine hemmende und repressive Funktion besonders gegenüber dem Angeklagten beimesse. Außerdem stehe in der Rechtsanwaltsordnung nichts davon, daß Anwälte vor Gericht in der Robe auftreten müßten. Kurras' Anwalt, Gerd Joachim Roos, kontert geschickt: Sein Mandant werde sich keineswegs beeinträchtigt fühlen, wenn Mahler eine Robe trüge. Michna ergeht sich dann in langen Erklärungen über das, was zum Robentragen in der Bundesrechtsanwaltordnung steht.

Die Zeitung »Der Abend« berichtet: »Der Vorsitzende Michna brilliert mit einer umfassenden Kenntnis der preußischen Kleiderordnung im Wandel der Jahrzehnte, der Herr Mahler bestreitet, daß sie rechtens ist.« Mahler bleibt stur: keine Robe. Das Gericht zieht sich zur Beratung zurück, und nach einer dreiviertel Stunde ist entschieden, daß der Anwalt für diesen, aber nur für diesen Prozeßtag noch einmal ohne Robe zugelassen ist. Dann wird der Prozeß mit der Vernehmung des Angeklagten Kurras fortgesetzt. Der bleibt bei seiner ursprünglichen Tatversion: Er habe in Notwehr gehandelt. Auf dem Grundstück in der Krummen Straße sei er von Demonstranten angegriffen und niedergeschlagen worden. Er habe die Worte gehört: »Das ist ein Bulle. Schlagt ihn tot. Macht ihn fertig.« Dann habe er plötzlich zwei Demonstranten mit »blitzenden Messern« vor sich gesehen. In »Todesangst« hätte er einen Warnschuß in die Luft abgefeuert. Als ihm einer der Demonstranten die Waffe habe entreißen wollen, habe sich der »verhängnisvolle Schuß gelöst«. Nie habe er, Kurras, einen Menschen töten wollen, der Tod des Benno Ohnesorg sei ihm »sehr nahegegangen«.

Dienstag, 22. April 1969, zweiter Verhandlungstag im zweiten Prozeß gegen Karl-Heinz Kurras: Horst Mahler erscheint wieder ohne Robe. Das hatte er schon vorher angekündigt. Fast hätte sich der »Robenstreit« von allein erledigt, denn Christa Ohnesorg hatte Mahler schriftlich aufgefordert, ihre Interessen in der gesetzlich vorgeschriebenen Amtstracht wahrzunehmen. Mahler weigerte sich. Daraufhin beauftragte Frau Ohnesorg den Hannoveraner Rechtsanwalt Dr. Josef Augstein, Bruder des »Spiegel«-Herausgebers, mit ihrer Prozeßvertretung. Doch Mahler bleibt im Prozeßgeschehen, da sich nun der Bruder von Benno Ohnesorg, Willibald, von Mahler vertreten läßt und nicht mehr von Dr. Otto Schily.

Daß über dreißig Jahre später eben dieser Horst Mahler nach einer langen Haftstrafe als linker Terrorist und einem »Gastspiel« in der FDP zu den führenden Köpfen der rechtsextremen Nationaldemokratischen Partei Deutschlands (NPD) gehört und eben jener Otto Schily als Bundesinnenminister diese NPD verbieten lassen will, mag die ironischen Irrwege der Geschichte illustrieren. Nun aber wieder zurück in die Zeit, in der Schily und Mahler gemeinsam die harten Anwaltsbänke drückten.

Michna ist im »Robenstreit« hart. Er verlange ja gar nicht, daß Mahler ein weißes Hemd tragen müsse, nicht einmal, daß die Robe zugeknüpft sein müsse – aber die Robe an sich, die müsse sein, führt er aus. Mahler antwortet: »Rechtsanwalt ist man doch nicht dadurch, daß man das Gewand eines Anwalts anlegt, sondern durch Prüfungen, die man bestanden hat.« Das Gericht legt nun fest, daß es von Mahler keine prozessualen Erklärungen mehr entgegennehmen wird. Dem Anwalt wird aber die Funktion eines Vertreters der Nebenklage nicht abgesprochen. Er bleibt im Saal. Und nun wird der Prozeß gegen den Kriminalobermeister Kurras mit seinem ernsten Hintergrund vorläufig doch zum reinen APO-Happening: Als Mahler, ohne das Wort erhalten zu haben, im Prozeßverlauf immer wieder dazwischenredet, verweist ihn Michna auf die Zuschauerbank. Mahler antwortet mit Martin Luther: »Hier sitze ich, ich kann nicht anders.«

Otto Schily beginnt, den Robenstreit zu karikieren. Auch er legt seine Robe demonstrativ ab. Aber immer, wenn er zur Prozeßsache etwas sagt, zieht er sie wieder an. In den Pausen, auf den Gängen des Landgerichts, bekommen Prozeßbeobachter mit, daß sich Verteidiger Roos, Mahler und Schily längst einig sind: Ohne Robe geht es auch. Aber nur, wenn alle sie ausziehen.

Was bringt dieser Prozeßtag Neues über Kurras? Immerhin soviel: Der Sachverständige Professor Dr. Walter Krauland von der Freien Universität erklärt sein Obduktionsgutachten: Der Schuß auf Benno Ohnesorg war absolut tödlich. »Für mich gibt es keinen Zweifel«, sagt der Mediziner, »daß er im Feuer zusammengebrochen ist.«

Donnerstag, 24. April 1969, dritter Verhandlungstag im zweiten Prozeß gegen Kurras. Nach zweistündiger Verhandlung wird er nach Zeugenvernehmungen abgebrochen. Auf Antrag von Verteidiger Roos, der in der Robensache »ein juristisches Kabarett« sieht, beschließt die Kammer unter Vorsitz von August Michna: »Der Angeklagte hat einen Anspruch auf Durchführung einer fairen, nicht mit sachfremden Ausführungen übermäßig belasteten Hauptverhandlung.« Nach dem bisherigen Verhalten Mahlers sei zu befürchten, »daß auch bei Fortsetzung der bisher bis einschließlich 16. Mai terminierten Hauptverhandlung ähnliche sachfremde Störungen und erhebliche Verzögerungen eintreten werden«.

An diesem Tag kommt aus Köln die Meldung, daß der bekannte Strafrechtslehrer Professor Klug während einer Verhandlung ebenfalls keine Robe trägt – ungerügt. »Der Abend« stellt in einem Kommentar fest: »Solche Nichtigkeiten zur Grundsatzfrage aufzupusten, spricht nicht gerade für die Selbstsicherheit einer demokratischen Justiz.« Der »Robenstreit«, das wird langsam deutlich, ist in der Tat mehr, als ein juristisches Kabarett. Im Fall Ohnesorg/Kurras zeigt sich in ihm, was die Studentenbewegung schon vor den tödlichen Schüssen in Charlottenburg, gemünzt auf die Professoren der Universitäten, in ihren Versammlungen skandierte: »Unter den Talaren – der Muff von tausend Jahren!«

Am 30. April legt der Generalstaatsanwalt beim Landgericht Beschwerde gegen die Aussetzung des Kurras-Prozesses beim Kammergericht ein. Das Gericht, heißt es, hätte andere Möglichkeiten gehabt, den Ablauf des Prozesses zu sichern. Notfalls hätte es Mahler vom Prozeß ausschließen sollen. Auch Mahler und Schily legen Beschwerde ein. Aber bevor das Kammergericht entscheidet, beschäftigt der »Robenstreit« auch noch Mitte Mai den in Berlin tagenden III. Internationalen Richterkongreß. Werner Dolph, juristischer Mitarbeiter des »Tagesspiegels«, schreibt einen Fachaufsatz, in dem es heißt: »Roben haben Vorzeige- und Symbolwert. An ihnen erkennt man, wer im Apparat zum Apparat gehört, in wessen Macht man gegeben ist. Laienrichter, bezeichnenderweise, präsentieren sich im Strafprozeß robenlos. Roben und Ärztekittel – nicht nur, aber auch – sind die Fortsetzung der Medizinmann-Zeit mit anderen Mitteln. Sie zeigen an, daß diese Zeit noch nicht vorüber ist. Für Ärztekittel, immerhin, sprechen hygienische Gründe. Welche Gründe, in einer zu Ratio und Gleichheit zumindest tendierenden Gesellschaft, sprechen für schwarze und rote Roben? Fördern Roben die Wahrheitsfindung, schärfen sie den Sinn für Gerechtigkeit? … Es bleibt die Imponierfunktion. Weniger aufgeklärte Mitbürger werden durch Roben beeindruckt, der schwarze Stoff versperrt dann den Weg zu unbefangener Erörterung. Anderen erscheinen Roben als Mummenschanz und stören auf diese Weise die nötige Sachlichkeit. In einer auf Gleichheit und Vernunft angelegten Gesellschaft sind Imponiertrachten funktionswidrig.«

Am 16. Januar 1970 endlich hat sich das Westberliner Kammergericht zu einem Urteil im »Robenstreit« entschlossen. Das Urteil ist die Fortsetzung der Posse, nun von der anderen Seite. Man fragt sich, wer eigentlich »juristisches Kabarett« inszeniert. »Tagesspiegel«-Autor Werner Dolph: »Begonnen hatte der Prozeß mit der Frage, ob Polizeimeister Kurras den Studenten Benno Ohnesorg fahrlässig erschossen habe. Das Gericht, unter Anleitung seines altgedienten Vorsitzenden, wählte statt dessen ein anderes Thema: von Anfang an judizierte es fast ausschließlich über die bewegende Frage, ob Rechtsanwalt Mahler eine Robe tragen müsse oder nicht … Im eigentlich Rechtlichen kommen die Richter (gemeint sind die drei Richter des Kammergerichts, d. A.) sogleich auf das inzwischen bestens bekannte preußische Ausführungsgesetz zum Reichsgerichtsverfassungsgesetz von 1878 zu sprechen. Es bestimmt, daß ›Richter, Staatsanwälte und Gerichtsschreiber … an öffentlichen Sitzungen eine von dem Justizminister zu bestimmende Amtstracht tragen‹. Da Rechtsanwälte in einer Zeit, in der zum Menschsein Uniform oder Standestracht gehörten, nicht schlechter dastehen sollten als Gerichtsschreiber, fügte das Gesetz leutselig an: Dasselbe gelte für ›die in öffentlichen Sitzungen der Oberlandesgerichte und Landgerichte auftretenden Rechtsanwälte‹.«

Das Kammergericht also beendet den »Robenstreit« mit der eindeutigen Maßgabe, Mahler habe Robe zu tragen. Auf vier DIN-A-4-Seiten wird in der Urteilsbegründung bei dem Rückgriff auf die preußische Kleiderordnung auch noch der justiztragische Unfug gemacht, zu begründen, daß diese Robenordnung sowohl das »Dritte Reich« als auch die »Nachkriegswirren« überstanden habe. »Die Kosten des Rechtsmittels«, schließt das Elaborat der Kammerrichter, »trägt die Landeskasse, weil niemand anderes für sie haftet.«

Selbst Justizminister Gerhard Jahn (SPD) ist von dem Kammergerichtsurteil aufgeschreckt. In Marburg erklärt er auf einer Veranstaltung, Robe und Barett seien seiner Meinung nach als bloße Randerscheinungen der Rechtsprechung anzusehen und weder für den Richter noch für den Angeklagten von Bedeutung. Es gebe im Rahmen einer modernen Strafrechtsreform wesentlich relevantere Probleme. Im gleichen Vortrag weist Jahn darauf hin, daß zum Beispiel das teilweise schon hundert Jahre alte Demonstrationsrecht nun endgültig den heutigen Gegebenheiten angepaßt werden müsse.

Immerhin haben die Kammerrichter auch festgestellt, daß die Aussetzung des Verfahrens gegen Kurras nicht nötig gewesen wäre. Man hätte Rechtsanwalt Horst Mahler von der Nebenklage ausschließen und des Saales verweisen können. Es muß also vor der 10. Großen Strafkammer des Landgerichts erneut gegen Karl-Heinz Kurras verhandelt werden. Termin ist der 20. Oktober 1970 – aber bitte mit Robe!

Bei Beginn dieses dritten Verfahrens gegen Kurras hat sich nicht zuletzt durch dessen tödlichen Schuß auf Benno Ohnesorg das Klima in Westberlin wesentlich verändert. Immer mehr Menschen schließen sich der studentischen Protestbewegung an und nehmen an Demonstrationen teil.

Rückblick: Zu Beginn des Jahres 1968 erlebte Westberlin die erste große Vietnam-Demonstration, an der sich Tausende beteiligten. Wenige Monate später wurde bei einem Attentat der Studentenführer Rudi Dutschke von dem geistig verwirrten und verblendeten Josef Bachmeier angeschossen. Es folgte eine Welle von Demonstrationen und Aktionen, die sich besonders gegen das Verlagshaus Axel Springer richteten. Als sich im November 1968 Rechtsanwalt Horst Mahler vor dem Standesgericht der Anwaltskammer verantworten sollte, die ihm geistige Nähe zu politischen Straftätern vorhielt, kam es zu einer Demonstration, bei der Steine flogen. Gewalttätigkeiten, wie es sie in der seltsamen Wahrnehmung des Karl-Heinz Kurras schon 1967 beim Schah-Besuch gegeben haben soll, waren nun Realität.

Organisationen wie der Sozialistische Deutsche Studentenbund (SDS) und der Repubikanische Club (RC) entstanden. Die Außerparlamentarische Opposition spaltete sich dann aber bis zum Jahre 1970 nach Richtungskämpfen in zahllose Gruppen. Da gab es die KPD-Aufbauorganisation und die KPD-Marxisten/Leninisten, den Kommunistischen Bund und viele weitere Gruppierungen. Sie alle bekämpften sich gegenseitig und waren sich aber einig im Vorgehen gegen die stärkste organisierte linke Kraft in der Stadt, die als »Revisionisten« verschriene SED-West, die inzwischen den Namen SEW trug.

Einige führte der Weg in diesen Jahren in terroristische Vereinigungen, die mit Bombenlegen, Gefangenenbefreiung und Bankraub das verhaßte System bekämpfen wollten. Es entstanden die »Rote Armee Fraktion« (RAF) und die »Bewegung 2. Juni« – in Anlehnung an das Todesdatum von Benno Ohnesorg. Rechtsanwalt Horst Mahler saß Mitte 1970 in Untersuchungshaft. Ihm wurde vorgeworfen, zu den Gründern der RAF zu gehören. Im weiteren Verlauf des Verfahrens gegen Kurras ist er nicht dabei.

Landgerichtsdirektor August Michna eröffnet am 20. Oktober 1970, um 9 Uhr, den dritten Prozeß gegen Kurras vor der 10. Großen Strafkammer des Berliner Landgerichts. Kurras wird befragt, ob er bereit sei, Angaben zur Sache zu machen. Er ist nicht bereit. Verteidiger Roos hat ihm Schweigen verordnet. Kurras sagt: »Ich werde in diesem Prozeß keine Aussagen machen und auch keine Fragen beantworten.« Dann verliest er lediglich eine schriftlich vorbereitete Erklärung, in der er seine altbekannte Tatversion wiederholt. Auch Roos hat ein vorbereitetes Papier: »Kurras schweigt nicht aus Angst«, liest er vor, »sondern aus Protest. Kurras war einer der ersten dieser Stadt, der am eigenen Körper die aufgegangene Saat der Gewalt verspüren mußte. Hätte Kurras sich seinerzeit nicht gewehrt, so hätte man ihn – das wissen wir heute – totgeschlagen … Die aufgegangene Saat der Gewalt hat nun während der vergangenen Jahre und insonderheit während der jüngsten Wochen und Monate gezeigt, daß in dieser Stadt der Terror herrscht.«

Die Taktik von Roos besteht darin, daß er von den gegenwärtigen Ereignissen auf die damaligen schließt und hofft, das Gericht würde sich seiner Version schon anschließen. Otto Schily kontert: »Wenn hier von einem Opfer der Saat der Gewalt gesprochen wird, möchte ich fragen: Wer war hier der Sämann? Ich möchte die Frage stellen, ob Herr Kurras nicht das Opfer, sondern der Initiator war.« Schily bezeichnet die Ausführungen von Roos als »typisches Beispiel einer historischen Manipulation«.

Der zweite Tag im 3. Kurras-Prozeß bringt einige Turbulenzen. Freitag, 23. Oktober 1970: Auf dem Richtertisch liegt das blutdurchtränkte rote Hemd, das Benno Ohnesorg am 2. Juni 1967 trug. Seine Witwe hatte damals eine Untersuchung des Kleidungsstücks nicht erlaubt. Schily erreichte eine Aufhebung dieses Verbots. Nun soll ein technischer Sachverständiger klären, ob man durch eine genaue Untersuchung die Schußentfernung rekonstruieren kann. Der Sachverständige verneint. Nach so langer Zeit sei keine verwertbare Spurensicherung mehr möglich. Prof. Krauland erläutert als medizinischer Gutachter noch einmal seinen Obduktionsbericht. Er sei nicht in der Lage zu rekonstruieren, in welcher Situation Ohnesorg getroffen wurde und aus welcher Richtung der Schuß abgefeuert worden war. Er hätte auch Kurras selbst später einer Untersuchung unterzogen. Dabei habe er blutunterlaufene Stellen und eine Schnittverletzung festgestellt. »Es kann sich um Schläge mit einer Faust gehandelt haben«, sagt er. Ob Kurras mit einem Messer angegriffen wurde, bleibt nach den Worten Kraulands zweifelhaft.

Dann wird ein Polizeiarzt in den Zeugenstand gerufen, der Kurras nach den Ereignissen in der Krummen Straße noch in derselben Nacht betreute. Der Arzt, beeindruckt von den Kurras'schen Schilderungen, habe damals gesagt: »Ich hätte nicht so lange gewartet und schon früher geschossen.« Kurras habe daraufhin geantwortet: »Wenn Sie wüßten, welche strengen Bestimmungen wir haben, und dann werden wir noch von der Führung im Stich gelassen.« Der Polizeiarzt im Zeugenstand macht aus seiner Gesinnung keinen Hehl. Das seien »prophetische Worte« von Kurras gewesen, sagt er. Schily: »Wollen Sie vielleicht das, was Sie an Polizeiunterstützung durch den Senat vermissen, hier dem Angeklagten Kurras zuteil werden lassen?« Da springt Verteidiger Roos erbost auf: »Das Gericht muß den Zeugen schützen. Schily muß zur Ordnung gerufen werden. Ich gehe aus dem Gerichtssaal. Das mache ich nicht mehr mit.«

Der dritte Prozeß gegen Karl-Heinz Kurras quält sich von Runde zu Runde. Neunundfünfzig Zeugen, die vernommen werden, können sich zum größten Teil nicht mehr genau erinnern. Die meisten aber haben nur einen Schuß gehört, und keiner der Zeugen, auch Kollegen von Kurras nicht, kann sich erinnern, ihn in einer bedrängten Situation gesehen zu haben. Der Prozeß bringt nichts Erhellendes. Am fünften Verhandlungstag entschließt sich das Gericht, einen Lokaltermin anzuberaumen. Das soll Ende November geschehen, da der Münchener Eigentümer des Geländes seine Einwilligung geben muß, ebenso der Polizeipräsident. Es mahlen die Mühlen der Justizbürokratie.

Am 10. November gibt es in der Verhandlung doch noch eine Überraschung. Der SPD-Abgeordnete Kurt Löffler, inzwischen Senator für Schulwesen, sagt aus, er selbst habe einen Schuß im Parkhof des Hauses 66-67 in der Krummen Straße gehört. Er habe einen Polizisten nach der Ursache des Knalls befragt und zur Antwort bekommen, die Schußabgabe sei unnötig gewesen, weil der Demonstrant – Ohnesorg – schon im Griff von drei Beamten gewesen sei. Und der nächste Zeuge, Polizeimeister Geier, schildert, wie er sich nach dem Schußgeräusch umwandte, Kurras mit der Waffe in der Hand sah und ihm sinngemäß zugerufen habe: »Mensch, bist du wahnsinnig, hier zu schießen?« Kurras, der geistesabwesend gewirkt haben soll, habe stotternd geantwortet: »Die ist mir losgegangen.«

Es wird auch das Band des Rundfunkreporters abgehört und der Reporter selbst angehört – jener Sachverhalt, den im ersten Kurras-Prozeß versäumt worden war. Ein technischer Sachverständiger kann den Knall, den man auf dem Band eindeutig hört, nicht identifizieren. Er sagt: »Es ist ohne weiteres möglich, daß es sich um die Detonation eines Knallkörpers handelt.« Das Band ist vorläufig keine verwertbare Quelle zur Wahrheitsfindung. Dann wird, am zehnten Verhandlungstag, dem 19. November 1970, Kriminaldirektor Eitner befragt.

Eitner leitete am 2. Juni 1967 den gesamten Polizeieinsatz von seinem Dienstzimmer aus. Mit den ihm unterstehenden Beamten der Abteilung I, zu denen die »Greiftrupps« gehörten, war er per Funk über die Leiter der einzelnen Einsatzgruppen verbunden.

Der Schußwaffengebrauch durch Kurras wurde ihm sofort gemeldet. »Es gab eine Schilderung des Vorfalls«, sagt Eitner vor der 10. Großen Strafkammer, »und ich forderte dann von ihm (von Kurras, d. A.) einen schriftlichen Bericht, für den er zirka zwei Stunden brauchte. Er nahm sich zusammen und bemühte sich, ruhig und gelassen zu sein. Aber ich merkte, daß er innerlich sehr erregt war. Sonst war er im Dienst ruhig und zurückhaltend. Nur wenn er zum Vorgesetzten gerufen wurde, wurde er etwas unsicher.« Eitner veranlaßte dann, daß Kurras noch in der Nacht vom Polizeiarzt untersucht wurde. Der stellte Verletzungen fest, schrieb ihn krank.

Zu diesem Zeitpunkt ahnte in der Polizeiführung noch niemand, daß durch den Schuß jemand tödlich verletzt wurde. Gegen 22.30 Uhr erfuhr Kriminaldirektor Eitner von einem der zur Ermittlung des Vorfalls eingesetzten Beamten, daß ein gewisser Benno Ohnesorg, der sich an der Demonstration vor der Deutschen Oper beteiligt hatte, in das Krankenhaus Moabit eingeliefert worden und dort verstorben sei. Der Beamte sollte beim zuständigen Arzt die Todesursache in Erfahrung bringen. Wenig später meldete er die ärztliche Auskunft: »Stumpfe Gewalt. Keine Schußverletzung festgestellt. Erst die Obduktion kann Genaues bringen.«

Der Beamte, der im Krankenhaus Moabit ermittelte, ein siebenundfünfzigjähriger Kollege von Kurras, sagte aus, daß er bei den Vorfällen in der Krummen Straße zuvor Kurras selbst unweit der Deutschen Oper gesehen habe. Kurras habe ihm gesagt: »Ich habe geschossen. Ich lasse mich doch nicht totschlagen.« – »Ich sagte ihm daraufhin, er solle rasch zur Dienststelle gehen und Bericht machen. Das tat er dann wohl auch.«

Erst um 11 Uhr am nächsten Morgen erfuhr Eitner, daß bei Ohnesorg während der Obduktion ein Schußkanal im Kopf festgestellt wurde. Daraufhin wurden Beamte beordert, in die Wohnung von Kurras zu fahren und ihm die Dienstpistole abzunehmen und sie direkt dem Leiter der kriminalpolizeilichen Untersuchungsstelle zu übergeben. Das passierte, aber man ließ sich von Kurras nur ein Magazin geben, obwohl zur Dienstwaffe immer zwei Magazine gehören.

Am 25. November 1970 endlich kann nach den nun erfolgten Genehmigungen von Hausbesitzer und Polizeipräsident der Lokaltermin in der Krummen Straße stattfinden. Er entwickelt sich wie der Robenstreit zur Justizposse. Zahlreiche Zuschauer sind erschienen, als ein waffentechnischer Gutachter aus fünf Metern Entfernung aus der Dienstpistole von Kurras auf einen Kugelfang feuert. Die Bandaufnahmen, die davon gemacht werden, sollen zum Vergleich mit dem Band des Südwestfunk-Reporters dienen. Um den Straßenlärm bei diesen Aufnahmen zu mindern, verfügt der Gerichtsvorsitzende die Einstellung von Bauarbeiten in der Nähe, bei denen Betonmischer erheblichen Lärm verursachen. Nach der Veranstaltung wollen die Bauarbeiter dafür von August Michna einen Kasten Bier. Das Ansinnen wird natürlich abgelehnt. Der Lokaltermin bringt wenig.

Am nächsten Verhandlungstag kommt die Frage auf, ob das bereits einmal abgespielte Band wirklich das Original war oder ob man nicht im Sender in Baden-Baden eine Kopie gezogen habe. Man prüft nun die verbrieften Originale und bestellt zusätzlich Filmmaterial zur Ansicht aus Baden-Baden und London.

Am 9. Dezember 1970 beschließt der genervte Gerichtsvorsitzende, die Beweisaufnahme nun endlich abzuschließen und legt als Termin für die Urteilsverkündung definitiv den 22. Dezember fest. Doch in der Verhandlung an diesem Tag kommt noch etwas zum Vorschein: Wegen unbefugten Besitzes einer Privatpistole mit Munition ist der 1955 der Schießabteilung des Polizeisportvereins beigetretene Karl-Heinz Kurras am 8. Juni 1967 – also eine Woche nach den Vorfällen in der Krummen Straße – von seiner früheren Braut angezeigt worden. Deswegen wurde Kurras rechtskräftig am 24. Oktober 1967 zu 400 DM Geldstrafe verurteilt.

Ende Dezember ist die Beweisaufnahme im Kurras-Verfahren abgeschlossen. Fünfundachtzig Zeugen und sieben Sachverständige sind gehört worden, es hat Vorführungen von Tonaufnahmen und Filmen gegeben, viele Fotos wurden ausgewertet, eine Ortsbesichtigung mit Probeschüssen wurde durchgeführt. Man hört zum Schluß noch einmal zwei psychiatrische Gutachter. Medizinaldirektor Dr. Heinz Sprengler kommt zu dem Schluß, Kurras habe sich in einem »vorübergehenden psychogenen Ausnahmezustand« befunden, als der tödliche Schuß fiel. Professor Dr. Detlef Cabanis kommt zum gleichen Schluß. Er fügt hinzu, der Mediziner sei aber überfordert, wenn er sagen solle, was sich in diesem Moment in Kurras' Kopf abgespielt habe.

Dann die Plädoyers: Oberstaatsanwalt Dr. Spletzer und Verteidiger Roos fordern Freispruch. Spletzer schildert die Schwierigkeiten des Prozesses langatmig. In der zwanzigtägigen Beweisaufnahme hätten die fünfundachtzig Zeugen extrem unterschiedliche Angaben gemacht. Die Dauer des Geschehens sei von einigen Sekunden bis zu zehn Minuten benannt worden, die Zahl der Anwesenden hätte nach den Aussagen von zehn bis hundert geschwankt, die Lichtverhältnisse seien von taghell bis dunkel beschrieben worden, die Knallgeräusche von einigen gar nicht von anderen als zwei Pistolenschüsse wahrgenommen worden. Spletzer: »Die Einlassungen des Angeklagten können nicht widerlegt werden. Sie mögen nicht in allen Punkten richtig sein, aber – und das ist das wesentliche – niemand hat Kurras vor oder bei der Abgabe des Schusses gesehen. Es gibt auch keinen, der sagen kann, Kurras sei nicht geschlagen oder bedroht worden oder hätte sich in Todesgefahr befunden. Dem Angeklagten ist kein schuldhaftes Verhalten nachzuweisen. Es ist aber andererseits auch nicht zu beweisen, daß er völlig schuldlos ist ... Die Tötung des Studenten Benno Ohnesorg war rechtswidrig. Es gibt aber keinerlei Anhaltspunkte, daß gezielt geschossen wurde und eine vorsätzliche Tötung anzunehmen ist. Auch eine Fahrlässigkeit läßt sich nicht nachweisen. Es war zulässig, daß der Angeklagte in einer lebensbedrohenden Situation die Waffe zog.«

Dr. Otto Schily, Prozeßbevollmächtigter der Vertreter der Nebenklage: »Ein Freispruch ist sicherlich eine bequeme Lösung. Wie wäre das Verfahren wohl ausgegangen, wenn beispielsweise ein Student einen Polizeibeamten getötet hätte? ... Meine Herren Richter, Sie müssen dieses Urteil einmal in jeder Situation Ihres Lebens rechtfertigen können. Denken Sie daran ... Die Abgabe der Schüsse war ein gewollter, gezielter Vorgang. Karl-Heinz Kurras ist der fahrlässigen Tötung schuldig. Ein freisprechendes Urteil wird für unsere Polizisten ein Freibrief für die Abgabe solcher Schüsse sein und das Vertrauen in den Rechtsstaat Schaden erleiden.«

Am 22. Dezember 1970 wird das Urteil gefällt. Es lautet wiederum »Freispruch« für Karl-Heinz Kurras. Die Kosten des Prozesses trägt die Landeskasse, während die Kosten der Nebenklage von den Nebenklägern selbst zu tragen sind. August Michna begründet: Das Gericht hält die Angaben des Angeklagten, er habe sich von Demonstranten umringt, bedroht und mißhandelt, in einer lebensgefährlichen Lage geglaubt, für nicht widerlegbar. Denn bei der in der folgenden Nacht vorgenommenen ärztlichen Untersuchung seien am Nacken und Körper von Kurras Prellungen und Blutergüsse festgestellt worden, die er sich nicht selbst habe beibringen können. Ein psychogener Ausnahmezustand – ohne die Konsequenzen des § 51 Strafgesetzbuch (gemeint ist Unzurechnungsfähigkeit) – lasse sich nicht ausschließen. Hinreichende Anhaltspunkte für eine vorsätzliche Tötung haben sich nicht ergeben, heißt es in der Urteilsbegründung. Vielleicht habe es sich bei der Schußabgabe um ein ungesteuertes Fehlverhalten gehandelt.

In zwei wesentlichen Punkten weicht das Urteil der 10. Großen Strafkammer vom ersten Urteil der 14. Großen Strafkammer ab, bei dem der Staatsanwalt noch für eine achtmonatige Haftstrafe plädiert hatte: Die Angaben Kurras', er sei von Demonstranten mit langen Messern bedroht worden, sind falsch. Wahrnehmungsstörungen hätten ihn aber vielleicht zu dieser Annahme verleitet. Zweitens: Es ist nur ein einziger Schuß gefallen, der tödliche. Das ergebe sich aus den Bandaufnahmen und der Akustikmessung vor Ort. Es sei aber, mildert das Gericht ab, verständlich, daß Kurras in diesem Fall falsche Angaben machte, um seinen Schußwaffengebrauch zu rechtfertigen. Am Schluß der Urteilsbegründung wendet sich Michna direkt an den Angeklagten: »Herr Kurras, menschliches Fehlverhalten oder moralische Schuld: Das haben Sie mit sich selbst und dem Herrgott abzumachen und die Last selber zu tragen. Ihnen eine strafrechtliche Schuld nachzuweisen, waren wir nicht in der Lage.«

Otto Schily legt im Auftrag der Nebenkläger gegen den erneuten Freispruch von Kurras Revision ein. Später, im März 1971, zieht man den Antrag zurück. Selbst wenn der Revision stattgegeben werde, begründet der Anwalt, sei kein anderes Ergebnis zu erwarten.

Damit hat die politische Affäre um den Tod von Benno Ohnesorg juristisch ein Ende. Kurras wird wieder in den Polizeidienst eingestellt. Aber er kommt nicht zurück in die für politische Delikte zuständige Abteilung I. Er wird im Innendienst eingesetzt, an der Kartei für Personenfahndung der Kriminalpolizei. Hinter dieser Entscheidung der Polizeiführung steht folgende Überlegung: Solange ein Polizist als polizeidienstfähig anerkannt ist, kann ihm das Führen der Dienstwaffe nicht untersagt werden. Im reinen Innendienst aber kommt er für einen Waffengebrauch nicht in Frage.

Kurras ist vorläufig brav. Er läßt seine Dienstwaffe auf Anraten des neuen Polizeipräsidenten Klaus Hübner wegschließen und sortiert Karteikarten. Aber schon im August 1971 gerät er wieder in die Schlagzeilen.

Am 19. August 1971 sitzen zwei Mädchen auf einer Parkbank in einer kleinen Grünanlage an der Altonaer Straße in Spandau. Ein Mann mit einer Aktentasche setzt sich zu ihnen, dann packt er eines der beiden Mädchen an den Haaren und küßt es auf den Mund. Die Neunjährige läuft verstört zu ihrer Mutter und erzählt den Vorfall. Wenig später an diesem späten Donnerstagnachmittag wird der auf der Parkbank schlafende und offensichtlich betrunkene Mann von den Beamten einer Funkstreife geweckt und zur Blutprobe mitgenommen. Es ist Kriminalobermeister Karl-Heinz Kurras, dessen Wohnung in unmittelbarer Nähe des Vorfalls liegt. Nach der Blutprobe wird Kurras wieder auf freien Fuß gesetzt. Aber die Streifenpolizisten, denen natürlich der Name ihres berühmt-berüchtigten Kollegen ein Begriff ist, behalten die Aktentasche ein und machen Meldung im Polizeipräsidium. In der Tasche des Vegetariers Kurras, der so seltsam früh nach Dienstschluß volltrunken ist und kleine Mädchen antatscht, finden sich eine Polizeipistole und ein feststehendes Messer, ein sogenannter Hirschfänger.

Als am Tag darauf Kurras in seiner Dienststelle erscheint, der Fahndungsabteilung der Kriminalpolizei, hat Polizeipräsident Hübner bereits reagiert. Da sich ein neuer Skandal in der Öffentlichkeit anbahnt, wird Kurras sofort erneut »fürsorglich vom Dienst suspendiert«, eine amtsärztliche Untersuchung angeordnet. Sie soll klären, ob Kurras überhaupt noch polizeidiensttauglich ist. Die Presse ist damit beruhigt. Der Rest verläuft im Sande.

Kurras ist weiterhin diensttauglich, lautet das Ergebnis der Untersuchung. Die Waffe war ihm von einem Kollegen am Waffenschrank ausgehändigt worden – eine Urlaubsvertretung –, nachdem sich Kurras nach einer Schießerei, die am 15. Juli zwischen Polizisten und der zur Baader-Meinhof-Gruppe gerechneten Petra Schelm in Hamburg (!) ereignet hatte, nun plötzlich akut gefährdet sah. Trotz seiner Vereinbarung mit der Polizeiführung, seine Dienstwaffe unter Verschluß zu halten, sei das rechtens gewesen, heißt es. Man könne einem Beamten, der sich bedroht fühlt, nicht die Aushändigung seiner Dienstwaffe verweigern. Daß die Polizeiführung von der Aushändigung der Waffe an Kurras nicht verständigt wurde, wird als schlichtes Versehen aus Unkenntnis dargestellt. Die Trunkenheit von Kurras ist dienstrechtlich nicht verwertbar, sie wurde nach Dienstschluß festgestellt. Und da die Eltern der Neunjährigen keine Strafanzeige erstatteten, ist der seltsame Kinderfreund Kurras auch in dieser Sache aus dem Schneider.

Seine Kollegen wundern sich, daß er äußert, wenn es zu einem Prozeß gekommen wäre, hätte er Rechtsanwalt Otto Schily um seine Verteidigung gebeten.

Der »Tagesspiegel« kommentiert: »Kurras wird zu einer Belastung für die Polizei, was immer an den neuen Vorwürfen von strafrechtlichem oder disziplinarischem Belang ist. Auch an diesem Beispiel zeigt sich die Kehrseite der wohlerworbenen und schwer aufhebbaren Rechte eines Beamten auf Lebenszeit, wenn ihm die Voraussetzungen für das mit solchen Rechten ausgestattete Amt augenscheinlich fehlen. Wieder, aber in anderer Hinsicht, gibt ein Fehlverhalten namens Kurras Anlaß, über Reformen nachzudenken.«

Aber man denkt nicht über Reformen nach, schon gar nicht in der Polizeiführung. Kurras wird ordentlich bis zum Kriminaloberkommissar befördert. Wer ihm, und damit der Reputation der Westberliner Polizei, zu nahe kommt, wird ordentlich bestraft.

Im März 1975, öffentlich bekannt gemacht, muß der Verleger Klaus Wagenbach dreißig Tagessätze zu 60 DM wegen Beleidigung an die Staatskasse zahlen und die Kosten des Verfahrens tragen. In einem Kalender für Schüler und Studenten hatte unter dem Datum 2. Juni gestanden: »Bei Demonstrationen gegen Schah-Besuch in Berlin ermordet der Kriminalpolizist Kurras den Studenten B. Ohnesorg, Kurras wird in zwei Instanzen freigesprochen.«

Zehn Jahre nach den Ereignissen beim Schah-Besuch ist Kurras jedoch schon wieder Gegenstand der Schlagzeilen. Am 21. Mai 1977 versucht ein fünfunddreißigjähriger Bildreporter der Illustrierten »Stern« von dem Kriminaloberkommissar vor dessen Spandauer Wohnhaus ein Foto zu machen. Es kommt zu einem Wortgefecht, zu Handgreiflichkeiten, bei denen der Reporter leicht an der rechten Hand verletzt wird; die Kamera wird ihm entrissen und beschädigt. Kurras ruft eine Funkstreife. Die eintreffenden Beamten beschlagnahmen zwei Filme. Der Reporter erstattet Anzeige wegen Sachbeschädigung, Körperverletzung und Beleidigung.

Doch das folgende Ermittlungsverfahren gegen Kurras wird eingestellt, weil die Schilderungen der Zeugen zu stark voneinander abweichen.

Im November 1977 jedoch erfährt der Mann vom »Stern«, daß Kurras gegen ihn ein Verfahren wegen Beleidigung angestrengt hat. Er solle bei der Handgreiflichkeit vor dem Haus mehrfach Kurras als »Mörder« bezeichnet haben. Der Reporter erhält einen Strafbefehl zur Zahlung einer Geldbuße in Höhe von 1.200 DM. Dagegen legt er Widerspruch ein.

Am 24. Mai 1978 verhandelt ein Moabiter Schöffengericht unter Vorsitz des Richters Quandt die Sache. Die Schöffen und Quandt staunen nicht schlecht, als die Belastungszeugen vernommen werden – ein aus Tschechien stammendes Hausmeisterehepaar, von denen Kurras eine schriftliche Aussage als Beweis vorgelegt hatte. Johanna V. sagt, nachdem ihre angebliche Aussage verlesen wird, sie sei entsetzt. »Von dem Ausdruck ›Mörder‹ habe ich nichts gehört … Herr Kurras lügt, aber wie!«

Zögernd gesteht Karl-Heinz Kurras ein, daß die »Aussage« des Hausmeisterpaares von ihm selbst formuliert, geschrieben und zur Polizei gebracht worden war. Auch hält das Gericht wenig von Kurras' Fabuliererei, er habe in dem Fotoreporter anfangs einen »Guerillakämpfer« gesehen und »peitschende Schüsse« erwartet, sich dann zu Boden geschmissen und gegen den Angreifer zur Wehr gesetzt. Richter, Staatsanwalt und Verteidigung sind sich einig, daß der Reporter freizusprechen ist. Angeklagt wird dagegen Kurras. Zuerst verbal. Der Staatsanwalt hält ihm vor, es habe sich die im Prozeß 1967 bereits attestierte »vegetative Labilität« des Kriminalbeamten wohl offenbar noch verschlimmert. So habe er möglicherweise Worte gehört, die gar nicht fielen. Und Kurras' Verteidiger, der prominente Rechtsanwalt Dietrich Scheid, sagt im Beisein seines Mandanten, die Polizeiführung müsse nun mal ernsthaft über die Dienstfähigkeit des Beamten nachdenken.

Dann steht fest: Kurras muß erneut als Angeklagter vor den Kadi – wegen falscher uneidlicher Aussage und falscher Verdächtigungen zum Nachteil eines Pressefotografen. Bis zu diesem Verfahren wird es noch eine Weile dauern.

»Der Abend« veröffentlicht am 25. Mai 1978 einen Kommentar unter der Überschrift »Untragbar«. Darin heißt es: »Da faßt man sich doch an den Kopf und fragt, wie ist so etwas möglich: Bei der Polizei versieht nach wie vor ein Mann namens Karl-Heinz

Kurras seinen Dienst ... Vom Vorwurf der fahrlässigen Tötung wurde er zwar freigesprochen. Durch andere Geschichten, wie unerlaubten Waffenbesitz, Trunkenheit und den Verdacht, sich einem Kind sexuell genähert zu haben, blieb der Beamte jedoch unangenehm im Gerede. Bei der Polizei kletterte er langsam aber stetig die Beförderungsleiter empor ... Gestern nun stellte ein Anwalt anläßlich eines Prozesses in Moabit die Frage nach der Dienstfähigkeit des 50jährigen ... Dieser Verdacht sollte dem Polizeipräsidenten zu denken geben und ihn handeln lassen. Phantasierende Kripobeamte ist das Wenigste, was sich die Polizei leisten kann.«

Erst im November 1980 kommt es nach unverständlich langen Prüfungen des Sachverhalts zu einem Prozeßtermin gegen Kurras. Trotz ordnungsgemäßer Ladung erscheint Kurras nicht. Der Staatsanwalt hält das für »grob nachlässig«, doch rechtfertige das die Anordnung einer polizeilichen Vorführung seiner Meinung nach nicht. Das sieht auch das Gericht so. Es vertagt sich. Ein neuer Termin wird anberaumt. Erst ein Jahr später, am 16. November 1981, erhellen sich dann die Geschehnisse um die Auseinandersetzung mit dem Pressefotografen.

Einvernommen wird die Hauswartsfrau Johanna V. Die herzkranke Zeugin erleidet vor Aufregung einen Schwächeanfall, sagt aber schließlich aus, Kurras habe sie damals in seine Wohnung gebeten. »Er empfing mich an der Wohnungstür und richtete die entsicherte Pistole auf meine Brust.« Dann habe Kurras die Waffe wieder gesichert und in seinen Morgenmantel gesteckt. Mit Waffen kenne sie sich aus, weil sie in ihrer Heimat einem Schützenverein angehört habe. Kurras habe ihr danach die vorgefertigte Aussage zur Unterschrift gegeben. »Ich konnte den Text gar nicht durchlesen, weil ich meine Brille nicht bei mir hatte. Ich bin froh, daß ich noch lebe.« Der Vorsitzende Richter befragt Kurras zu diesem schwerwiegenden letzten Satz der Zeugin erst gar nicht, er greift statt dessen suggestiv in die Vernehmung von Johanna V. ein und sagt: »Sie glauben doch wohl nicht im Ernst, daß Herr Kurras Sie erschießen wollte?«

Der Angeklagte verzichtet bei seiner Aussage auf die vorher gegebene Version, er habe in dem Fotografen einen »Guerillakämpfer« vermutet. Er dichtet sich jetzt folgende Version zusammen: Der Reporter einer »Journaille« habe das Gesicht eines »haßerfüllten Waffenträgers« fotografieren wollen und ihn deswegen mit der Bemerkung »Sind Sie der Mörder Kurras?« bewußt provoziert. Daraufhin sei es auf dem Rasenstück zu einer Schlägerei gekommen: »Ich habe das Jackstück voll bekommen, und der Kerl griff in meine Gesäßtasche, um mir mein Portemonnaie zu entreißen!«

Am 23. November 1981 spricht das Schöffengericht in Moabit das Urteil. Kurras könne nicht nachgewiesen werden, falsche Aussagen gemacht zu haben. Er wird freigesprochen. Das entspricht dem Antrag der Verteidigung, wohingegen der Staatsanwalt für eine Geldstrafe von 3000 DM plädiert hatte. Das Gericht hat nur eine kritische Bemerkung: Kurras habe »überreagiert und Dinge teilweise falsch gesehen«. Im Saal werden bei diesem Satz Erinnerungen an den ersten Prozeß gegen Karl-Heinz Kurras wach, als es um den Tod des Studenten Benno Ohnesorg ging. Der jetzige Verteidiger Kurras', Heinz-Joachim Hentschke, sagt im Flur vor dem Verhandlungssaal nach dem Urteilsspruch den Gerichtsreportern nur diesen Satz: »Man soll doch Herrn Kurras endlich in Ruhe lassen.«

Man läßt. Kurras bleibt im Polizeidienst bis zu seiner Pensionierung. Und es bleibt ein schwarzer Fleck in der Geschichte der Berliner Polizei.

Geheimdienste bomben mit, und Spuren führen nach Ost und West

Anschlag auf das »Maison de France«

Der 25. August 1983 war in Berlin ein heißer Donnerstag. Die Stadt stöhnte unter der Hitze. Aber es waren nicht die meteorologischen Bedingungen, die die Gemüter erhitzten. Bereits seit 1979 lief eine harte politische Kontroverse um neue Rüstungspläne der NATO. Marschflugkörper und Pershing-II-Raketen sollten nun in diesem Spätsommer in Europa stationiert werden. Viele Menschen sahen den Frieden bedroht. Eine bunte Bewegung hatte sich in den zurückliegenden Monaten zusammengefunden. Einer in ihr war der sechsundzwanzigjährige Maler Michael Haritz. Er war ein begeisterter Radrennfahrer, hatte mehrmals die Berliner Juniorenmeisterschaft im Straßenrennen für sich entscheiden können. 1975 gelang ihm ein dritter Platz in der Deutschen Meisterschaft. Cousin Günter Haritz war auf dem Veloziped 1972 sogar zu olympischem Gold geradelt.

Michael Haritz, aus dem aktiven Sport inzwischen ausgestiegen, hatte sich der kirchlichen Gruppe »Fasten für das Leben« angeschlossen. Es war ein kleiner Kreis um Pfarrer Walter Böttcher, der sein Scherflein beim Kampf gegen die atomare Gefahr beitragen wollte. Als sich die Gruppe am Vormittag dieses 25. August 1983 auf dem Kurfürstendamm zu einer unspektakulären Protestaktion zusammenfand, war ihr Anliegen jedoch nicht die Ablehnung der NATO-Raketen-Pläne. Pfarrer Böttcher hatte sich mit seiner Gemeinde entschlossen, gegen die französischen Atomversuche auf dem Muroroa-Atoll zu protestieren. Rund drei Wochen davor hatte Frankreich im Pazifik einen Kernsprengsatz gezündet. Paris wollte damit seine Stellung als Nuklearmacht unterstreichen. Eine in diesen spannungsgeladenen Zeiten schädliche Demonstration, wie die kirchliche Gruppierung meinte.

Am Kurfürstendamm 211, an der Kreuzung Uhlandstraße, hat über dem Lichtspieltheater »Cinema Paris« das französische Generalkonsulat seine Diensträume im »Maison de France«. Es war ziemlich genau 11 Uhr, als sich Pfarrer Böttcher, Michael Haritz und die anderen – etwa ein Dutzend Mitglieder der kirchlichen Friedensgruppe – vor dem Konsulat zusammenfanden. Zum Generalkonsul, dem sie gerne ihre Petition überreicht hätten, konnten sie nicht vordringen. Der »Chef de Mission« war, wie rund die Hälfte der Konsulatsangestellten, gar nicht im Hause. Die Leute mit der Petition ahnten nicht, daß es in den vorangegangenen Tagen einigen Wirbel um die konsularische Vertretung der Franzosen gegeben hatte, daß zwei Tage vor ihrem Erscheinen sogar Bombenalarm ausgelöst worden war und daß nun für kurze Zeit die Einrichtung besonderer Bewachung unterzogen war. Als die Gruppe das Haus betrat, bemerkte sie davon nichts. Und sie ahnte auch nicht, daß erst vor wenigen Tagen auf Weisung von höchster Stelle die seit Monaten verstellten Notausgänge im »Maison de France« freigeräumt worden waren.

Einige Gruppenmitglieder benutzten die Treppe, andere, wie Pfarrer Böttcher und Kristina Nürnberger mit ihrer sechs Monate alten Tochter Yvonne, nahmen den Aufzug, um in die dritte Etage zu gelangen. Ihre Hoffnung, dem Vertreter der französischen Regierung die Petition überreichen zu können, wurde enttäuscht.

Es war genau 11.22 Uhr. Erwartungsvoll stand das Häuflein im Vorzimmer des Konsuls, als eine gewaltige Detonation ihre Aktion jäh beendete. Die Mitglieder der Fasten-Gemeinschaft lagen plötzlich zwischen Schutt, Staub und Mauerbrocken. Einige konnten sich befreien, tappten durch die Dunkelheit nach draußen. Andere wurden später erst von Rettungskräften ausgebuddelt. Für Michael Haritz kam jede Hilfe zu spät. Eingeklemmt zwischen Betonbrocken und Eisenträgern erstickte er.

Am »Maison de France« waren zu diesem Zeitpunkt umfangreiche Bauarbeiten im Gange, die Fassade bekleidete ein Baugerüst, mit blauen Planen abgedeckt. Durch die Detonation wurden von diesem Gerüst Bauarbeiter herabgeschleudert, Fußgänger auf der Flaniermeile Kurfürstendamm von umherfliegenden Trümmern verletzt. Der Bauarbeiter Erner Mozart stürzte aus der Höhe der dritten Etage vom Gerüst. Daß er den Sturz überlebte, verdankte er nur einer Baumkrone. Doch wird er ein Leben lang ein Stützkorsett tragen müssen. In den Abdeckplanen des Gerüstes klaffte ein riesiges Loch. Der Sprengsatz, der dieses Inferno auslöste, war in der vierten Etage des »Maison de France« gezündet worden.

Nach einigen Stunden bilanzierten die Rettungskräfte: Ein Toter, es war Michael Haritz, dreiundzwanzig Verletzte. Einige wurden so schwer verletzt, daß sie zeitlebens unter den Folgen zu leiden haben.

Nach den Rettungsmannschaften der Feuerwehr und der Polizei waren inzwischen auch Innensenator Heinrich Lummer, Klaus Hübner als Polizeipräsident und Manfred Kittlaus vom polizeilichen Staatsschutz am Ort des furchtbaren Geschehens eingetroffen. Es war eine demonstrative Geste. Zur Erhellung des Vorganges konnten die hohen Herren wenig beitragen.

Die Ermittler gingen zuerst von einer Gasexplosion aus. Relativ schnell stand aber fest: Hier gab es einen Bombenanschlag. Zwei Stunden später kam Gewißheit. Um 13.25 Uhr klingelte im Büro der französischen Nachrichtenagentur AFP am Kurfürstendamm das Telefon. Kurz und knapp sagte ein anonymer Anrufer: »ASALA Attentat France.« Dies war kein eindeutiges Bekenntnis. Aber es war eine erste Spur. Wer oder was ist die ASALA?

ASALA steht für »Armenian Secret Army of the Liberation of Armenia« (Armenische Geheimarmee für die Befreiung Armeniens). Viele Armenier sehen sich wie die Kurden oder die Palästinenser als ein Volk ohne Staat. Die armenische Sowjetrepublik in der südlichen UdSSR war ihnen kein ausreichendes Zuhause. Teile der Volksgruppe leben im Iran, einige in der Türkei. Mit den Machthabern in Ankara verbindet sie nur ein abgrundtiefer Haß. 1915 hatte das osmanische Reich eineinhalb Millionen Armenier ermorden lassen. Die Wunden dieses Genozids sind bis heute nicht verheilt. Zahlreiche Armenier verbringen ihr Leben im Exil.

In Westberlin standen Bürgern armenischer Herkunft nach dem Anschlag unruhige Tage bevor. Die Mitarbeiter der Dir. VB S II (so das polizeiliche Kürzel für »Direktion Verbrechensbekämpfung, Staatsschutz, Inspektion II«) haben alle Hände voll zu tun. Eine Sonderkommission wurde noch am Tattag zusammengestellt. Der Generalstaatsanwalt setzte eine Belohnung von 100 000 Mark für Hinweise aus, die zur Ergreifung der Täter führen würden. Razzien und vorläufige Festnahmen erbrachten jedoch nicht den gewünschten Erfolg. Dennoch wollte man die Spur »ASALA« vorerst nicht zu den Akten legen.

Im anderen Teil Berlins verfolgten professionelle Beobachter die Anstrengungen des Westens, der Bombenleger habhaft zu werden.

Rund eine Woche nach dem Anschlag wurde beim Ministerium für Staatssicherheit (MfS) der DDR unter »Streng vertraulich« die »Information G/17932/02/09/83« zu Papier gebracht.

Man notierte in Sachen »Aktivitäten des Gegners im Zusammenhang mit dem Sprengstoffanschlag auf das Gebäude des ›Maison de France‹« in verquaster Geheimdienstsprache: »Der Abteilung Terrorismus des Bundeskriminalamtes (BKA) Wiesbaden war Ende August 1983 von einem gegnerischen Geheimdienstorgan eine Information übergeben worden, die dieser Geheimdienst von einer als ›zuverlässig‹ bewerteten Quelle erhalten hatte. In dieser Information wird der Anschlag auf das ›Maison de France‹ als eine erste gemeinsame Aktion der ASALA mit dem ›libyschen Geheimdienst‹ bewertet. Der für diesen Anschlag verwendete Sprengstoff sei angeblich aus dem Volksbüro der Sozialistischen Libyschen Arabischen Volksjamahiriya in der Hauptstadt der DDR, Berlin, nach Westberlin geschmuggelt worden.«

Das »gegnerisch« des informierenden Geheimdienstorgans bezieht sich auf dessen Verhältnis zum MfS, nicht zum BKA. Einfach gesagt: das BKA hatte von einem Geheimdienst einen Wink erhalten. Wohl nicht ohne Hintergedanken, denn Libyen als Drahtzieher des Terrorismus auszumachen, war in diesen Tagen so etwas wie ein politisches Programm des Westens.

Am 6. September 1983 wurde Michael Haritz zu Grabe getragen. Rund einhundertfünfzig Menschen gaben ihm das letzte Geleit. Zusammen mit seinem Freund und Kollegen Andreas Genten, der bei dem Anschlag ebenfalls verletzt wurde, hatte er als Vergolder in einem Laden in der Charlottenburger Leibnizstraße gearbeitet. Die »Berliner Morgenpost« berichtete einen Tag später von der Beisetzung. In Westberlin war sogar Trauerbeflaggung angeordnet worden. In einem wesentlich größeren Artikel titelte die Zeitung aber unter Hinweis auf geheimdienstliche Informationen verwirrenderweise: »Bombe im Maison de France kam von Gadafi.« In derselben Ausgabe wurde jedoch vorsichtshalber noch einmal die armenische Fährte ins Spiel gebracht.

Im Wirrwarr der Spekulationen und Geheimberichte versuchte sich die Polizei in Westberlin mit der Spurensuche, der Auswertung aller Tips und Anhaltspunkte. Am 30. August, fünf Tage nach dem Attentat, veröffentlichte die Westberliner Presse eine Phantomzeichnung des mutmaßlichen Täters. Sie zeigte einen schlanken Herren südländischen Typs mit hagerem kantigem Gesicht, spitzem Kinn und kurzgeschnittenem Oberlippenbart. Er trug einen auffälligen weißen Anzug. Die Größe des Mannes wurde auf 1,75 Meter und sein Alter auf etwa 35 Jahre geschätzt.

Am späten Nachmittag des 2. September 1983 meldete sich daraufhin der Rechtsanwalt Udo Grönheit bei der Abteilung III des polizeilichen Staatsschutzes und teilte mit: Einer seiner Mandanten, der sich nicht zu erkennen geben und nicht mit der Polizei zusammentreffen wolle, habe wenige Minuten vor der Explosion im »Maison de France« – etwa gegen 10.40 Uhr – einen Mann mit auffällig weißem Anzug in der Nähe des Hauses beobachtet. Diese Person entspräche exakt dem jetzt veröffentlichten Phantombild. Der Mann sei am Kurfürstendamm – unweit des »Maison de France« – aus einem »Mercedes Benz S-Klasse hellblau metallic« auf der Beifahrerseite ausgestiegen, der Wagen sei dann weitergefahren. Angaben zur Autonummer habe der ungenannte Zeuge nicht zu machen vermocht.

War dies ein brauchbarer Tip? Wem gehörte der Daimler? Da es auch Hinweise gab, daß das Fahrzeug mit einem »CD«-Zeichen eine diplomatische Kennung gehabt habe, bestand die Möglichkeit, den Kreis der Fahrzeughalter einzugrenzen. Zwei Monate nach dem Attentat war man soweit: Das Kraftfahrzeug-Verkehrsamt lieferte der Sonderkommission eine Liste von Fahrzeugen, die in Betracht kommen konnten. Nach den Kriterien »ausländische Fahrzeughalter« und »Halter, die am Ku-Damm oder Umgebung wohnen« erhielten die polizeilichen Staatsschützer eine Liste von dreihundert Adressen.

Der entscheidende Tip kam allerdings aus einer anderen Quelle. Am 23. November 1983 vermerkte der Staatsschutz: »Dienstlich wurde bekannt, daß ein Mohamed Nabil Shritah Besitzer eines Pkw Daimler Benz 280 SEL, Farbe hellblau metallic, sein soll.« Das »dienstlich« ist knapp, verrät nicht, wer der Polizei zu Diensten stand.

Bevor jedoch die Ermittler im Westen auf brauchbare Ergebnisse gestoßen waren, hatte das Ministerium für Staatssicherheit der DDR bereits eine wirklich heiße Spur. In einer als »streng geheim« bezeichneten Operativinformation wurde am 31. August 1983 festgehalten: »Die Kontrolle der Reisetätigkeit sowie die Durchführung von Bildvergleichen mit dem in westlichen Massenmedien verbreiteten Phantombild des vermutlichen Attentäters ergab, daß mit Wahrscheinlichkeit die Verbindungsperson der ›Separat‹-Gruppierung, Mustafa Ahmed el-Sibai, geb. 1953 in Bourj Barajne, Staatsang.: Libanon, als Täter für den Sprengstoffanschlag angesehen werden kann.«

Das Codewort »Separat« führt die Geschichte um den Anschlag auf das »Maison de France« endgültig nach »Berlin, Hauptstadt der DDR«.

Ende der siebziger Jahre scheint es, als habe sich die DDR ein Bleiberecht in der Staatengemeinschaft gesichert. Die Staats-, Regierungs- und Parteiführung – personell ohnehin kaum zu trennen – übt sich in diplomatischen Auftritten. Aber Politik ist ein vertracktes Geschäft. Peinlich darauf bedacht, einmal geknüpfte Bande nicht in Gefahr zu bringen, wird taktiert. Mit verhängnisvollen Konsequenzen.

Am 26. März 1979 bezieht ein Mann das Zimmer 3507 im Interhotel »Stadt Berlin«. Er weist sich mit einem Diplomatenpaß der Volksdemokratischen Republik Jemen als Ahmed Adil Fawaz aus. Der Diplomatenstatus ist ein nicht zu unterschätzender Schutz vor allerlei Unwägbarkeiten. Es stört offensichtlich auch nicht, daß außer dem Geburtsjahr, das in dem Dokument mit 1949 vermerkt ist, an der Identität des Mannes nichts stimmt. Dennoch, der geheim und geheimnisvoll Reisende hat einflußreiche Freunde – er ist Gast des 1. Sekretärs der Botschaft von Südjemen, wie die Volksdemokratische Republik der Einfachheit halber oft genannt wird. Begleitet wird er von einem Mann, der sich mit dem jemenitischen Sonderpaß Nr. 003102 als Ali Bin Ali Thabet ausweist.

Am 3. April tauscht der jemenitische Diplomat das Zimmer in der Nobelherberge gegen eine Privatwohnung. Er bezieht Quartier in der Krausnickstraße 13 im Berliner Stadtbezirk Mitte. Für einen mit diplomatischen Honneurs Reisenden eine recht seltsame Absteige. Es ist die Wohnung des Schauspielers Klaus-Peter Schlamm (Name geändert), der diese seit 1977 immer wieder an ausländische Gäste vermietet – was dem MfS auffällt. Dennoch scheint es Gründe dafür zu geben, daß die Mitarbeiter des Mielke-Ministeriums dieser Initiative keinen Riegel vorschieben. Zehn Jahre später wird der Privatgastronom Schlamm zu den ersten gehören, die in die Archive des kollabierten Ministeriums für Staatssicherheit stürmen. Das ist die Voraussetzung für ihn, eine Tätigkeit bei der Gauck-Behörde aufzunehmen. 1994 sieht sich diese Behörde sogar dazu veranlaßt, sich schützend vor ihre Fachkraft zu stellen. Peter Michael Diestel, ehemals als Innenminister der sich in Auflösung befindlichen DDR auch mit dem MfS betraut, hatte durchklingen lassen, Schlamm habe bewußt Kontakte zu »diesem Herrn« unterhalten. Gauck-Sprecher Thomas Rogalla weiß es besser. Für Schlamm ergab sich zu dieser Zeit »keinerlei Hinweis auf die wahre Identität seines Gastes, der sich unter einer Legende vorgestellt und mit offensichtlich falschen Papieren ausgewiesen hatte«.

Ende der siebziger Jahre ist eine Gauck-Behörde für niemanden vorstellbar. Natürlich auch für Schlamm nicht. Eine knappe Woche lang logiert der jemenitische Gast in Schlamms Wohnung, dann zieht es ihn wieder in das Interhotel »Stadt Berlin«. Am 11. April erhält Erich Mielke, Minister des MfS, einen mit dem Stempel »Streng geheim« versehenen Bericht, in dem die Brisanz des ominösen Gastes dokumentiert wird.

Fawaz ist am 16. Mai 1979 erneut in der DDR. Mit der aus Damaskus kommenden Linienmaschine der Interflug IF 825 landet er um 3.01 Uhr in Schönefeld. Wieder zeigt er seinen jemenitischen Diplomatenpaß, der die Nr. 001.278 hat. Am Flughafen wird er jedoch von dem Vertreter eines ganz anderen Landes erwartet. Durgham Abdullah al Dbak, irakischer Botschaftsrat in der DDR, empfängt ihn an der Gangway. Wieder zieht es den Gast in die Krausnickstraße 13, in die Herberge von Schlamm. Der diplomatisch Reisende läßt sich bei seiner Tätigkeit nicht so leicht in die Karten sehen. Den Spürnasen des MfS aber fällt eines auf – der Mann wechselt in Westberlin größere Dollarbeträge in D-Mark ein. Woher das Geld stammt, kann niemand mit Gewißheit sagen, aber in den MfS-Akten wird mit Akribie vermerkt: »Von politisch-operativer Bedeutung sind in diesem Zusammenhang vorliegende Hinweise«, daß dieser Herr »zur Durchführung früherer Aktionen vom verstorbenen algerischen Präsidenten Boumedienne 5 Millionen Dollar erhielt«.

Diese »frühere Aktion« hat diesen Herrn weltbekannt gemacht. Sie begann am 21. Dezember 1975. In ihrem Verwaltungsgebäude am Dr.-Karl-Lueger-Ring in Wien tagten die Delegationen der OPEC, der Organisation erdölexportierender Staaten. Da stürmte ein bewaffnetes Kommando den Sitzungssaal, zwei Sicherheitsbeamte aus Österreich und dem Irak sowie ein Mitglied der libyschen Delegation fielen dem Anschlag zum Opfer. Die dreizehn OPEC-Delegationen mit siebzig Personen – darunter zehn Minister – wurden als Geiseln genommen. Die Terroristen wurden samt den Gekidnappten mit einer Maschine der österreichischen Fluggesellschaft AUA nach Libyen und Algerien ausgeflogen. Dort wurden die Geiseln freigelassen. Algier, wo Houari Boumedienne regierte, gewährte den Entführern Asyl. Der Boß dieses Kommando-Unternehmens wird später unter dem Decknamen »Carlos« als weltweit gesuchter Top-Terrorist bekannt. Sein Beiname in Insiderkreisen ist »Schakal«. Wer ist »Carlos«?

Am 12. Oktober 1949 in Caracas/Venezuela geboren, teilte sich »Carlos« zusammen mit seinen beiden Brüdern den Namen des russischen Revolutionsführers Wladimir Iljitsch Lenin. Er bekam den Vornamen Iljitsch. Sein Vater, Dr. José Altagracio Ramirez, ein angesehener Advokat des Landes, sympathisierte mit der extremen Linken. Eine Mitgliedschaft in der KP hat die Partei stets bestritten. Die Mutter, Elba Sanchez de Ramirez, verschlug es 1966 auf den europäischen Kontinent. Mit den drei Söhnen wohnte sie in London und lebte dort bis 1975.

Iljitsch Ramirez Sanchez hatte eine besondere Vorstellung von »Revolution«. Ein Studium, das er 1968 an der Moskauer Lumumba-Universität aufnahm, währte nicht lange. Anfang der siebziger Jahre schloß er sich dem militanten Flügel der Palästinenser an, und in Ausbildungslagern der Palästinensischen Befreiungsfront (PFLP) machte er sich mit den Techniken geheimer Einsätze vertraut. Man nannte ihn Carlos Ramirez, daraus wurde später sein Deckname »Carlos«.

Seit 1971 war er Mitglied der »Organisation für Spezialaufgaben« der PFLP, die von Waddi Haddad geleitet wurde. Nach Meinungsverschiedenheiten mit Haddad verließ er die Organisation und ging in den Irak. Mit einigen Haddad-Leuten, die sich ebenfalls im Irak befanden, bildete er seine eigene Truppe.

Das Operationsgebiet von Iljitsch Ramirez Sanchez war aber Europa. Er unterstellte sich der Leitung des Europaorganisators der PFLP, dem in Paris lebenden Algerier Mohammed Boudia. Als Boudia am 28. Juni 1973 sein Appartement in Paris verließ und sich hinter das Steuer seines Wagens setzte, explodierte eine Bombe, die der israelische Geheimdienst Mossad im Fahrzeug installiert hatte. Boudia war sofort tot. Seine Nachfolge trat nun »Carlos« an, der zusammen mit einem Michel Moukarbel operierte.

In der Nacht vom 30. zum 31. Dezember 1973 wurde in London auf Josef Sieff, den Präsidenten der Warenhauskette »Marks and Spencer«, ein Mordanschlag verübt. Der jüdische Geschäftsmann, der schwer verletzt überlebte, war Vorsitzender der Zionistischen Vereinigung in Großbritannien, unterhielt wichtige Wirtschaftsbeziehungen nach Jerusalem und unterstützte Israel mit Spenden. »Carlos« und Moukarbel wurden verdächtigt, den Anschlag inszeniert zu haben.

Doch schon bald mußte »Carlos« sehen, daß die terroristische Szene voll von »U-Booten« – wie Spitzel genannt werden – war. Moukarbel, mit dem er in der Folgezeit eine Reihe von gewaltsamen Aktionen unternahm, wurde am 22. Juni 1975 aus London kommend auf dem Flughafen Orly in Paris festgenommen. Die französischen Sicherheitskräfte ermittelten in den beiden Anschlägen, die in diesem Flughafen am 13. und 19. Januar desselben Jahres auf Maschinen der israelischen Fluggesellschaft ElAl verübt worden waren. Moukarbel schwieg, die Beweise gegen ihn waren dürftig, doch dann – nach fünftägiger Haft – kam die jähe und unerklärliche Wende bei den Vernehmungen. Am 27. Juni verriet Moukarbel, daß eine Frau, die er am 13. Juni 1975 kennengelernt habe und die in der Rue Toullier 9 in Paris 5° wohne, Auskunft über die Hintergründe der Anschläge geben könne.

Der Libanese Moukarbel war von der französischen Spionageabwehr angeworben worden. Als er mit Vertretern der französischen Landesüberwachung »Direction de la Surveillance du Territoire« (DST) in der Wohnung in der Rue Toullier erschien, trafen sie auf Iljitsch Ramirez Sanchez. Dieser sah sich verraten und eröffnete das Feuer. Moukarbel und zwei Inspekteure des DST wurden tödlich getroffen, ein weiterer Geheimdienstmann schwer verletzt. Unter der Nummer KPO 638/75 wurde nunmehr »Carlos« zur internationalen Festnahmefahndung ausgeschrieben.

Während der Geiselnahme auf der OPEC-Konferenz im Dezember desselben Jahres bat »Carlos« den venezolanischen Minister für Bergwerke und Mineralöl, Hernandez Agosta, einen Brief für seine Mutter, die inzwischen aus London in ihre Heimat zurückgekehrt war, nach Caracas mitzunehmen und ihr persönlich zu übergeben. Dieser Brief lieferte den unumstößlichen Beweis für die Urheberschaft von »Carlos« an dem Anschlag.

In der Folgezeit begann »Carlos« in Europa mit dem Aufbau einer eigenen terroristischen Gruppierung, die er »Organisation Internationaler Revolutionäre« nannte. Ein auf mehrere Kontinente übergreifendes Netzwerk entwickelte sich. Im September 1976 trafen sich im jugoslawischen Dubrovnik Mitglieder der RAF aus der Bundesrepublik, der »Roten Armee Japans«, der PFLP, des »Schwarzen September«, der italienischen »Roten Brigaden« und anderer terroristischer Organisationen zu einem »Internationalen Geheimkongreß«. In dieser Zeit entstand die Organisation, die beim Ministerium für Staatssicherheit der DDR später unter dem Codeword »Separat« geführt wird.

Bereits beim Überfall auf die OPEC-Vertreter hatte »Carlos« deutsche Helfer an seiner Seite. Hans-Joachim Klein, dessen terroristische Laufbahn in den »Revolutionären Zellen« begann, hatte noch 1974 den französischen Schriftsteller Jean-Paul Sartre zum Chef der Baader-Meinhof-Gruppe, Andreas Baader, in das Gefängnis von Stuttgart-Stammheim kutschiert. Ein Jahr später, beim OPEC-Überfall in Wien, stand er neben »Carlos« und wurde durch einen Bauchschuß schwer verwundet. Aber nur noch kurze Zeit blieb er an der Seite des Top-Terroristen, dann wendete er sich enttäuscht von ihm ab. Später wirft er ihm vor, eigentlich »ein Killer und Lebemann« zu sein. Doch auch diese geäußerte Enttäuschung könnte in politischem Auftrag geschehen sein, denn in der Beurteilung von Klein bemühte das MfS eine inoffizielle Quelle, die vermutete, »daß Klein bis August 1978 nicht mit einem Geheimdienst liiert war. Jedoch seine jetzigen Veröffentlichungen (Ende der siebziger, Anfang der achtziger Jahre – d.A.) und das absolute Verschweigen seines Aufenthalts deuten darauf hin, daß Klein Kontakt zu einem Geheimdienst, möglicherweise zum israelischen Geheimdienst, hat. Der These, daß sich Klein gegenwärtig in Israel aufhält, könne daher gefolgt werden.«

Ende 1994 – nach »19 Jahren im Versteck« – gewährt Klein der Illustrierten »Stern« ein Interview. Einige Hinweise darin bestärken die Vermutung, daß die MfS-Quelle recht hatte. »An dem Ort«, gesteht Klein der Illustrierten, »an dem ich lebe, wissen nur vier, fünf Leute, wer ich bin. Mit denen kann ich ab und zu mal reden. ... Zum Glück gibt es Freunde, die mir helfen.« Niemand könne sich als international gejagter Terrorist den Luxus leisten, dauerhaft an einem Ort zu leben und noch dazu vier, fünf Leute in seine Vergangenheit einweihen, wenn er nicht Gefahr laufen will, vom Fleck weg verhaftet zu werden.

Klein ist nur einer von vielen aus der unmittelbaren Umgebung von »Carlos«, die in den Verdacht geraten, mit einem »gegnerischen« Geheimdienst geheime Bande geknüpft zu haben.

Nach dem Ausstieg von Hans-Joachim Klein trat ein anderer Deutscher an die Seite von »Carlos«. Es war der am 21. Juli 1947 im nordrhein-westfälischen Brakel geborene Johannes Weinrich. In der Bochumer Hochschule wurde Weinrich Ende der sechziger Jahre Mitglied des SDS und beteiligte sich an den Protestaktionen der Außerparlamentarischen Opposition (APO). 1972 gründete er eine politische Buchhandlung, ab 1974 war er beim Verlag »Roter Stern« in Frankfurt am Main tätig. Die von Rudi Dutschke in Berlin politisch geprägte APO hatte sich längst durch Richtungsstreitigkeiten ihrer politischen Wirksamkeit selbst beraubt. Weinrich landete in den »Revolutionären Zellen«, einer klar terroristischen Bewegung. Hier lernte er Magdalena Kopp kennen. Beide kamen in Kontakt zu »Carlos«. Und der betraute Johannes Weinrich mit »Aufträgen für Europa«.

Französische Ermittler verdächtigten Weinrich schon im Januar 1975, in Paris unter dem Namen »Fritz Müller« oder »Klaus Müller« ein Fahrzeug für »Carlos« gemietet zu haben, das dessen Gruppe bei einem Raketenanschlag auf dem Flughafen Orly einsetzte. Das Attentat galt einer israelischen Linienmaschine, aber es ging gründlich schief. Getroffen wurde ausgerechnet ein Flugzeug aus Jugoslawien, dem Land, das sich gegenüber der »Carlos«-Gruppe besonders kulant zeigte.

Am 24. März 1975 wurde Johannes Weinrich wegen des Verdachts, an diesem Anschlag beteiligt gewesen zu sein, verhaftet. Aber die französischen Behörden zeigten sich ziemlich nachsichtig. Weil Weinrich in der Haft erkrankte, wurde er bereits am 18. November 1975 entlassen. Er tauchte sofort unter. Entsprechend den konspirativen Spielregeln der »Carlos«-Gruppe wurde er mit einem ganzen Satz falscher Identitäten und Personaldokumente ausgestattet. Es zog ihn häufig nach Ostberlin. Auch »Carlos« war mehrmals Gast in der Hauptstadt der DDR. Das Ministerium für Staatssicherheit beobachtete die brisanten Gäste mit größter Aufmerksamkeit.

Zuständig im MfS ist die Hauptabteilung XXII. Ihre Zentrale befindet sich in der Ferdinand-Schultze-Straße im Bezirk Hohenschönhausen. Ihre Aufgabenstellung läßt sich verkürzt mit »Terror-Abwehr« zusammenfassen. Die »Abwehr« beschränkt sich auf die DDR und ihre sozialistischen Nachbarn. In der mit römischen Ziffern gekennzeichneten Hauptabteilung gibt es unterschiedliche Sachgebiete, deren bearbeitende Abteilungen eine in arabischen Ziffern geschriebene Nummer besitzen. Für die »Carlos«-Gruppe ist die Abteilung 8 zuständig. Ihre Aufgabe ist die »operative Bearbeitung linksextremistisch-terroristischer Organisationen, Gruppen und Personen sowie des internationalen Terrorismus«. 1978 erschien in Berlin (Ost) das »Kleine politische Wörterbuch« in seiner dritten, überarbeiteten Auflage. Unter dem Stichwort »Radikalismus« beschäftigt sich das über tausendseitige Werk unter anderem mit dem Begriff »Terrorismus«:

»Gegenwärtig«, so stellen die nach offizieller Doktrin argumentierenden Autoren fest, »haben sich in verschiedenen kapitalistischen Ländern außerhalb der Arbeiterbewegung verschiedene linksradikalistische, teilweise anarchistische Gruppen gebildet, deren Angehörige sozial nicht zur Arbeiterklasse gehören, die theoretisch und ideologisch mit einer pseudorevolutionären Phraseologie operieren und praktisch an die Stelle des organisierten Klassenkampfes abenteuerliche, terroristische Einzelaktionen setzen. Ihre Politik des individuellen Terrors, des Terrorismus ist völlig untauglich, gesellschaftliche Veränderungen zu bewirken. Sie dienen der imperialistischen Reaktion als willkommener Vorwand, die bürgerlich-demokratischen Rechte weiter abzubauen, die revolutionäre Arbeiterbewegung und alle wahrhaften Demokraten zu verfolgen, zu unterdrücken und zu terrorisieren.«

Doch beim MfS läßt man sich nicht von politischen Wörterbüchern leiten. Andere Maßgaben bestimmen das Vorgehen.

Rund zwei Wochen nach seiner Ankunft in Berlin hat das MfS über den angeblichen jemenitischen Diplomaten Ahmed Adil Fawaz ein Dossier fertiggestellt. Es geht um »Carlos«. Das zehnseitige Papier geht als »streng geheime« Information an Mielke, dessen Stellvertreter Gerhard Neiber, an die Hauptverwaltung Aufklärung des Markus Wolf und an fünf weitere führende MfS-Mitarbeiter. Offensichtlich sind alle Hebel in Bewegung gesetzt, um sich über den ungeladenen Gast ein einigermaßen brauchbares Bild zu machen. Nun entdeckt man auch, daß der Jemenite Moshen Kassem al Bakri, dem die DDR am 1. Februar 1979 die Einreise verweigerte, niemand anderes als »Carlos« war.

Aber »Carlos« kann es sich einfach nicht leisten, bei derart unfreundlicher Abweisung zu schmollen. Er benötigt den sozialistischen deutschen Staat als Operationsbasis. Auch das MfS erhofft sich Vorteile. So erlangen die MfS-Mannen »operative Informationen ..., wonach bei gegnerischen Sicherheits- und Abwehrorganen Hinweise vorliegen, daß Kräfte der palästinensischen Befreiungsbewegung gegenwärtig Terrorakte in Westeuropa planen und vorbereiten. Bezeichnend ist eine inoffiziell bekanntgewordene Information eines israelischen Diplomaten an eine BRD-Institution über die Anreise palästinensischer Terrorgruppen in die Städte Berlin, Paris, Stockholm und London. Der Zeitpunkt der ›israelischen‹ Information stimmt mit den Absichten des ›Carlos‹ zur Einreise in die DDR überein.« Soweit die Aktenlage des MfS.

Die SED-Führung befindet sich in einer kitzligen Situation. Zum einen ist man sich der Gefährlichkeit und Unberechenbarkeit des längst zum Top-Terroristen avancierten »Carlos« gewiß, zum anderen aber will man es sich auf keinen Fall mit den Regierungen der Länder verscherzen, die diesen Mann und seine Gruppe unter die Fittiche diplomatischer Immunität genommen haben.

Für die Länder, die sich in der sozialistischen Staatengemeinschaft zusammengeschlossen haben, gestalten sich die Beziehungen zu den arabisch-islamischen Ländern Anfang der achtziger Jahre recht widerspruchsvoll. Einerseits verbinden antiamerikanische, antiwestliche Traditionen, andererseits aber haben sich nach der Intervention der UdSSR in Afghanistan Ende 1979 eine Reihe islamisch-fundamentalistischer Gruppen mit deutlich antisowjetischer Tendenz an die Seite der moslemischen afghanischen Opposition gestellt. Am 1. Februar 1980 macht dies der Leiter des Büros der »Vereinigten PLO-Sicherheit«, Abu Hisham, bei einem Gespräch mit Vertretern der für die Auslandsaufklärung zuständigen Abteilung des MfS deutlich. Der PLO-Mann hat zwar keine Informationen darüber, daß »Carlos« zum gegenwärtigen Zeitpunkt politische Anschläge in Europa plant, weiß jedoch zu berichten, daß sich der Terrorist vor kurzem durch einen Überfall in Kuwait 1,5 Millionen Dollar beschafft hat. Es ist zu diesem Zeitpunkt längst bekannt, daß »Carlos« das bei seinen Aktionen erbeutete Geld nicht in asketischer Selbstlosigkeit der Weltrevolution zur Verfügung stellt, sondern damit einen nicht unaufwendigen Lebenswandel finanziert.

Das MfS hat sich auf ein gefährliches Spiel eingelassen. Das

Zeugnis, das es diesem Mann ausstellt, ist für einen Revolutionär vernichtend: »›Carlos‹ führt ein großspuriges Leben. Er gibt sehr viel Geld für Dinge des täglichen Bedarfs und für Genußmittel aus. Exklusive Hotels werden von ihm bevorzugt. Er hat starke sexuelle Bedürfnisse.« Überhaupt bewegt sich »Carlos« auf dem mit Fallstricken übersäten Feld der Geheimdienste, als ginge es um simple Brieffreundschaften. In der Beziehung zu Libyen werden seine Kontakte innerhalb der Führungsriege von Tripolis streng konspirativ gehalten. Man ist vor dem eigenen Innenminister Bel Gassem auf der Hut, dem Kontakte zum Bundeskriminalamt in Wiesbaden nachgesagt werden und der offensichtlich eine gewisse Bereitschaft zeigt, mit der Bundesrepublik in Sachen Terrorismusbekämpfung zusammenzuarbeiten.

Besonders eng ist der Kontakt der »Carlos«-Gruppe zum syrischen Geheimdienst, der vor allem über den Stationschef der Terrortruppe in Damaskus, »Abul Hakam«, gehalten wird. Seit Ende 1978 bestehen bereits offizielle Kontakte zum militärischen Nachrichtendienst der syrischen Luftwaffe. Unmittelbarer Ansprechpartner ist Major Said Haitham. Bei der Herstellung der Kontakte war der algerische Botschafter in Bagdad behilflich. Von Said Haitham führen später die Wege noch in einem zweiten Fall nach Berlin. Am 28. März 1986 werden in Kreuzberg die Räumlichkeiten der Deutsch-Arabischen Gesellschaft Ziel eines Bombenattentates. Für diesen Anschlag werden der Jordanier Ahmed Hasi zu vierzehn Jahren und der Palästinenser Faruk Salameh zu dreizehn Jahren Haft verurteilt. Anstifter der Tat, so Staatsanwalt Detlev Mehlis: der syrische Geheimdienstmann Said Haitham.

Ab 1980 wird auch die logistische Unterstützung für »Carlos« durch Syrien spürbar.

Die Reisen in die DDR häufen sich. »Carlos«, aber vor allem sein »Europa-Vertreter« Johannes Weinrich, der sich meist nur »Steve« nennen läßt, hin und wieder als »Heinrich Schneider« seiner geheimen Mission nachgeht, tummeln sich verstärkt in Berlin.

Das MfS legt sich auf die Lauer, Telefonleitungen werden angezapft. Am 27. Februar 1980 belauschen die Spezialisten der Hauptabteilung XXII einen Anruf, der bei der syrischen Botschaft in der Otto-Grotewohl-Straße (heute Wilhelmstraße) eingeht. Der Anrufer nennt sich Jean Salibi und will unbedingt einen raschen

Termin beim Botschafter. Er bekommt ihn noch am selben Tag. Das scheint keine Besonderheit zu sein, denn der Mann, der sich Salibi nennt, besitzt einen Diplomatenpaß der Syrischen Arabischen Republik und wird bevorzugt behandelt. In die DDR eingereist ist der Herr jedoch als Kamal Ahmer Saeed mit einem jemenitischen Sonderpaß.

Tatsächlich ist es Johannes Weinrich, der sich hier als transarabischer Diplomat bewegt. Um dem Terrorismus-Touristen etwas deutlicher auf den Zahn zu fühlen, werden die MfS-Handwerker ins Hotel »Stadt Berlin« geschickt. Das Zimmer von Weinrich wird verwanzt – ein Gespräch des »Carlos«-Vertrauten mit Verbindungsleuten soll überwacht werden. Doch mit den einfachsten Tricks werden die Lauscher mattgesetzt. So tippt am nächsten Tag der Mitarbeiter von XXII resigniert in seinen »Informationsbericht« – der diese Bezeichnung kaum verdient – unter anderem: »Da das Radiogerät laut eingeschaltet ist und die Gesprächspartner sich im hinteren Teil des Raumes aufhalten, ist eine Auswertung der Gespräche nicht möglich.«

Es zeigt sich in diesen Tagen Anfang 1980 recht deutlich, daß »Carlos« und seine Leute enge Bande mit syrischen Dienststellen geknüpft haben. Die Beziehungen zum irakischen Geheimdienst, ehemals die wichtigsten, werden lockerer. Am 15. Mai 1980 sitzt wieder ein MfS-Mann in der Telefonleitung, als Weinrich in der syrischen Vertretung anklingelt. Sein Gesprächspartner ist Nabil Shritah. Weinrich stellt sich als Jean vor, und beide sind sofort per Du.

Nabil Shritah wurde am 7. Februar 1950 in der syrischen Hafenstadt Lattaquié in einer nicht gerade begüterten Familie geboren. Der Vater war Angestellter und seine Mutter Hausfrau. Er hat noch vier Geschwister. Nach einem ausgezeichneten Abiturabschluß bekam er von offiziellen syrischen Stellen die Möglichkeit, in der DDR Germanistik zu studieren. Nach einem vorbereitenden Deutschkurs am Herder-Institut immatrikulierte er sich 1968 an der Karl-Marx-Universität in Leipzig. Fünf Jahre später, im Juli 1973, machte er seinen Abschluß. Die Hauptprüfung legte er dabei mit der Note »gut« ab. Am 15. September 1973 wurde ihm der akademische Grad eines Diplom-Germanisten zuerkannt. Der Grundstein für eine Karriere im diplomatischen Dienst – vor allem für den deutschsprachigen Raum – war gelegt. Zuvor kehrte er jedoch nach Syrien zurück und leistete seine Dienst bei den

Streitkräften. Er war vornehmlich in der politischen Abteilung der Armee, die ihren Sitz in Damaskus-Harsta hat, eingesetzt.

Nach einer kurzen Tätigkeit im syrischen Erziehungsministerium wurde Shritah 1975 in einen sensiblen Bereich der Politik beordert. Er bekam die Aufgabe, als Deutsch-Dolmetscher für die Nationalleitung der regierenden Baath-Partei tätig zu werden. Im Sommer 1979 wechselte er in das Außenministerium, und schon wenige Monate später, im Oktober 1979, trat er seinen Posten als 3. Sekretär der syrischen Botschaft in Ost-Berlin an. Rückblickend wird er später über die ersten Kontakte zu den Terroristen berichten, daß 1980 zwei Männer und eine Frau, alle drei mit syrischen Diplomatenpässen ausgestattet, in die Botschaft an der Otto-Grotewohl-Straße gekommen seien. Shritah wußte auch von der Order seines Botschafters: »Er hat mich zu sich berufen und beauftragt, diese Gruppe zu betreuen, weil es im Telegramm stand, daß die syrische Botschaft in Berlin jegliche mögliche Hilfe für sie zu leisten hat.« Einer der Gäste habe sich als »Carlos«, der andere als Johannes Weinrich zu erkennen gegeben.

Nach einem Telefonat, das Shritah mit Weinrich am 15. Mai 1980 gegen halb neun Uhr morgens führt, treffen sich beide. Vom Alex zum Brandenburger Tor ist es nicht weit. Weinrich steht unter Zeitdruck. Daß er dieses schnelle Treffen erreichen kann, macht seine engen Kontakte zu Syrien deutlich. Das Treffen mit Shritah bewirkt folgendes: Schon am Mittag dieses Tages kann Johannes Weinrich als angeblicher syrischer Diplomat mit dem Namen Jean Salibi in ein Flugzeug in Berlin-Schönefeld steigen. Die Maschine mit der Flugnummer IF 910 startet um 12.15 Uhr. Ihr Ziel ist Havanna, Kuba.

Dem MfS bleiben diese Aktivitäten nicht verborgen. Sein Chef Erich Mielke bekommt von seinem Stellvertreter Gerhard Neiber ein Dossier. Darin heißt es: »Durch einen operativen Kontakt der Abteilung XXII wurde bekannt, daß Angehörige der ›Carlos‹-Gruppierung Verbindung zu den kubanischen Sicherheitsorganen aufgenommen haben und Bestrebungen verfolgt werden, mit der kubanischen Seite zu Vereinbarungen für eine Unterstützung zu gelangen. Angeblich liege das Einverständnis der kubanischen Sicherheitsorgane vor. Die Unterstützung soll bis zur Bereitstellung von Handfeuerwaffen mit Schalldämpfer zugesagt worden sein. … Damit findet die mir durch Genossen Generaloberst Wolf übermittelte Information, wonach kubanische Genossen über die ungarischen Sicherheitsorgane in Budapest Gespräche mit ›Carlos‹ vermittelt haben wollten, indirekt eine Bestätigung. Eine Vermittlung soll nicht erfolgt sein, aber es seien Voraussetzungen für eine Begegnung geschaffen worden. Ich schlage vor, mit den kubanischen Genossen über die Problematik zu sprechen, um in Erfahrung zu bringen, welche Absichten mit diesen Kontakten verfolgt werden, um exakter einschätzen zu können, was im weiteren Vorgehen des MfS berücksichtigt werden muß.«

Einige Tage später bekommt Neiber einen Vermerk auf den Tisch. Zusammengefaßt wird darin ein Gespräch, das Spionage-Chef Markus Wolf mit dem Leiter der ungarischen Aufklärung, Generalmajor Janos Bogye, geführt hat: »Der Terrorist ›Carlos‹ hat sich in Budapest eine Operationsbasis geschaffen. Dort konzentriert er Geld, Waffen und Spreng-Mittel. Die Aktivitäten von ›Carlos‹ befinden sich voll unter Kontrolle der ungarischen Sicherheitsorgane. Die ungarischen Genossen haben festgestellt, daß bei einem Besuch vor Vertretern der kubanischen Aufklärung in Budapest die kubanischen Genossen ein Treffen mit ›Carlos‹ durchführten. Dabei wurde offensichtlich, daß bereits ein alter Kontakt bestand. ›Carlos‹ verlangte bei diesem Treffen die Unterstützung der kubanischen Genossen mit Waffen sowie durch die Gewährung einer Ausbildungsbasis für seine Kader in Kuba. Einer seiner Mitarbeiter namens Speck (o. ä.) soll nach Kuba fahren um die konkreten Fragen zu verhandeln.«

In den kommenden Monaten verschaffen sich die Leute des MfS ein Bild von dem, was sie in ihren Akten als »Carlos-Gruppierung« bezeichnen. Eine wieder mit dem Stempel »Streng geheim!« versehene Vorlage vom 26. Juni 1980 trägt die handschriftliche Bestätigung »Mielke«. In dem Papier wird das »weitere Vorgehen des MfS bei der Bearbeitung und Kontrolle der ›Carlos‹-Gruppierung« skizziert. Man will die Gruppe unter Kontrolle bringen, ihre Absichten ausspähen, »den Sozialismus schädigende Aktivitäten verhindern« sowie »die Gruppenmitglieder und Verbindungspersonen zu einem konspirativen, die Gesetze achtenden Verhalten bewegen.« Um dies dann auch richtig anpacken zu können, wird in Punkt 4 der Vorlage vorgeschlagen:

»Zur Verbesserung der operativen Bearbeitung und Kontrolle der ›Carlos‹-Gruppierung in folgenden Richtungen stattzugeben: Mietung oder Kauf eines Hauses oder einer Wohnung in oder um die DDR-Hauptstadt – Berlin (max. Entfernung von Berlin: eine Autostunde) als Aufenthaltsobjekt für die führenden Mitglieder der Gruppierung

Ramirez-Sanchez, Iljitsch, genannt: ›Carlos‹
Weinrich, Johannes, genannt: ›Steve‹
Kopp, Magdalena, genannt: ›Lilly‹
Hassan Saleh Ali, genannt: ›Abul Hakam‹

Nach Vorstellung der ›Carlos‹-Gruppierung würden 3 Schlafräume, ein Wohnzimmer, eine Küche sowie Bad und WC erwünscht und im Haus sollte eine zuverlässige DDR-Familie zur Legendierung und Sicherung untergebracht werden.«

Ein Telefonanschluß und ein Auto vom Typ Lada 1500 mit DDR-Kennzeichen sollte es dann noch sein und ein Postschließfach in Berlin. Dann sollte das MfS den »Carlos«-Leuten noch in einer anderen Sache unter die Arme greifen: »Kurzfristige Aufbewahrung sowie Transport von Waffen, die zur Ausrüstung von Kämpfern im Operationsgebiet vorgesehen sind.« Der nicht dem medizinischen Sprachgebrauch entlehnte Begriff »Operationsgebiet« läßt sich volkstümlicher mit »Westen« ersetzen.

Entsprechend seinem Selbstverständnis unterhält »Carlos« zu anderen Gruppen, die ihre politischen Ziele mit Terrorakten erreichen wollen, engen Kontakt. So auch zur baskischen Untergrundorganisation ETA und dort speziell zur Formation »ETA/Politico Militar«. Hauptsächlich läuft der Kontakt zu einem Luc Groven, genannt »Eric«, mit dem auch Waffenlieferungen vereinbart werden.

»Die versprochenen Waffen werden von der ›ETA/PM‹ mittels eines Wohnmobils, Typ ›Toyota‹ im Oktober 1980 über Berlin nach Westeuropa transportiert. Bei diesem Fahrzeug handelt es sich um ein Serienprodukt der Firma Toyota, welches vor allem im afrikanischen Raum zum Einsatz gebracht wird. Es ist bereits durch den Hersteller mit doppelter Federung ausgerüstet, so daß kaum Rückschlüsse auf das Gewicht des Ladegutes gezogen werden können. Der Container befindet sich im Dach der Fahrzeuges und ist gut getarnt.«

Berlin ist nun also zu einer festen Basis für »Carlos« geworden, der offensichtlich unter den Augen fast aller Geheimdienste sein schmutziges Spiel betreiben kann.

Unbehagen beschleicht die Leute aus der Hauptabteilung XXII

dennoch. So erhält am 19. November 1980 Mielkes Stellvertreter, Gerhard Neiber, Post von seinen Terrorismus-Spezialisten. Ein fünfseitiger Lagebericht beschäftigt sich mit dem »OV Separat«, der »Carlos«-Gruppe. Er erklärt, warum die Forderungen der »Carlos«-Leute noch nicht in die Tat umgesetzt worden sind.

»Trotz der bestehenden Kontakte konnte eine sichtbare Disziplinierung der Gruppe ›Separat‹ nicht erreicht werden. Es werden zwar ständig Versprechen über die Erhöhung der Konspiration abgegeben, aber es muß eingeschätzt werden, daß das Sicherheitsrisiko für die DDR und die anderen soz. Staaten nicht geringer geworden ist. Vor allem konnte die Gefahr nicht abgebaut werden, daß es dem Gegner gelingen kann, den zeitweiligen Aufenthalt der Gruppe ›Separat‹ in der DDR-Hauptstadt festzustellen um die Personen eindeutig zu identifizieren. Das leichtsinnige, undisziplinierte, teilweise selbstherrliche Verhalten der Mitglieder der Gruppe ›Separat‹ war auch ein wesentlicher Grund dafür, daß wir ihren häufig vorgetragenen Wünschen, ihnen konspirative Objekte und Wohnungen zur eigenverantwortlichen Nutzung zu übergeben, bisher nicht nachgekommen sind. Tatsächlich würde das ständige Nutzen von Wohnungen und Objekten beim gegenwärtigen Arbeitsstil der Gruppe die Gefahr erhöhen, daß es dem Gegner direkt oder indirekt möglich wird, herauszufinden, daß staatliche Stellen der DDR die Gruppe ›Separat‹ unterstützen.«

Taktische Bedenken also, keine prinzipielle Ablehnung. In relativ kurzer Zeit verschaffen sich nun die Mitarbeiter der MfS-Abteilung XXII das notwendige Hintergrundwissen über die »Organisation Internationaler Revolutionäre«. Sich auf »inoffizielle Angaben« berufend (könnte es offizielle geben?) schätzt man die »Carlos«-Gruppe in Europa auf vierzig Mitglieder. Eines davon wohnt im Westberliner Stadtteil Charlottenburg. Es ist der 1941 in Bagdad geborene Tarik Salev (Name geändert), der in der Knesebeckstraße 8-9 sein Quartier hat. Salev, so weiß man beim MfS, »unterstützte in der Vergangenheit die ›Carlos‹-Gruppierung durch die Beschaffung von Waffen und Materialien.« Doch das Verhältnis zu Salev ist nicht ungetrübt. Das MfS vermerkt weiter: »Nachdem die ›Carlos‹-Gruppierung davon Kenntnis erhielt, daß Salev durch gegnerische Sicherheitsorgane observiert und Anfang 1980 in Grenzfahndung gestellt wurde, beabsichtigt die Gruppierung, sich aus Sicherheitsgründen von ihm zurückzuziehen.«

Die genauen Kenntnisse über Salev stammen direkt aus den Archiven des MfS, dort bestand eine umfangreiche Personalakte über Tarik Salev, der unter dem Decknamen »Teddy« geführt wurde. Im März 1980 waren ihm an der DDR-Grenze Waffen abgenommen und ein Einreiseverbot verhängt worden. Ein halbes Jahr später waren die Sanktionen gegen Salev aufgehoben, der hatte sich zur Zusammenarbeit mit dem MfS bereiterklärt. Sein Kontakt zur »Carlos«-Gruppe konnte ungehindert weiterlaufen.

Bereits im Mai 1979 traf sich der Westberliner Salev mit »Carlos« in Prag. Er logierte im Hotel »Ambassador«. Dort bändelte er mit einer jungen Ostberlinerin mit dem Namen Petra Rose (Name geändert) an. Salev wußte nicht, daß er sich auf ein Intimverhältnis mit »IMB Käthe« einließ. »IMB« ist das Kürzel für inoffizielle Mitarbeiter der Staatssicherheit »mit Feindverbindung«. Das MfS hat höchstes Interesse, Salev genauestens auszukundschaften.

Wenig später besuchte Salev in Karlsruhe den ehemaligen SS-Mann Peter Klepper, der dort seine Brötchen im Waffenhandel verdiente. Klepper machte den Waffenbeschaffern der »Carlos«-Gruppe Innovationen der Waffentechnik deutlich. Er zeigte Salev Pistolenmunition, die im Projektil eine zusätzliche Sprengladung enthält. Das Teufelswerkzeug wurde ausprobiert. Beide schossen aus einer Entfernung von zehn Metern auf Telefonbücher. Die Kugel hinterließ ein normales Einschußloch, doch der Innenteil der Bücher war durch die Sprengladung faktisch zerfetzt. Salev steckte ein solches Geschoß als Muster für »Carlos« ein und hatte zusätzlich auf der Heimreise noch eine Offerte des Ex-SS-Mannes an »Carlos« im Gepäck: dreihundert Schnellfeuergewehre der Marke Steyr könnten sofort geliefert werden.

Das MfS mißtraut Salev nicht ohne Grund. Man hat Verdachtshinweise darauf, daß er nicht nur mit »Carlos«, sondern auch mit dem Westberliner Landesamt für Verfassungsschutz zusammenarbeitet, und es ist nicht auszuschließen, daß auch der Bundesnachrichtendienst zu seinem Kundenkreis gehört. Salev, das steht zu vermuten, verfügt noch über weitere Verbindungen, die keinerlei ideologische Barrieren erkennen lassen. Sie reichen von der islamisch-fundamentalistischen »Hisbollah« bis zur »Wehrsportgruppe Hoffmann«, der damals bekanntesten neonazistischen Gruppierung in der Bundesrepublik Deutschland. Und er besitzt Kontakte zu Ghassan al Kassar, der zusammen mit seinem jüngeren Bruder Monzer ein internationales Waffenhandels-Imperium aufgebaut hat. Am 23. Januar 1978 wurde Ghassan in Paris festgenommen. Eine Polizeimitteilung darüber lautet: »Betr.: AL KASSAR, Ghassan, geb. 28.07.1942, syrischer Staatsangehöriger.

Festnahme der oben angeführten Person am Flughafen Orly bei der Übergabe von 1,85 kg Heroin. Schein-Ankäufer war kanadischer Undercover-Agent.« Am 9. Februar 1979 verurteilte ein Schwurgericht in Paris Ghassan al Kassar wegen Rauschgifthandels zu einer Freiheitsstrafe von acht Jahren. Eine Revision wurde abgelehnt.

Schon lange wird auch »Carlos« verdächtigt, seine terroristischen Aktivitäten ebenfalls durch den Drogenhandel zu finanzieren. Das deutsche Bundeskriminalamt hat ermittelt, daß Ghassan al Kassar »beste persönliche Kontakte zu namhaften Personen und militärischen Kreisen in Syrien« unterhält. Das BKA verweist darauf, daß al Kassar sich mit italienischen Mafia-Clans über Tauschgeschäfte – Heroin aus Syrien gegen Waffen aus Italien – verständigt hat. Diese Information gibt es erst Mitte der achtziger Jahre. Ghassans Bruder Monzer al Kassar wird 1985 beschuldigt, die Entführung des Kreuzfahrtschiffes »Achille Lauro« finanziert zu haben.

Für Tarik Salev sind Kontakte wie die zu al Kassar erste Adressen, um logistische Unterstützung für die »Carlos«-Gruppe zu erhalten. Auch »Carlos« erkennt, daß diese Arbeit für ihn außerordentlich wertvoll ist, und er stellt alle Bedenken gegen Salev zurück. Von Ende Februar bis Anfang März 1981 treffen sich die wichtigsten Köpfe der »Carlos«-Gruppe in Budapest. Hier hat die Organisation nun ihr europäisches Standbein, denn schon zur Jahreswende 1978/79 kam es zu einem Konflikt mit der Führung in Bagdad und ihrem Geheimdienst. »Carlos« mußte den Irak als Stützpunkt für seine Aktivitäten aufgeben. Neben »Carlos« und Weinrich nehmen auch Magdalena Kopp (»Lilly«), der Repräsentant für den Nahen Osten, Abul Hakam, drei weitere »Carlos«-Leute aus Südamerika, Italien und Beirut sowie aus Berlin natürlich Tarik Salev am Treffen in der ungarischen Hauptstadt teil. »Carlos« verkündet, daß Salev als festes Mitglied in die Gruppe aufgenommen ist. Er werde seinen Fähigkeiten entsprechend eingesetzt und habe den Auftrag erhalten, Material zu beschaffen. Um seine Arbeit für die Gruppe nach außen hin zu tarnen, schlägt »Carlos« vor, Salev zusammen mit einer weiteren Person eine Firma im Internationalen Handelszentrum in Berlin gründen zu lassen.

Obwohl Salev auch vom Westberliner Staatsschutz zum engsten Führungszirkel der »Carlos«-Gruppe gerechnet wird, bleibt er von der Justiz unbehelligt.

Vor dem Treffen in Budapest hatte »Carlos« noch eine Stippvisite in geheimer Mission in die rumänische Hauptstadt Bukarest unternommen. Der politische Kurs Rumäniens ist für die Gruppe eine recht zweischneidige Sache. Auf der einen Seite erfreuen sich der Top-Terrorist und seine Leute außerordentlicher Zuvorkommenheit, erhalten Zusagen für Unterstützung. Auf der anderen Seite befürchtet man, daß Rumänien aufgrund seiner direkten Beziehungen zur Regierung in Tel Aviv dem israelischen Geheimdienst »Mossad« Operationsmöglichkeiten bietet.

Beim Ministerium für Staatssicherheit der DDR ist die Bearbeitung der »Carlos«-Aktivitäten inzwischen zum »Operativen Vorgang« (OV) geworden. Da man die Gruppe nirgends richtig zuordnen kann, behandelt man sie separat – »OV Separat«. Zuständig ist die Abteilung XXII/8, die vom Major Helmut Voigt geleitet wird.

In einem Gespräch, das Voigt, seine Vorgesetzten Dahl und Jäckel und der ungarische Geheimdienstmann Varga über die Gruppe »Separat« führen, erfährt man unerquickliche Dinge: Der rumänische Geheimdienst hat die »Carlos«-Leute beauftragt, fünf im Exil lebende rumänische Familien zu liquidieren. Am 5. Februar 1981 explodieren in Paris und Köln Briefbomben, bei denen rumänische Exilpolitiker zum Teil recht erheblich verletzt werden. Am 21. Februar 1981 geht beim Sender »Radio Free Europe« (RFE) in München eine Bombe hoch. Der Anschlag gilt der rumänischen Abteilung, aber auch Mitarbeiter der CSSR-Redaktion werden in Mitleidenschaft gezogen. Acht Personen werden verletzt, der Sachschaden beträgt rund vier Millionen D-Mark. Terroristische Auftragsarbeit. Daran bestehen keine Zweifel, denn ungarische Sicherheitsbehörden können bei einer konspirativ durchgeführten Durchsuchung einer Wohnung der »Carlos«-Gruppe in Budapest Material sicherstellen, das die Vorbereitung dieses Anschlages belegt – handschriftliche Notizen von »Heinrich Schneider« alias Johannes Weinrich.

Der rumänische »Separat«-Krieg wird in den anderen osteuropäischen Staaten mit deutlichem Unbehagen registriert. Politischer Hintergrund: Der NATO-Raketenbeschluß hat die Fronten zwischen Ost und West verhärtet. Das in den siebziger Jahren eingeleitete Tauwetter droht einer eisigen Kaltluftfront zu weichen. Washington und Moskau werfen sich gegenseitig vor, den Terrorismus zu unterstützen. Aus ihrer Sicht haben wohl beide Seiten recht. Die einen zeigen mit dem Finger auf terroristische Mittel, die die in Nicaragua operierenden Contras gegen die Sandinisten einsetzen oder auf die UNITA-Guerillas in Angola, die allesamt vom Weißen Haus in Washington den Titel von »Freiheitskämpfern« verliehen bekommen haben. Der Westen dagegen lastet dem Osten terroristische Attentate an, wie das 1978 gegen den italienischen Parteipräsidenten der Christdemokraten, Aldo Moro, der entführt und ermordet wurde. Auch in der Bundesrepublik Deutschland gab es politisch motivierte Terroranschläge. Bereits 1975 im Februar war der Berliner CDU-Politiker Peter Lorenz vor seinem Haus am Elvirasteig im Bezirk Zehlendorf entführt worden. Mit der Aktion sollten inhaftierte Terroristen freigepreßt werden. Der Präsident der Arbeitgeberverbände, Hanns-Martin Schleyer, wurde im Oktober 1977 entführt und kurze Zeit später erschossen aufgefunden.

Die politischen Machtblöcke ergehen sich in gegenseitigen Schuldzuweisungen. Am 28. Januar 1981 wirft der US-Außenminister Alexander Haig auf einer Pressekonferenz der UdSSR vor, Terroristen zu finanzieren und auszurüsten. Er erklärt: »Der internationale Terrorismus wird den Platz der Menschenrechte einnehmen.« Alexander Haig macht damit das Thema Terrorismus zum Ausgangspunkt einer internationalen Propagandakampagne, die im Westen das zentrale Thema Menschenrechte ablösen sollte. Bereits am 15. Mai 1981 scheint die Weltöffentlichkeit seine These bestätigt zu sehen. Auf dem Petersplatz in Rom wird ein Anschlag auf den Papst verübt. An Ort und Stelle wird der türkische Rechtsextremist Mehmet Ali Agca als Täter festgenommen. Der italienische Geheimdienst will aber als Hintermann des Anschlages einen in Rom arbeitenden bulgarischen Reisebüroangestellten namens Sergej Antonov geortet haben. Bewiesen wurde das nie.

Terroristische Aktivitäten lösen zusehends internationale Spannungen aus. Deshalb kündigt im Mai 1981 die ungarische Regierung der »Carlos«-Gruppe die Genehmigung für den ständigen Aufenthalt in Budapest und fordert die Auflösung ihrer Basis. In die Tat wird diese Anordnung jedoch vorerst nicht umgesetzt, erst am 6. April 1982 wird die Gruppe die Koffer packen müssen, ihre drei konspirativen Wohnungen auflösen und die ungarische Hauptstadt verlassen.

In Ost-Berlin hat man ebenfalls ein mulmiges Gefühl. Viele Ungereimtheiten lassen den Verdacht keimen, die Gruppe »Carlos« sei längst von westlichen Geheimdiensten unterwandert. Indizien werden beim MfS notiert: »Tatsächlich wurde das Mitglied der Gruppe Georgio Bellini nach ca. 7-monatiger Untersuchungshaft im Dezember (1981) von den BRD-Organen ohne Prozeß entlassen und sofort vom ›Separat‹-Chef in Budapest empfangen.« Auch über Gerhard Albartus, Mitglied der »Revolutionären Zellen«, der wegen eines Brandanschlages bis 1981 in Haft sitzt und Ende dieses Jahres zur »Carlos«-Gruppe stößt, weiß das MfS Einzelheiten: »Seit seiner Haftentlassung steht er unter Kontrolle gegnerischer Organe.«

Albartus wird nach seiner Haftentlassung tatsächlich – wider alle konspirativen Spielregeln – sofort in die Gruppe »Separat« aufgenommen. Er erhält den Decknamen »Kai«. Er reist mit gefälschten Papieren. Sein bundesdeutscher Reisepaß mit der Nummer F 2215832, ausgestellt auf Hans-Jürgen Buchholz, kann vom MfS unter dem Vorwand, ihn für die Vorbereitung einer Transitreise zu benötigen, zwölf Stunden lang unter die Lupe genommen werden. Die Abteilung 32 begutachtet: Das Dokument ist nicht auf Originalpapier hergestellt, nicht im Originalverfahren gebunden, also zweifelsfrei eine Fälschung, aber eine besondere: »Zur Nachahmung eines Dokumentes in solch einer Qualität sind umfassende und spezielle Kenntnisse und Fertigkeiten auf den Gebieten der Papierherstellung und der Polygraphie, sind technische Ausrüstungen für die Papierherstellung, die Reproduktionsphotographie, der Druckstockherstellung entsprechende Druckmaschinen und Maschinen für die buchbinderische Weiterverarbeitung notwendig.«

Dann bringen die Spezialisten ihre bösen Ahnungen auf den Punkt: »Daraus ergibt sich, daß der vorgelegte Reisepaß in keiner sogenannten Hausdruckerei hergestellt worden sein kann. Nachahmungen derartiger Qualität sind nach unseren Erkenntnissen nur in geheimdienstlich oder staatlicherseits geduldeten Fälscherwerkstätten herstellbar.«

»Inoffiziell« – einer solchen Umschreibung bedient man sich

bei vagen Ergebnissen – sei dieses Dokument in der Druckerei des syrischen Luftwaffengeheimdienstes, aus dessen Reihen der in Berlin schon bekannte Said Haitham kommt, hergestellt worden.

Längst im Visier aller großen Geheimdienste übt sich »Carlos« nun in Abgrenzung. Aber der irakische Sicherheitsdienst buhlt um die Gunst des Terroristen. Obwohl Iljitsch Ramirez Sanchez den Irak Anfang 1979 im Zorn verlassen hatte, froren die Kontakte nach Bagdad nicht ein. Mit recht gewöhnlichen Tricks versucht der Irak, den Abtrünnigen nun wieder unter seine Fittiche zu nehmen. Bagdads Trick besteht darin, die Publizistik zu nutzen, um »Carlos« in den sozialistischen Staaten so stark zu diskreditieren, daß ihm letztlich nichts anderes übrigbleiben würde, so hofft man, als reumütig in Bagdad vorzusprechen.

Der britische Autor David Yallop, durch diverse Enthüllungsbücher bekannt geworden, fällt auf diesen Trick auch herein. Er schreibt: »1979 hatte der Schriftsteller Assem el-Jundi, ein geborener Syrer, Carlos bereits befragt und eine Serie von drei Interviews in dem in Paris erscheinenden arabischen Nachrichtenmagazin ›Al Watan Al Arabi‹ veröffentlicht. Der Ort der Interviews blieb geheim, müßte meinen Nachforschungen nach aber nahe Beirut gelegen haben.«

Das hat mit den Tatsachen sehr wenig zu tun. Offensichtlich hatte Geheimagent el-Jundi das von seinen Brötchengebern in Bagdad getürkte Interview, ohne jemals mit »Carlos« Kontakt aufgenommen zu haben, in die Pariser Zeitschrift lanciert. Als das MfS in Berlin Anfang 1980, nur wenige Wochen nach dem Erscheinen dieses »Interviews«, einen fünfundvierzigseitigen Bericht zur »Carlos«-Gruppe erarbeitete, wurde auch diese Veröffentlichung bewertet.

Im Dossier steht: »Diese Artikel sind in Form eines Interviews gestaltet, das ›Carlos‹ dem el-Jundi angeblich gewährt haben soll. In der Serie wird ›Carlos‹ als Abenteurer hingestellt, der das gute Leben liebt und ›Revolution‹ nur als Hobby betreibt. Ideologisch wird er als ›Marxist‹ hingestellt, für den es keine Unterschiede zwischen sogenannten sozialistischen und kapitalistischen Supermächten gebe.«

Weiter erkannte das MfS: »Operativ konnte geklärt werden …, daß ›Carlos‹ dieses Interview nicht gegeben hat und es sich um eine gezielte Aktion des irakischen Geheimdienstes handelte.«

»Carlos« verzeiht es dem Nachrichtenmagazin »Al Watan Al Arabi« nicht, daß er derart bloßgestellt wird. Rache ist angesagt. Am 19. Juni 1980 wird el-Jundi in der Nähe des Beiruter Flughafens von unbekannten Tätern niedergeschossen und schwer verletzt. In Ost-Berlin notiert man: »Es liegen unbestätigte inoffizielle Hinweise vor, wonach dieser Anschlag im Auftrag von ›Carlos‹ verübt wurde.« Aber damit ist die Rechnung noch lange nicht beglichen.

Magdalena Kopp (»Lilly«) und das Schweizer Gruppenmitglied Bruno Breguet machen sich deshalb im Februar 1982 auf den Weg nach Paris. Ihr Auftrag lautet, den Besitzer von »Al Watan Al Arabi«, Walid Abu Zahr, zu töten. Doch eine Reihe merkwürdiger »Zufälle« rettet Zahr das Leben.

Einen Tag vor der geplanten Aktion wird »Lilly« die Handtasche mit drei Reisepässen gestohlen. Am 16. Februar 1982 – die beiden haben bereits Sprengstoff in ihrem Auto – sind sie auf dem Wege zur Redaktion in der Rue Marbœuf 33, Paris 8°. Da geraten sie in eine Polizeikontrolle, weil sie verdächtig sind, an einem Diebstahl beteiligt gewesen zu sein. Kopp und Breguet versuchen zu flüchten, werden aber gestellt. Die Festnahmeaktion wegen der angeblichen Beteiligung der beiden an einem simplen Diebstahl wird später als Nebelwerferei des französischen Geheimdienstes bezeichnet. Beim MfS gibt es eine Unterlage, in der es heißt: »Die ungarischen Genossen schließen einen Zusammenhang zwischen Diebstahl der Handtasche sowie der beabsichtigten Kontrolle und Festnahme nicht aus.« Aber ist damit gesagt, daß auch der französische Geheimdienst tatsächlich genaueste Kenntnisse über Aktivitäten, die Mitglieder der »Carlos«-Gruppe planten, hatte? Es wird mehr als ein Jahrzehnt vergehen, bis man in Frankreich dies offiziell bestätigt – und damit ein Eigentor schießt.

Vorerst schießt und bombt »Carlos« weiter. Ihm geht es nun in erster Linie darum, »Lilly« zurückzubekommen. Magdalena Kopp war zunächst mit Johannes Weinrich liiert, als die beiden zu »Carlos« stießen. Doch dann entschied sich die in Ulm geborene Frau, das unruhige Terroristenleben an der Seite von Iljitsch Ramirez Sanchez zu verbringen. »Lilly« und »Carlos« wurden ein Paar. Als »Lilly« in Paris inhaftiert ist, beginnt »Carlos« seinen Feldzug gegen Frankreich. Das Ziel, den Weltimperialismus mit gezielten Terroranschlägen zu erschüttern, gerät ihm völlig aus den Augen, er will seine Geliebte freipressen.

Zehn Tage nach der Festnahme von Kopp und Breguet erhält die französische Botschaft in Den Haag Post. »Carlos« fordert darin von den Behörden in Paris ultimativ die Freilassung von Kopp und Breguet. Und er beginnt eine Blutspur zu ziehen, die auch durch Berlin führen wird. Die Anschläge sollen seiner Forderung Nachdruck verleihen.

In Beirut zerstört am 15. März 1982 ein Sprengstoffanschlag einen Teil der französischen Botschaft. Weinrich, so wird ermittelt, hält sich zu diesem Zeitpunkt in Beirut auf. Am 29. März 1982 explodiert gegen 21 Uhr im Expreßzug »Le Capitole« von Paris nach Toulouse eine Bombe, fünf Menschen verlieren ihr Leben, achtundzwanzig werden schwer verletzt. Dennoch schlägt der »Carlos«-Plan fehl, den Sprengsatz exakt zu dem Zeitpunkt zu zünden, in dem die Bahn einem entgegenkommenden Schnellzug begegnet, in dem die Gruppe einen französischen Minister vermutete. Am 30. März um 19.27 Uhr meldet sich ein anonymer Anrufer bei der Pariser Polizeipräfektur und erklärt in akzentfreiem Französisch: »Ich übernehme die Verantwortung für den Anschlag gegen den Zug ›Le Capitole‹ im Namen der mit Carlos befreundeten ›Terroristischen Internationalen‹. Wenn Sie nicht unsere Freunde, Bruno Breguet und Magdalena Kopp freilassen, werden wir noch andere Projekte haben, die noch viel zerstörerischer sind.«

Weitere Anschläge folgen. Am 15. April 1982 werden in Beirut der französische Diplomat Guy Cavallo und dessen Ehefrau ermordet. Cavallo war der Verschlüssler der französischen Botschaft in Beirut und Angehöriger des französischen Auslandsgeheimdienstes »Direction Générale de la Sécurité Extérieure« (DGSE). In Wien erschüttert am 19. April ein Bombenanschlag die französische Botschaft und die Vertretung der Fluggesellschaft »Air France«, am 22. April explodiert ebenfalls in Paris vor dem Redaktionsgebäude von »Al Watan Al Arabi« eine Autobombe. Eine Frau wird getötet, über sechzig Personen werden verletzt. Das Fahrzeug, in dem der Sprengsatz versteckt war, stammte von der Leihwagenfirma Hertz und war drei Tage zuvor in Laibach (Jugoslawien) von einer Margot Stadelmann gemietet worden. Die wahre Identität der Frau: Christa-Maria Fröhlich.

Am selben Tag werden Kopp und Breguet in Paris zu Gefängnisstrafen von vier beziehungsweise fünf Jahren verurteilt. Trotz der Drohungen durch »Carlos« müssen die beiden vorerst hinter Gitter.

Nun wird ganz offensichtlich von »Carlos« die Mobilmachung beschlossen. Am Montag, dem 31. Mai 1982, trifft aus Bukarest kommend ein Mann auf dem Flughafen Schönefeld ein, der sich mit einem syrischen Diplomatenpaß auf den Namen Joseph Leon, geboren 1947 in Damaskus, ausweist. Der Diplomat zeigt sich störrisch, als er aufgefordert wird, seine Reisetasche zu öffnen. Röntgenaufnahmen der Reisetasche zeigen, daß das Gepäck selbst für einen Diplomaten sehr ungewöhnlich ist. In der Reisetasche befinden sich genau 24,38 Kilogramm Sprengstoff. Selbst ein Diplomatenpaß veranlaßt bei einem solchen Sachverhalt keine Zurückhaltung mehr bei den DDR-Grenzern.

Josef Leon muß ausharren, bis Mitarbeiter der Abteilung XXII/8 des MfS auf dem Flughafen eintreffen und genauere Untersuchungen anstellen können. Sie stellen fest, daß es sich bei Josef Leon um keinen anderen als Johannes Weinrich handelt. Weinrich erklärt den MfS-Leuten ganz ohne Hemmungen, warum er den Sprengstoff bei sich führt. Wegen der Inhaftierung von Kopp und Breguet werde nun »ein schmutziger Privatkrieg« gegen Frankreich geführt. Der Leiter der Abteilung XXII/8, Oberstleutnant Helmut Voigt, erinnert sich: »Der für die Bearbeitung des Vorganges ›Separat‹ zuständige Offizier erhielt eine Weisung, den Sprengstoff vom Flughafen Berlin-Schönefeld abzuholen und in der zentralen Waffenkammer der Abteilung XXII zu deponieren. Verwundert war ich schon über dieses Vorgehen. Besonders sah ich keine Notwendigkeit, den Sprengstoff, wenn er eingezogen ist, in der Abteilung XXII zu lagern. Auch hielt ich es für sicherheitsmäßig bedenklich, ja sogar gefährlich, Sprengstoff in dem in Leichtbauweise errichteten Gebäude aufzubewahren. Wir machten daher sogar manchmal Witze, weil genau über der Waffenkammer und daher genau über dem Sprengstoff, sich das Dienstzimmer des Leiters der Abteilung befand. Er – wie wir es ausdrückten – auf einem Schleudersitz saß. Egal war mir die Beschlagnahme und die Einlagerung des Sprengstoffes in der Abteilung XXII trotzdem, wußte ich doch, daß solche schwerwiegenden Befehle nur der Minister oder der Stellvertretende Minister geben konnten und zu Nachfolgebefehlen nur der Leiter und der 1. Stellvertreter des Leiters der Abteilung zu geben berechtigt waren.«

Weinrich (alias Leon, Salibi, Schneider etc.) darf anschließend in die DDR einreisen und nimmt sofort Kontakt zur syrischen Botschaft auf. Dann trifft er sich mit einer Frau aus der Bundesrepublik. Es handelt sich um eine Lehrerin aus Hannover, Christa-Maria Fröhlich. Diese Frau steigt kurz darauf in ein Flugzeug mit dem Ziel Bukarest.

Am 1. Juni 1982 trifft sich Weinrich mit dem Leiter der Abteilung XXII/8 und beschwert sich über die Behandlung, erklärt, daß er den Sprengstoff vom rumänischen Geheimdienst erhalten habe und fordert diesen zurück. Beim MfS ist man jedoch nicht gewillt, diesem Ansinnen nachzugeben. Zwei Tage später wird im Operativ-Technischen Sektor (OTS) des Ministeriums das explosive Material genau untersucht: Es handelt sich um vierundzwanzig in Kunststoff-Folie eingeschweißte Quader des Plastiksprengstoffes »Nitropenta«. Das Material ist für Kriegs- und Sabotagezwecke gemacht, also hochbrisant. Das MfS behält es in seinen Asservatenkammern.

Der Verlust des Sprengstoffes trifft die »Carlos«-Gruppe hart. Und es gibt noch einen weiteren Verlust. Am 18. Juni 1982 wird auf dem römischen Flughafen Leonardo da Vinci die neununddreißigjährige Christa-Maria Fröhlich festgenommen. Sie ist mit einem falschen Paß, der auf den Namen Beatrix Odenthal ausgestellt ist, mit einer Maschine der rumänischen Fluggesellschaft Tarom aus Bukarest angekommen und will in einem präparierten Aluminiumkoffer 3,5 Kilogramm Plastiksprengstoff T-4 von Bukarest via Rom nach Frankreich schaffen. Material für den nächsten Anschlag.

Die Basisgruppe von »Carlos« in Budapest ist aufgelöst. Festnahmen haben seine Organisation geschwächt. Die Terroristen sind im Visier verschiedenster Geheimdienste. Auch die Festnahme von Christa-Maria Fröhlich in Rom hat Merkmale für die These getragen, daß man ihre Ankunft bereits erwartete. Die Presse rechnet Fröhlich der deutschen Terrorgruppe RAF zu, »Carlos« bleibt unerwähnt.

In den Wochen, in denen die ungarische Basis der »Carlos«-Gruppe in Budapest aufgelöst werden muß, wird deutlich, wie groß die Bedeutung Berlins für die Terroristen geworden ist. An den Trennlinien der politischen Systeme fühlen sie sich am wohlsten. Am 5. März 1982 reist aus Budapest kommend »Abul Hakam«, Führungsmitglied der »Carlos«-Gruppe, in Berlin ein. Er ist mit einem jemenitischen Diplomatenpaß versehen, der auf den Namen Hizam Masood Alaedaroos ausgestellt ist. Er übergibt seinen Kontaktleuten vom MfS ein Päckchen mit Zündkapseln und zugleich fordert er ein Visum zur mehrmaligen Ein- und Ausreise.

»Carlos« hat inzwischen auch Rechtsanwälte eingeschaltet. Der Schweizer Bernhard Rambert und der Franzose Jacques Verges sollen sich um die schnelle Freilassung von Kopp und Breguet in Paris bemühen. Beide Anwälte gehören zur Gruppe. Rambert hat den Decknamen »Duke« (Graf). Verges ist in der Rangordnung höher angesiedelt und wird mit »Herzog« bezeichnet. Die Serie der Anschläge ist von der »Carlos«-Gruppe unterbrochen worden, man will den Anwälten den notwendigen Spielraum zum Agieren lassen. In diese Zeit fällt in der Bundesrepublik die »Endkampfstimmung« in der Auseinandersetzung der Terrorismusfahnder mit der »Roten Armee Fraktion« (RAF), die sich im Sommer 1982 mit einem neuen Positionspapier zu Wort meldet.

Beim Ministerium für Staatssicherheit registriert man dies natürlich mit erhöhter Aufmerksamkeit. Streng darauf bedacht, im internationalen Propagandakrieg nicht allzu viele Blessuren davonzutragen, will man nun bei der Verschleierung in Sachen »OV Separat« noch etwas zulegen. Das stößt bei den selbstgefälligen, zwischen allen Fronten agierenden Terroristen, auf wenig Gegenliebe. Die Kooperation mit der Mielke-Truppe ist ein Zweckbündnis, keine von Zuneigung getragene Partnerschaft. Daß »Separat« bei der Durchsetzung seiner Interessen auch gegenüber den Gastgebern in der DDR nicht immer die feine englische Art an den Tag legt, wird viele Jahre später sogar vor dem Landgericht in Moabit bestätigt. Der für die Betreuung der »Carlos«-Gruppe zuständige Oberstleutnant Helmut Voigt und seine Vorgesetzten lehnen in der Sache des am 31. Mai beschlagnahmten Sprengstoffes, so die Richter, ein »Herausgabeverlangen Weinrichs zwecks Transport des Sprengstoffes nach Damaskus im August 1982 ab und ließen sich selbst durch eine Morddrohung Abul Hakams«, die sich gegen Voigt richtete, »wegen Behinderung der Gruppenaktivitäten im Dezember 1982 nicht zu einer Änderung ihres Standpunktes bewegen«.

Besonders das Zusammentreffen mit Abul Hakam ist für die Leute von XXII/8 recht unerquicklich – lieber hätte man ihn dort gesehen, wo der Pfeffer wächst. Wenig Wohlwollen spricht aus den

Notizen, die intern über die Situation um die Jahreswende 1982/83 auf den Dienstweg gelangen. Darin vermerkt »bor« – Kürzel für Wilhelm Borostowski, der Weinrich den Sprengstoff auf dem Flughafen Schönefeld abgenommen hatte –, daß die von der Gruppe erwartete Unterstützung bislang nicht gewährt worden sei. Borostowski notiert, die Gruppe betrachte »die sozialistischen Staaten nur als ihre ›Freunde‹ im Kampf gegen den Imperialismus und nicht als ihre Verbündeten.« Zwei Unterredungen im November und Dezember 1982 zwischen dem MfS und den »Separat«-Leuten in Berlin, in denen Hassan Saleh Ali (so der Klarname von »Abul Hakam«) sich als Wortführer geriert, haben dieses deutlich gemacht. Borostowski referiert später aus diesen Unterredungen: Die Gruppe hat von einer Zusammenarbeit mit der DDR mehr erwartet. Es ist geäußert worden, daß sie sich in ihren Aktivitäten eingeschränkt fühlt, bevormundet, auf dem Territorium der DDR nur kontrolliert wird, daß man sie gegen andere sozialistische Staaten, insbesondere gegen die UdSSR, auszuspielen und Gruppenmitglieder als Agenten zu werben versucht habe. Abul Hakam hätte gesagt, er müsse immer mit Schwierigkeiten rechnen, wenn er in die DDR einreisen muß. Im übrigen wäre es ihm künftig gleichgültig, was die DDR gegen ihn und somit auch gegen die Gruppe unternehme. Er hätte ja seinen jemenitischen Diplomatenpaß und könne somit auch ohne Visum und ohne Erlaubnis in die DDR einreisen.

Wohl kaum deutlicher kann geschildert werden, daß die DDR inzwischen selbst Gefangene eines Geflechts geworden ist, in dem jeder nach dem Motto verfährt: »Der Feind meines Feindes ist mein Freund.«

Johannes Weinrich pendelt in dieser Zeit fast ständig zwischen Belgrad, Budapest, Bukarest und Berlin. Hier sorgt er am 29. Januar 1983 erneut für Aufregung. Er meldet, daß ihm aus seinem Hotelzimmer eine Pistole gestohlen worden ist. Hektische Betriebsamkeit bei der Abteilung XXII/8 ist die Folge. Im Ergebnis ist man zumindest um eine Erkenntnis reicher. Der 3. Sekretär der syrischen Botschaft in der Hauptstadt der DDR, Nabil Shritah, hatte ständig für Weinrich einen Revolver der Marke »Smith & Wesson«, Kal. 38 mit 34 Schuß Munition verwahrt und ihm bei seinen Aufenthalten in Berlin ausgehändigt.

Spätestens jetzt ist es an der Zeit, alle dem MfS zur Verfügung stehenden geheimdienstlichen Mittel einzusetzen, um ein klares Bild über die Vorhaben der »Separat«-Leute zu bekommen. Im Januar 1983 beauftragt Helmut Voigt seinen Mitarbeiter Borostowski, sich im Hotelzimmer von Weinrich umzuschauen. Mehrere solcher Durchsuchungen folgen. Am 3. März sind Borostowski und seine Leute genau für neunzehn Minuten im Zimmer 1120 des Interhotels »Metropol«. Das »Metropol«, nur wenige Meter vom traditionellen Agentenübergang am U- und S-Bahnhof Friedrichstraße entfernt, gehört zu den bevorzugten Herbergen der »Separat«-Führung. Die Zeit in Weinrichs Zimmer reicht jedoch nicht aus, um sich alle Unterlagen anzusehen und zu kopieren. Deswegen erscheinen die MfS-Spezialisten am Nachmittag dieses Tages noch einmal im Zimmer von Johannes Weinrich. Wieder reicht die Zeit nicht. Erst am 4. März 1983 gelingt es in einer vierstündigen Aktion, brauchbare Ergebnisse zu bekommen. Drei verschlossene Reisekoffer, zwei Reisetaschen »mit Vorhängeschlössern aus dem NSW« (steht für Nichtsozialistisches Wirtschaftsgebiet) und zwei Aktenkoffer mit Zahlenkombinationsschlössern werden gründlich durchstöbert. Vom Öffnen einiger Briefe sieht man lieber ab. Dafür werden einige Visitenkarten sorgsam registriert, unter ihnen befinden sich die von Nabil Shritah und Jacques Verges. Man findet auch Hinweise darauf, daß Weinrich offenbar mit Rauschgift gehandelt hat. Insgesamt werden bei dieser MfS-Aktion rund 1.200 Fotos von den Aufzeichnungen Weinrichs gemacht. Es beginnt die Auswertung der »Beute«. Das zieht sich hin. Erst Anfang Mai 1983 werden aus dem Material verschiedene »Operativ-Informationen« herausgefiltert.

Die Nummer 185/847/83 dieser »Operativinformationen« trägt das Datum vom 4. Mai 1983: »Aus operativ gesicherten schriftlichen Unterlagen von ›Heinrich Schneider‹ wurden Hinweise über die Aufklärung des französischen Generalkonsulats in Westberlin bekannt, das vermutlich von der ›Separat‹-Gruppierung als ein Zielobjekt für einen terroristischen Anschlag ausgewählt worden ist. Die Aufklärung wurde vermutlich im Zeitraum vom 25.1. – 9.2.1983 durchgeführt.

Entsprechend den Aufzeichnungen wird ein Konsulat in Westberlin, Ecke Kurfürstendamm-Uhlandstraße, erwähnt und als

›Maison de France‹

(Haus Frankreich)

bezeichnet.

In unmittelbarer Umgebung soll sich das ›Möhr Café‹ und die Gedächtniskirche befinden.

Das Konsulat soll durch eine Garage von der Uhlandstraße aus zugänglich sein und drei Stockwerke (Parkdecks) haben, das obere soll frei liegen.

Im Erdgeschoß befindet sich das ›Cinema Paris‹ (Kino Paris). In der ersten Etage ist eine Soc. Francaise (französische Gesellschaft) und in der zweiten Etage ein Institut für Sprachkurse untergebracht.

In der dritten Etage befindet sich das Generalkonsulat. In der vierten Etage ist eine Aula u. a. Dort wurde Personenverkehr in der Zeit von 9.30 Uhr bis 10.30 Uhr (einschließlich Putzfrauen) festgestellt.

Besondere Aufmerksamkeit wird in der vorliegenden Information der Treppe gewidmet, die vom Erdgeschoß bis zum oberen Stockwerk führt und die seitlich durch eine Zentralheizung begrenzt wird, hinter deren Rippen man vermutlich etwas verstecken kann.

Detailangaben besagen, daß das Generalkonsulat an jedem Flügel einen Hauptausgang ohne Bewachung und andere sicherheitstechnische Einrichtungen hat. Im Erdgeschoß steht immer ein hellblauer Opel mit dem Kennzeichen

F2 – 0165

und ein schwarzer Mercedes mit dem Kennzeichen

GMB 39456

(schwarz-weiße Schrift).

Um 10 Uhr morgens wird in einem Peugeot/Stationswagen mit dem Kennzeichen

CD 39-04

immer eine repräsentative Persönlichkeit gebracht.

Aus der Aufzeichnung geht nicht hervor, wer die Objektaufklärung gemacht hat.

Überprüfungen im Stadtplan von Westberlin haben ergeben, daß sich das ›Maison de France‹ in Westberlin, Kurfürstendamm/Ecke Uhlandstraße, befindet und die oben erwähnte Gedächtniskirche vermutlich nur als ein Orientierungspunkt gemeint ist.«

Das »Maison de France« ist nicht die einzige französische Einrichtung in Westberlin, die das Interesse von »Separat« erregt. Auch die französische Kolonie »Cité Foch« im Westberliner Bezirk Reinickendorf wird beäugt. Hier im Norden der westlichen Halbstadt, im französischen Sektor, sind einige Siedlungen, die von Beschäftigten und Militärs der Besatzungsmacht bewohnt werden. Interesse scheint »Separat« jedoch nur noch an »Cité Foch« zu haben, denn hier hat auch der französische Stadtkommandant seine Residenz.

Unterdessen widmet sich der »Carlos«-Vertraute und Rechtsanwalt Jacques Verges in Paris neuen Aufgaben. Am 5. Februar 1983 hatte Bolivien den ehemaligen Gestapo-Chef von Lyon, Klaus Barbie (»den Schlächter von Lyon«), an Frankreich ausgeliefert. Ein Prozeß, der in Fragen der Kollaboration an den Grundfesten des französischen Geschichtsbildes zu rütteln drohte, wurde mit Nachdruck vorbereitet. Jacques Verges übernahm die Verteidigung. In der Abteilung XXII/8 des MfS kam man zu besonderen Erkenntnissen, daß Verges »mit Wissen der Gruppe auch die Verteidigung des Nazikriegsverbrechers Barbie übernahm. Die Gruppe selbst will dies für eine ›spektakuläre propagandistische Aktion im Interesse der 3. Welt‹ ausnutzen. Inoffizielle Informationen sowie Meldungen westlicher Medien besagen, daß die Verteidigung von Barbie eine Auftragshandlung der CIA darstellt beziehungsweise bringen Verges mehrfach mit der CIA in Zusammenhang.« Wie beim MfS in Erfahrung gebracht wird, plante die Gruppe, »den Kriegsverbrecher Klaus Barbie zu befreien und zu entführen. Durch nachfolgende Verhöre sollten imperialistische Regierungen und deren loyale Haltung zu Kriegsverbrechern kompromittiert werden.« Sicher für viele eine ungemütliche Vorstellung, »Carlos« und die CIA könnten auf derselben Klaviatur spielen.

In einem ganz anderen Zusammenhang, aber dennoch im selben Umfeld, ist die kleine Meldung angesiedelt, die am 8. Februar 1983 die »Berliner Morgenpost« einspaltig in der Rubrik »Aus dem Polizeibericht« unter der Überschrift »Schmuggler gefaßt« veröffentlichte: »Der syrische Diplomat Mohamed S. aus Ost-Berlin wurde am Sonnabend am Sektorenübergang Invalidenstraße vom Zoll erwischt, als er im Kofferraum seines Autos 40 000 Zigaretten verschiedener Sorten nach West-Berlin schmuggeln wollte. Unter Berufung auf das Steuergeheimnis lehnte ein Sprecher der Zollverwaltung jede Auskunft ab.«

Eine ganz andere – aber sehr viel brisantere und zugleich glaubwürdigere – Version des Geschehens brachte MfS-Hauptmann Lüdersdorf am 23. Februar 1983 zu Papier: »Zur Botschaft der SAR (Syrisch-Arabischen Republik) berichtet ein zuverlässiger IM: Anfang Februar wurde der Mitarbeiter der Botschaft der SAR in der DDR, Shritah, Nabil, in Westberlin festgenommen, weil er Waffen, Munition und Sprengstoff, aus der DDR kommend, nach Westberlin einführte. S. saß in der Sache 14 Tage in Westberlin ein. Er wurde vor 4 Tagen aus der Haft entlassen, weil über diplomatische Kanäle ein Austausch von drei in Syrien einsitzenden Westberliner – oder BRD-Bürgern gegen Shritah vereinbart wurde. Diese diplomatischen Aktivitäten wurden wahrscheinlich dadurch beschleunigt, daß S. Verwandte hat, die in der Assad-Regierung eine einflußreiche Position ausüben. Die Waffen und der Sprengstoff waren für drei junge Syrer gedacht, die den Auftrag hatten, den in der BRD ansässigen Chef der Moslembrüder Issam al Atar zu töten. ... Der IM ist der Ansicht, daß Shritah verraten wurde.«

Im April 1983 wurde in der Schweiz des »Separat«-Mitglied Jamal al-Kurdi wegen eines Paßvergehens festgenommen. Obgleich dadurch nicht unter besonderen Strafverfolgungsdruck geraten, begann al-Kurdi, sein Wissen über »Carlos« und dessen Gruppe preiszugeben.

Während Iljitsch Ramirez Sanchez als Phantom durch die Medien geistert, mit diffusen, unscharfen Fotos den Lesern die Unerreichbarkeit des Top-Terroristen suggeriert wird, scheinen sich die Geheimdienste ein recht umfassendes Bild von dem Bombenleger machen zu können. Oberster Verfassungsschützer ist zu die ser Zeit – von 1975 bis 1983 – Richard Meier. Rund zehn Jahre nach dem Ausscheiden aus dem Amt stellt er sich 1992 in seinem Buch »Geheimdienst ohne Maske« rhetorisch selbst die Frage: »Wußten Sie als Präsident des Bundesamtes für Verfassungsschutz wirklich so wenig über die terroristische Szene? Oder hatten Sie andere Gründe, diesen Eindruck zu erwecken?« Die Antwort bleibt Meier schuldig.

Beim MfS drängt im Sommer 1983 der »Carlos«-Vertreter Johannes Weinrich auf die Rückgabe der Bombentasche aus der Waffenkammer der Hauptabteilung XXII. Am 11. und am 12. Juli nervt er den Voigt-Vorgesetzten Jäckel. Doch dieser will das brisante Paket unter Verschluß behalten. Er vertröstet Weinrich bis zur Rückkehr von Voigt, der sich bis zum 20. Juli im Urlaub befindet. Am 21. Juli erörtern beide das Ansinnen des Terroristen. Es wird ein Weg gesucht, die Entscheidung aufzuschieben. Man entscheidet sich, auch während des Urlaubs von Jäckel zwischen dem 7. und 20. August 1983, auf Zeit zu spielen. Voigt und Jäckel kommen jedoch überein, auf keinen Fall mit einem kategorischen Nein die Herausgabe ein für allemal zu den Akten zu legen. Am 11. August 1983 kommt Weinrich per Flugzeug aus Belgrad wieder nach Berlin.

Ein Treffen zwischen Voigt, dem Verantwortlichen für den »OV Separat« Borostowski und Weinrich findet am 15. August in dem konspirativen Objekt »Mühle« statt. Die »Mühle« liegt am Pieskower Weg im Stadtbezirk Prenzlauer Berg und wird recht häufig für geheime Zusammenkünfte genutzt. In dem Gespräch geht es unter anderem um einen Anschlag auf den Schalter einer türkischen Fluglinie in Paris. Zu dem Attentat auf dem Flughafen Orly vom 15. Juli 1983, bei dem zwei Menschen starben, bekannte sich die Armenische Geheimarmee ASALA.

Weinrich kannte die Hintergründe des Verbrechens bestens. Er wußte, daß dies ein Racheakt der Gruppe am französischen Geheimdienst wegen des Bruchs eines Stillhalteabkommens gewesen war. Zwei Mitglieder der ASALA waren verhaftet worden. Nicht zu verkennen, ASALA und »Separat« hatten engste Verbindungen. Nach dieser Information lenkt Weinrich die Aufmerksamkeit wieder auf den seit Mai 1982 in der Waffenkammer liegenden Sprengstoff. Er will die Tasche bis spätestens 19. August haben. Bis dann solle diese in die syrische Botschaft gebracht und schließlich über Damaskus an eine Befreiungsbewegung weitergeleitet werden. Nachfragen nach Details beantwortete Weinrich nicht.

Letztlich trennen sich aber die drei ohne konkrete Abmachung, aber mit der Zusage des MfS, sein Anliegen werde noch einmal geprüft. Am folgenden Tag wird der Leiter der Diensteinheit, Dahl, von Voigt über das Gesprächsresultat unterrichtet. Noch am selben Tag gibt Dahl telefonisch die dienstliche Anweisung, die Tasche mit dem »Nitropenta«-Sprengstoff an Weinrich auszuhändigen, damit dieser sie in die syrische Botschaft schaffen kann. Am 16. August 1983 trifft sich deshalb Wilhelm Borostowski in der Nähe des Palasthotels mit Weinrich und übergibt die 24,38 kg Sprengmaterial. Borostowski will dabei noch einmal die Zusicherung, daß der brisante Stoff wirklich in die syrische Botschaft geschafft wird und auf keinen Fall nach Westberlin oder in die Bundesrepublik gelangt. Die Antwort von Weinrich bleibt zweideutig: »Es wird an die Genossen weitergeleitet!«

Gegen 21 Uhr meldet sich Weinrich telefonisch beim 3. Sekretär der syrischen Botschaft in dessen Privatwohnung in der Singerstraße 80 in Friedrichshain und sagt ihm, daß er eine Tasche in der diplomatischen Vertretung deponieren soll. Noch am Abend treffen sich beide, fahren mit einem Taxi in die Otto-Grotewohl-Straße (Nahe Unter den Linden) um das explosive Gepäck in Sicherheit zu bringen. In seinen Diensträumen verstaut Shritah die Tasche in einem Schrank, und bei der Rückfahrt läßt er Weinrich im Stadtzentrum von Ostberlin aussteigen.

Hier in der Innenstadt liegt das Palasthotel, in dem am Abend desselben Tages der jemenitische Diplomat Achmet Saleh Obadi ein Zimmer bezogen hat. Hinter dem Namen »Obadi« verbirgt sich niemand anderes als der unrühmlich bekannte »Abul Hakam«. Außerdem kündigt Weinrich für den 20. August einen weiteren, beim MfS bislang unbekannten, Gast an. Ein Mustafa el-Sibai, den er als seinen »Adjutanten« betitelt, soll zur Gruppe stoßen. Die ungarischen Behörden, in Sachen »Carlos« in ständiger Verbindung mit dem MfS, wissen offenbar mehr von diesem Mann und bezeichneten ihn als »Kamikaze«-Kämpfer. Es muß also Schlimmes befürchtet werden.

Am 20. August trifft el Sibai um 6.15 Uhr morgens mit der Interflug-Maschine 829 aus Damaskus in Berlin-Schönefeld ein. Für ihn ist das Zimmer 1108 im Hotel »Metropol« reserviert. Im Zimmer 1110 wohnt Joseph Leon – Johannes Weinrich.

Der für »Separat« zuständige MfS-Mann Borostowski hat schon einen Tag vorher die Überwachungsmaßnahmen angeordnet. Die Telefone werden angezapft, bringen aber wenig Erhellendes. Nur so viel: am 23. August morgens, gegen 10 Uhr, will el Sibai von Weinrich wissen, ob dieser zu Nabil Shritah gehen wird. Weinrich bejaht.

Inzwischen vollziehen sich geheimnisvolle Dinge im »Maison de France« am Kurfürstendamm. An diesem 23. August werden die Notausgänge freigeräumt.

Im Tätigkeitsnachweis Nr. 31/4001/83 der Polizeidirektion 3 in West-Berlin vom 23. August 1983 wird vermerkt, daß man um 12.36 Uhr von einem Wachposten alarmiert worden sei, der im Haus

Kurfürstendamm 211 (»Maison de France«) verdächtige Feuerlöscher – bei denen die Plomben fehlen – festgestellt habe. Bombenalarm wird gegeben. Bis zur Überprüfung durch eine beauftragte Firma wird von der Polizei eine Sicherung der Örtlichkeit vorgenommen.

Um die Mittagszeit dieses 23. August 1983 will Genevieve Pilhion ihren Mann besuchen, der im französischen Institut im »Maison de France« beschäftigt ist. Wegen des Bombenalarms wird ihr der Zutritt zum Gebäude verwehrt. Um auf ihren Ehemann zu warten, setzt sie sich ins gegenüberliegende »Café Möhring«. Dabei fallen ihr zwei Männer auf, von denen sie sich beobachtet fühlt. Sie schaut sich die beiden Herren genau an. Später, als das Phantombild des mutmaßlichen Bombenlegers durch die Presse geht, erinnert sie sich an die beiden Männer. Sie meint: »Ich sehe eine Ähnlichkeit ... Die männliche Person im Café war jedoch nicht so mager im Gesicht. Er war im Gesicht gebräunt, als hätte er am Meer Urlaub gemacht.« Hier ergeben sich auffällige Übereinstimmungen mit der Beobachtung, die Rechtsanwalt Udo Grönheit im Auftrage eines Mandanten an die Polizei weitergibt. Bei der Sonderkommission notiert man: »Zu der männlichen Person soll der Mandant geäußert haben, daß er sich sicher sei, daß dieser so aussehen würde, wie in der ›BZ‹ abgebildet gewesen. Lediglich das Gesicht sei nicht so spitz nach unten zulaufend, sondern am Kinn etwas breiter, etwas ausgeglichener, wie sich der Mandant geäußert haben soll.«

Vergleicht man die polizeiliche Phantomzeichnung mit dem Foto el-Sibais aus den Akten des MfS, so ist die Ähnlichkeit tatsächlich auffallend – mit Ausnahme des Kinns, das etwas rundlicher ist. Saß el Sibai am 23. August 1983 im »Café Möhring«? Im Abhörprotokoll einer Lauschaktion der Abteilung XXII, die um 10.04 Uhr an diesem Tag stattfindet, ist zu lesen: »Herr L. teilt abschließend mit, daß er bis gegen 12 oder 13 Uhr ›dort sein‹ wird. Herr L. bittet Herrn S. noch, er möchte sich doch noch etwas Geld bei ihm abholen, was Herr S. auch tun wird.« Herr L., das ist »Leon« (Weinrich), und Herr S., das ist el Sibai.

An besagtem 23. August, kurz nach fünf Uhr, klingelt im Hotel »Metropol« Zimmer 1108 das Telefon. El Sibai nimmt ab. Am anderen Ende der Strippe ist Weinrich. Er erkundigt sich, »was Herr Sibai heute noch tun will«. Das MfS protokolliert mit: »Dieser teilt mit, daß er seit einer halben Stunde im Zimmer ist und

›zwei Souvenirs‹ da hat.« Eines der »Souvenirs« heißt Gabriele. Sie wird abgehört, als sie – offensichtlich nach getaner Arbeit – mit ihrer »Schwester Kerstin« im Palasthotel spricht. Sie erzählt, daß sie eben »geduscht hat, während Edith jetzt gerade badet«. Man verabredet sich an der Kaminbar, da der Gastgeber el-Sibai heute abend noch nach Westberlin fahren wolle.

Die Vorbereitungen für das Attentat laufen auf vollen Touren. Was aber macht el Sibai abends noch in Westberlin? Es ist immerhin ein Risiko, das man nicht ohne Grund eingeht, in das sogenannte »Operationsgebiet« zu fahren.

Rund um das »Maison de France« ist in diesen Tagen gründlich Aufregung entstanden. Unmittelbar nach dem Anschlag hatte der Hausmeister des Gebäudes bei der Polizei zu Protokoll gegeben: »Am 24.8.83 rief mich Herr Magére unter meinem Privatanschluß an und gab mir bekannt, daß die Polizei im Hause sei, weil gegen das ›Maison‹ angeblich eine Bombendrohung ausgesprochen wurde.« Magére war der Leiter des im »Maison« untergebrachten »Französischen Instituts«. Die Indizien, daß Frankreich von der geplanten Aktion über seine Geheimdienstkanäle Wind bekommen hat, verdichten sich.

Am 24. August wird der Leiter der MfS-Abteilung XXII/8, Helmut Voigt, der sich einige Tage in Prag bei einer Konferenz der sozialistischen Staaten zum Problem des Terrorismus aufgehalten hatte, von Borostowski über die bisherigen Überwachungsergebnisse in Kenntnis gesetzt. Voigt ordnet für den kommenden Tag die Observation von el Sibai an.

Borostowski postiert sich daraufhin am Morgen des 25. August 1983 vor dem Palasthotel, in dem zwar Abul Hakam, nicht aber el Sibai, wohnt. Eine Panne, die zum Alltag der Geheimdienste gehört. Er kann also nur Abul Hakam observieren und sehen, wie dieser über die Grenzübergangsstelle Friedrichstraße nach Westberlin ausreist. Was fast zeitgleich an anderen Stellen Ost-Berlins geschieht, bleibt vorerst Spekulation. Glaubt man der Version, die ein Jahrzehnt später Nabil Shritah in Berlin vor den Beamten des polizeilichen Staatschutzes zu Protokoll gibt, dann ist am 25. August 1983 im Laufe des Vormittags Johannes Weinrich bei Shritah in der Botschaft erschienen und hat – so der Syrer – »mich gebeten, die Tasche nach West-Berlin mit meinem Auto zu transportieren«. Shritah habe dies jedoch nach Rücksprache mit dem Botschafter abgelehnt. Daraufhin sei Weinrich mit der Tasche gegangen.

Gegen 13 Uhr sei Weinrich in die Botschaft zurückgekehrt, habe verlangt, daß man das Radio anschalte, um Nachrichten zu hören, sagt Shritah: »Der Sender brachte als erste Nachricht den Bombenanschlag auf das ›Maison de France‹. Er zeigte auf sich und sagte, ich habe jetzt eben das vollbracht.« Daß nach einem Augenzeugenhinweis ausgerechnet der metallic-farbene Daimler von Shritah schon kurze Zeit nach dem Attentat ins Visier der Ermittler geraten war, muß nach dieser Version ins Reich der Zufälle verbannt werden.

Ungeklärt ist auch der Umstand, daß der Attentäter die vierundzwanzig Kilogramm – selbst für einen kräftigen Mann – schwere Reisetasche einfach so nimmt und geht. Gegenstände dieses Gewichts werden unter normalen Umständen auf einer längeren Strecke mit einem Fahrzeug transportiert. El-Sibai und Abul Hakam wären mit einem so schweren Gepäckstück am Grenzübergang sicher aufgefallen. Nichts dergleichen geschah. Hat doch jemand mit einem Auto die Sprengladung zum Einsatzort gebracht? Welche Rolle spielte Nabil Shritah wirklich? Was er später bei den Vernehmungen nicht sagt, ist, daß er – wie durch die Observation des MfS festgestellt – in den Morgenstunden des Tattages von »Abul Hakam« aufgesucht worden war. Immerhin ist die Überlegung nicht ganz abwegig, daß der Transport von einer so großen Menge Sprengstoff in der Viermächtestadt am sichersten vor amtlicher Neugierde in einem Fahrzeug erfolgt, das diplomatische oder konsularische Kennung trägt.

Rund zehn Jahre später, am Vormittag des 9. Januar 1994, warten zwei Beamte des polizeilichen Staatsschutzes im Flughafenterminal von Tegel auf die Lufthansa-Maschine 2404 aus Frankfurt am Main. Um 10.45 Uhr nehmen sie den Flugpassagier mit dem syrischen Diplomatenpaß Nr. 0.000.038 fest, es ist Nabil Shritah. Das Ganze wirkt wie inszeniert. Drei Tage später beginnt in Berlin-Moabit vor der 29. Großen Strafkammer des Landgerichts der Prozeß gegen den ehemaligen Leiter der MfS-Abteilung XXII/8, Oberstleutnant Helmut Voigt. Ihm wird Beihilfe zum mörderischen Anschlag auf das »Maison de France« zur Last gelegt.

Es gibt einen Pressewirbel und eine erhöhte Sicherheitsstufe im Gericht. An diesem Tage wird auch die »Heimkehr« Shritahs der

Öffentlichkeit bekannt. Die Frage, weshalb der Syrer, der in Deutschland eine langjährige Haftstrafe zu befürchten hat, Syrien verläßt und eine deutsche Gefängniszelle vorzieht, bleibt ohne Erklärung. Schließlich gehörte er in Damaskus zum engsten Mitarbeiterstab des Vizepräsidenten Abdul Khadam.

Shritah: »Ich möchte betonen, daß ich mich aus freien Stücken nach Berlin begeben habe. ... Ich möchte hier gleich angeben, daß ich durch die Aussagen, die ich in diesem Verfahren machen werde, auch den syrischen Staat belaste und ich keine Möglichkeit mehr haben werde, nach Syrien zurückzukehren.«

Am Vortage hat Oberstaatsanwalt Detlev Mehlis den Prozeßbeteiligten des Voigt-Verfahrens auf dem nicht alltäglichen Wege »durch besonderen Wachtmeister« die Aussagen Shritahs zukommen lassen. Der frühere Botschaftssekretär hofft auf Sonderbehandlung: »Soweit es möglich ist, bitte ich darum, daß meine nachfolgenden Angaben nicht der Öffentlichkeit bekannt werden. Ich habe insoweit Befürchtungen für mich selbst und für meine Familie, die sich noch in Syrien aufhält. ... Zum gegenwärtigen Zeitpunkt möchte ich auch nicht, daß die Syrische Botschaft von meiner Festnahme unterrichtet wird.«

War es nur unzähmbare Wahrheitsliebe, die den ehemaligen Vertrauten von Weinrich nach Berlin trieb? Weshalb dieses Timing, exakt zur Prozeßeröffnung gegen Voigt in Berlin zu sein? Zehn Jahre hatte er die Möglichkeit, die Berliner Ermittler in ihrer Arbeit zu unterstützen. Am 7. Februar 1994 tritt er – auf eigenen Wunsch – verdeckt durch eine spanische Wand im Prozeß als Zeuge der Anklage auf. Shritah belastet sich dabei selbst. Mehr noch, seine Tatbeteiligung muß bei unvoreingenommener Betrachtung schwerer wiegen, als die des vor Gericht stehenden Voigt. Shritah war es, der – nach der Version des Staatsanwaltes – den Sprengstoff unmittelbar vor der Tat an die Terroristen ausgehändigt hatte. Kannte er schon zu diesem Zeitpunkt den Fahrplan der Strafverfolger? Denn, noch während des unter besonderer Bewachung ablaufenden Voigt-Prozesses, kommt Shritah wieder auf freiem Fuß.

Am 22. Februar 1994 gibt er anläßlich seiner Haftentlassung – mit der Auflage, sich bis zum eigenen Prozeß zur Verfügung zu halten – beim Staatsschutz zu Protokoll: »Von meinem Botschafter habe ich zwar die Zusage, daß ich mich bis zu meinem eigenen Verfahren in unserer Botschaft in Bonn aufhalten kann, dazu ist mir aber bekannt, daß die Staatsanwaltschaft dem nicht zustimmt.«

Und sechs Wochen nach seiner hastigen Reise in die Arme der deutschen Justiz und seiner Bitte um Geheimhaltung gegenüber den Behörden seines Landes, meint er zu diesem Zeitpunkt schon wieder, er »halte selbst eine Rückkehr nach Syrien für möglich«.

Spekulationen über Shritahs Motivation schießen ins Kraut. Die Frage wird laut, ob sich Shritah während des Prozesses gegen Voigt lieber in deutschen Gefängnissen als in syrischen Amtsstuben von unangenehmen Enthüllungen überraschen lassen will. Bestand die Gefahr, daß er als Agent einer »gegnerischen Macht« enttarnt werden würde? Alles das passiert nicht und Shritah erfreut sich des Vertrauens der Berliner Justiz und kann sich nach kurzer Zeit (fast) wie ein freier Mensch bewegen. Zuvor aber hatte er ausgepackt und berichtet, daß etwa 1980 zwei Männer und eine Frau, alle drei mit syrischen Diplomatenpässen ausgestattet, in die Botschaft an der Otto-Grotewohl-Straße gekommen seien. Shritah berichtet über eine Order vom Botschafter: »Er hat mich zu sich berufen und beauftragt, diese Gruppe zu betreuen, weil es im Telegramm stand, daß die syrische Botschaft in Berlin jegliche mögliche Hilfe für sie zu leisten hat.« Einer der Gäste gab sich als »Carlos« zu erkennen, der andere war Johannes Weinrich. Fortan erhielt die Gruppe weitestgehende Unterstützung durch die syrische Vertretung …

Shritah wurde zum Depot-Verwalter der Terroristen. Aus einer Mitteilung des ungarischen Geheimdienstes an das MfS geht hervor, daß im Dezember 1980 die »Carlos«-Gruppe bei Shritah eine Maschinenpistole »Beretta«, fünf Pistolen »Browning« mit sechs Magazinen, sechstausendeinhundert Schuß Munition neun Millimeter Parabellum für MPi und Pistole, zwanzig normale Zünder und zwanzig elektrische Zünder gelagert hatte. Der Mann in der syrischen Botschaft betreute sozusagen die Waffenkammer der »Carlos«-Leute in Berlin und war immer zu Diensten.

Für den Tattag zeigt sich die Dokumentation der Ermittler lückenlos. Es scheinen keine Zweifel angebracht, daß Abul Hakam und der – vom MfS nicht observierte – el-Sibai gemeinsam um 11.45 Uhr über die »GÜST« (Grenzübergangsstelle) Friedrichstraße wieder nach Ost-Berlin zurückgekehrt sind. Abul Hakam flog am selben Tag mit der ungarischen Fluggesellschaft Malev, Flugnummer

809, nach Budapest. El Sibai blieb jedoch noch eine Nacht in Berlin. Am 26. August 1983 – in Westberlin läuft der Fahndungsapparat auf Hochtouren – nimmt el Sibai die 17-Uhr-Maschine, IF 828, nach Damaskus.

In Westberlin sind die Fahnder noch durch den »ASALA«-Bekenneranruf auf der falschen Fährte, als sich Johannes Weinrich daransetzt, einen recht umfassenden Brief an »Carlos« zu verfassen. Ort und Datum werden in einer polizeilichen Übersetzung mit »Belgrad, 25.8.1983« festgelegt. Tatsächlich ist diese Zeile schwer leserlich, und es ist wahrscheinlicher, daß Weinrich einige Tage nach dem Anschlag (das Moabiter Landgericht geht später vom 27. bis 29. August aus) den umfangreichen Brief beginnt, der sich gleich unter Punkt 1. mit der »Operation Berlin« befaßt: »Was Helmut (Voigt – d. A.) betrifft, so ist klar, daß wir sie reinlegen konnten, hauptsächlich mit der solidarischen Hilfe von Nabil (Shritah – d. A.). Übrigens weiß er von dieser Operation. Aber wie er gesagt und angedeutet hat, war er ›offiziell nicht beteiligt‹, denn er half mir bei der Verwahrung des Sprengstoffes, ohne den Botschafter zu informieren, der abwesend war, aber vor der Operation zurückkam. Also wußte Nabil offiziell nichts von der Operation, abgesehen von der Tatsache, daß ich eine Tasche brachte und diese später wieder mitnahm. Helmut hat uns immer vor einer Operation im Westen gewarnt, bei der wir direkt aus dem Osten kommen und wieder dorthin zurückkehren. Wir haben es immer geleugnet und haben heimlich die Tasche in den Westen transportiert. Am Freitag, dem letzten Treffen mit ihnen, und auch nach der Operation, schienen sie nicht sicher, ob wir es gemacht haben oder die ASALA … und ich verbreite die Version, daß die ASALA sich nie zu einer Operation bekennt, wenn sie sie nicht ausgeführt hat.«

Zehn Jahre später kümmert man sich noch einmal um das so früh am Kudamm geortete Fahrzeug, dem der mutmaßliche Täter entstiegen sein soll. Nabil Shritah wird vom polizeilichen Staatsschutz in Berlin vorgehalten: »Nach den Unterlagen verfügten Sie, zumindest ab November 1983, vermutlich früher, über einen blaumetallic-farbenen Mercedes 280 SEL. Trifft das zu?« Und er antwortet: »Nein, das Auto bin ich nie gefahren. Es kann sein, daß ich einen Kollegen von der Botschaft bevollmächtigt habe, das

Fahrzeug auf meinen Namen zuzulassen.« Eine Antwort, die keine ist. Aber das ist nur eine der Absonderlichkeiten.

Auch das Verhalten der französischen Behörden wirft Fragen auf. Weshalb hatte man, nachdem nur wenige Tage vor dem Anschlag wegen fehlender Plomben an Feuerlöschern Bombenalarm ausgelöst worden war, die Sicherheitsvorkehrungen am »Maison de France« nicht erhöht? Nach der Attentatserie mußte man in Paris offensichtlich gewärtig sein, daß französische Auslandseinrichtungen gefährdet sind.

In Ostberlin waren die Abhöraktionen in vollem Gange. Ein Lauschprotokoll des MfS vom 25. August verdient besondere Aufmerksamkeit. Es betrifft die Botschaft Frankreichs in Ostberlin.

In der knapp gefaßten Abschrift heißt es: »Herr Serafini – Botschaftsrat der italienischen Botschaft – spricht mit Herrn Vaugier – französischer Botschaftsrat. Herr Serafini hat von der Explosion im französischen Generalkonsulat in WB (Westberlin – d. A.) gehört. Er möchte wissen, ob es ›das‹ war, woran Herr Vaugier gestern dachte. Herr Vaugier bejaht diese Frage und unterstreicht, daß es dieselben seien. Er berichtet, daß 2 Tote und über 20 Verletzte zu beklagen sind. Unter den Verletzten befinden sich 2 Angestellte des Generalkonsulats. Herr Serafini bemerkt, daß er gleich an Herrn Vaugier gedacht hat, als er die Meldung gehört hat.«

Hatte man in der französischen Botschaft einen warnenden Hinweis? Im Gespräch zwischen Vaugier und Serafini, das am 24. August 1983 stattgefunden hat, müssen solche »Ahnungen« eine Rolle gespielt haben. Unter diesem Gesichtspunkt ist es besonders unverständlich, weshalb keine Sicherheitsvorkehrungen getroffen worden waren. Helmut Voigt, wahrlich ein Insider in Fragen des Terrorismus, gibt eine – seine – Erklärung: »Auch auf der anderen Seite der Barrikade, im Westen, beim damaligen Klassenfeind, wurden immer wieder Beispiele bekannt, wo nachweislich in ähnlicher Form (wie in seiner MfS-Abteilung mit den ›Separat‹-Leuten – d. A.) mit terroristischen Gruppen umgegangen wurde.

Der Spitzenreiter im westlichen Bündnis bezüglich des Abschlusses von Geheimabkommen mit terroristischen Kräftepotentialen waren die französischen Behörden.«

Wie man beim MfS in Erfahrung brachte, unterhielten die französischen Dienste »nachgewiesen Beziehungen zur armenischen ASALA, zur baskischen ETA, den italienischen Roten Brigaden. Verdachtshinweise gab es zu Beziehungen mit palästinensischen

Gruppen, wie PFLP und sogar Abu Nidal sowie zu libanesischen, marokkanischen und iranischen oder iranisch unterstützten Gruppen.«

Am 3. März 1984 wird »Carlos« unter dem Namen Suleiman Ahmed Saleh im Hotel »Witoscha« in der bulgarischen Hauptstadt Sofia absteigen. Dem bulgarischen Geheimdienst wird dies nicht verborgen bleiben. Er faßt zusammen, was »Carlos« mit einem Bulgaren bespricht. Dabei äußert »Carlos«, »daß er ins Blickfeld der amerikanischen Geheimdienste geraten sei. Die Polizeiorgane hätten ihren erhaltenen Weisungen entsprechend ihre Arbeit gegenüber der Organisation verstärkt. Das erschwere die Arbeit und zwinge ihn, vorsichtiger zu sein. Er habe seine Beziehungen zu den Franzosen in Ordnung gebracht, doch F. Mitterrand habe ein persönliches Verhältnis zu seiner Tätigkeit.«

Auch in Paris griff man schon mal, um sich mißliebiger Beobachter zu entledigen, zum Mittel des Bombenterrors. Am 10. Juli 1985 versank, durch zwei Haftminen beschädigt, das Schiff »Rainbow Warrior« im Hafen von Auckland in Neuseeland. Der Kutter war von der Umweltschutzorganisation Greenpeace startklar gemacht worden, um in das Atomversuchsgebiet Muroroa-Atoll zu starten. Bei dem Anschlag kam der portugiesische Fotograf Fernando Pereira ums Leben. Für das Verbrechen wurde das französische Paar Alain Mafart und Dominique Prieur in Neuseeland unter Mordanklage gestellt. Tatsächlich aber kam die Regierung in Paris trotz vehementer Dementis unter Druck, denn eine direkte Urheberschaft durch den französischen Auslandsnachrichtendienst DGSE wurde immer offensichtlicher.

Mitte August 1985 schrieb dazu die »Neue Zürcher Zeitung«: »Der ehemalige langjährige Chef der DST-Spionageabwehr, Roger Wybot, erklärte sich davon überzeugt, daß die Aktion mit Billigung des Verteidigungsministeriums, dem formal der DGSE untersteht, unternommen wurde.«

Frankreich zeigte sich auf dem Schauplatz des schmutzigen Krieges durchaus erfahren. Das Paar Mafart/Prieur wurde auf Betreiben des damaligen französischen Premierministers Jacques Chirac ein Jahr nach dem Attentat (22./23. Juli 1986) aus neuseeländischer Haft entlassen, wo es eigentlich eine zehnjährige Haftstrafe zu verbüßen gehabt hätte.

Vieles bleibt unverständlich und zweideutig, was in der Folgezeit geschieht.

Die armenische Spur in der Angelegenheit »Maison de France« erweist sich als nicht stichhaltig. Datiert vom 1. September 1983 erreicht über die bundesdeutsche Botschaft im saudi-arabischen Djidda ein Bekennerschreiben den Bonner Innenminister Friedrich Zimmermann (CSU). Der handgeschriebene Brief trägt die Unterschrift von »Carlos« und hat einen als authentisierenden Stempel hinterlassenen Fingerabdruck. Obwohl an der Echtheit des Schreibens kein Zweifel besteht und im Nachrichtenmagazin »Der Spiegel« und in der Tagespresse Anfang Januar 1984 darüber berichtet wird, scheint man an den entscheidenden Stellen der Bundesrepublik noch nicht ausreichend überzeugt, die Rolle des »Top-Terroristen« im schmutzigen Spiel offiziell publik machen zu müssen. Zwei Jahre nach dem Anschlag wird im August 1985 vom besagten Innenminister der »Verfassungsschutzbericht 1984« in Druck gegeben. Darin wird noch immer von der mutmaßlichen Urheberschaft des Anschlages durch die ASALA ausgegangen: »Die 1983 festgestellten Ansätze organisatorischer Strukturen unter den im Bundesgebiet lebenden armenischen Extremisten haben sich verfestigt. Damals war bei den Ermittlungen wegen des Terroranschlags auf das französische Generalkonsulat im Maison de France in Berlin (West) (25. August 1983), für den vermutlich armenische Terroristen verantwortlich sind, Schriftmaterial mit Hinweisen auf die Gründung einer Unterstützergruppe der marxistisch-leninistischen ›ASALA-Revolutionäre Bewegung‹ (ASALA-RB) sichergestellt worden. Die ASALA-RB hatte sich im Juli 1983 von der ›Armenischen Geheimarmee für die Befreiung Armeniens‹ (ASALA) abgespalten.«

»Carlos«, Weinrich und die anderen spielen in dem Verfassungsschutzbericht keine Rolle.

In Bonn bleibt man die Antwort schuldig, warum man diese vornehme Zurückhaltung übt, angesichts dessen, daß »Carlos« inzwischen als Top-Terrorist die Enthüllungsjournalisten beschäftigt. Auf wirkliche Enthüllungen stoßen die Ermittler erst, nachdem mit der DDR auch die Ära des Ministeriums für Staatssicherheit zu Ende geht. Nun steht auch fest, der Hauptverdächtige für den Bombenanschlag am Kurfürstendamm heißt el-Sibai. Vom 13. bis 14. November 1991 setzen sich nun zwei Beamte der Abteilung TE 12 (TE = Terrorismus-Ermittlungen) des Bundeskriminalamtes aus Wiesbaden und zwei von der BKA-Außenstelle Meckenheim sowie von der Polizei in Paris, außerdem ein Vertreter des Berliner Polizeipräsidiums und der französische Verbindungsbeamte beim BKA zu einer Arbeitsberatung in Meckenheim zusammen. In dieser BKA-Dienststelle werden die politischen Fälle bearbeitet. Eher beiläufig erhalten die Deutschen eine Information von ihren französischen Kollegen, die schwerlich durch Polizeiermittlungen gewonnen werden konnte. So wurde in einer der Informationen von den »zu dem durch internationalen Haftbefehl gesuchten el- Sibai, Mustafa Ahmed, 1953 Libanon geb. mitgeteilt, daß dieser ca. 1987 in der Bekaa-Ebene (Libanon) durch die Syrer oder die Hisbollah erschossen worden sein soll. Hintergrund der Hinrichtung soll die Spionagetätigkeit des el-Sibai gewesen sein.«

Für welches Land el-Sibai spioniert hat, wird nicht dokumentiert – das wird seine Gründe haben. So bleibt auch die Frage unbeantwortet, welches Land, in dessen Sold el-Sibai stand, sich im schmutzigen Spiel um das »Maison de France« beteiligt hatte.

Es war wohl mehr als nur ein glücklicher Zufall, daß die Spezialisten der französischen Spionageabwehr im Spätsommer 1994 den Top-Terroristen »Carlos«, nachdem ihn die Polizei des Sudan am 14. August 1994 festgenommen hatte, einen Tag später nach Paris bringen konnten. Am folgenden Tag gab Frankreichs Innenminister Charles Pasqua mit stolzgeschwellter Brust vor der Presse die Auslieferung von Ramirez Sanchez bekannt und betonte: »Wir haben die Spur von ›Carlos‹ praktisch nie verloren.« Man darf ihm uneingeschränkt glauben. »Carlos« wurde auf diese Weise eines der prominentesten Opfer west-östlichen Ausgleichs. Der Mohr hatte seine Schuldigkeit getan, er konnte aus dem Verkehr gezogen werden. Im Nahen Osten war ihm die Gastfreundschaft wohl unter den Bedingungen arabisch-israelischer Annäherung versagt worden. Er wich in den Sudan aus. Bezog ein Hotel in der Hauptstadt Khartum und anschließend ein Haus. Dort wurde er dann von den Sicherheitskräften festgesetzt.

Dennoch wurde der französische Zugriff kritisch beobachtet, und die »Berliner Morgenpost« meinte dazu im Juni 1995, »Carlos« sei »in Kidnapper-Manier in Khartum von einem französischen Elitekommando aufgegriffen und ohne Rücksicht auf internationales Recht nach Frankreich ausgeflogen worden. In einigen Ländern der dritten Welt war daraufhin der Vorwurf laut geworden, Frankreich gebärde sich noch immer wie eine Kolonialmacht.« Die französische Tageszeitung »Le Monde« würdigte bei der Festnahme von »Carlos« besonders die beiden Experten für verdeckte Operationen, General Philippe Rondot und Oberst Jean-Claude Mantion, die auf den afrikanischen und nahöstlichen Raum spezialisiert sind.

Noch ironischer meinte es die Geschichte mit seinem Vize, dem Deutschen Johannes Weinrich. Seine Karriere endete am 1. Juni 1995 ausgerechnet in dem Land, das ihm solange diplomatische Schützenhilfe gewährte. Nahe der jemenitischen Hafenstadt Aden wurde er festgenommen und ohne besonderes juristisches Hin und Her in eine Zelle der Moabiter Untersuchungshaftanstalt gebracht.

Am 28. Februar 1996 begann das Verfahren gegen Johannes Weinrich und den Kronzeugen der Anklage Nabil Shritah. Fast vier Jahre zog sich das Verfahren hin, das parallel zum Mammut-Prozeß um den Bombenanschlag auf die Discothek »La Belle« geführt wurde.

Der Richterspruch, der am 17. Januar 2000 den Schlußpunkt unter den Fall »Maison de France« setzte, war in zweierlei Hinsicht keine Überraschung. Johannes Weinrich wurde wegen der Herbeiführung einer Sprengstoff-Explosion und damit zusammenhängend wegen Mordes in einem Fall und versuchten Mordes in fünf Fällen zu einer lebenslangen Freiheitsstrafe verurteilt. Shritahs Anteil an der Straftat wurde hingegen sehr milde bewertet. Für ihn hieß das Strafmaß: zwei Jahre Gefängnis. Allerdings zur Bewährung ausgesetzt.

Familienzusammenführung

Der traurige Held vom Checkpoint Charlie

Für Walter Behmann ging 1983 ein Traum in Erfüllung. Acht Monate hatte er in der DDR im Knast gesessen, nun wurde er abgeschoben – nach West-Berlin. Er war frei oder fühlte sich zumindest so. Vielleicht war er auch davon überzeugt, daß man ihn in der Welt der D-Mark mit offenen Armen empfangen würde. Abgeschüttelt war zumindest für einen Augenblick die Enge des thüringischen 14 000-Einwohner-Städtchens Zeulenroda und die Bevormundung durch Staat und Partei. Hier im Westen, davon war er überzeugt, ist jeder seines Glückes Schmied. Aber Walter Behmann fehlte noch etwas zu diesem Glück. Seine Frau Petra und die beiden kleinen Töchter Diana und Heidi waren nicht mit ausgereist.

Behmann zählte 31 Lenze, als er seinen Fuß auf den heiligen Boden der unbegrenzten Freiheit setzte. In Zeulenroda hatte er sich seine kleinen DDR-Brötchen als Maler verdient. Auffallend oft wechselte er die Arbeitsstelle. Das sollte den Behörden die Entscheidung erleichtern, möglichst schnell einen seiner rund 30 Ausreiseanträge zu bewilligen. Irgendwie gab er diesem Land die Schuld, daß er nie so richtig in seinem Leben auf die Beine gekommen war. Als 17jähriger war er im Osten das erste Mal mit dem Gesetz in Konflikt geraten.

Jetzt im Westen konnte er sich seiner unerquicklichen Vergangenheit entledigen und in neues Leben schlüpfen. Aber er wollte das nicht allein. Frau und Kinder sollten bei ihm sein. Und weil die DDR-Bürokratie nicht so reagierte, wie er es wünschte, zeigte ihr Behmann die Zähne. Im Oktober 1983 begann er mit anderen Leidensgenossen eine Protestaktion an der Mauer.

Der Checkpoint Charlie war, obwohl oder vielleicht gerade weil dort nur Ausländer und Diplomaten zwischen Ost und West pendelten, die bekannteste der Berliner Grenzübergangsstellen. Immer medienträchtig. Ideal für Aktionen, die Publikum brauchten. Hier stellten sich immer wieder Demonstranten auf. Eines Tages auch Behmann. Er hatte ein Schild vor der Brust hängen: »Freiheit für unsere Frauen und Kinder aus der DDR.« Das Wort »Freiheit« war doppelt unterstrichen. Warum er von Frauen im Plural sprach, blieb wohl sein Geheimnis. Vielleicht war die Aktion nicht ganz so spontan, wie man es den Presseberichten entnehmen konnte. Die »Berliner Morgenpost« meldete nämlich am 26. Oktober 1983, die SED-Führung habe die Familie eines Bäckermeisters »binnen kürzester Frist ausreisen lassen«, nachdem dieser »an der Mauer demonstriert hatte. Die jetzigen Demonstranten hatten sich nach dem Bekanntwerden der sofortigen Ausreise spontan zu einer gleichen Aktion entschlossen.« Die Protestierer waren unmittelbar neben dem »Haus am Checkpoint Charlie« in Stellung gegangen. So standen die Kämpen in eigener Sache unmittelbar neben Räumen der »Arbeitsgemeinschaft 13. August«, einer Organisation, die in den Frontkämpfen des Kalten Krieges immer weit vorne zu finden war.

Chef des Hauses ist Rainer Hildebrandt. Er hatte 1948 die »Kampfgruppe gegen Unmenschlichkeit« (KgU) aus der Taufe gehoben und galt schon damals als Veteran der unsichtbaren Schlachten zwischen Ost und West. Offiziell propagiert Hildebrandt den gewaltlosen Widerstand wider den Sozialismus. Die Aktion von Behmann und anderen paßt – ob organisiert oder spontan – ins Konzept.

Mit der Aktion vor der Haustür habe man aber eigentlich nichts zu tun gehabt, winkte später ein Mitarbeiter des Hauses ab. Aber dazwischen war etwas vorgefallen, was dem Ansehen solcher Aktivitäten kaum nutzen konnte.

Verschämt aber müssen die Arbeitsgemeinschaftler doch eingestehen, daß die vielbeachteten Protestierer sich in Hildebrandts »Haus am Checkpoint Charlie« aufwärmen konnten und Unterstützung beim Plakatemalen erhielten. Mehr – so sagt ein Sprecher des Hauses – habe man den Demonstrierenden nicht gewährt.

In den Tagen seines Ausharrens an der deutsch-deutschen Grenze bekam der Maler Walter Behmann Publizität. Am 4. November 1983 berichtete die »Berliner Morgenpost« über einen Schwächeanfall einer Mitstreiterin. Er gibt der Presse Auskunft.

Am 27. November berichtet das Blatt, daß Behmann »am Sektorenübergang Checkpoint Charlie in den Hungerstreik getreten« sei, »nachdem er dort 36 Tage erfolglos für die Ausreise seiner Familie aus der ›DDR‹ demonstriert hat«. Behmann erklärte, daß er den Hungerstreik schon als probates Mittel aus seiner Knastzeit im Osten kannte. Am nächsten Tag folgten die »Süddeutsche Zeitung« und am übernächsten der »Tagesspiegel« mit ähnlich lautenden Meldungen. Behmann hatte seinen Dienst für die Medien abgeleistet, und in der DDR wurde man weich.

Im Dezember 1983 konnte Behmann seine Frau Petra mit den beiden Mädchen in die Arme schließen. Das Glück war vollkommen, und Behmann verschwand aus den Zeitungsspalten. Jetzt war er samt Familie auf sich gestellt. Eigentlich hätten sie die Freiheit in vollen Zügen genießen und mit ihrem Eheleben einen Neuanfang machen können.

Im Dezember 1976 hatten sich Walter und Petra kennengelernt und am 18. Juni 1977 den Bund fürs Leben geschlossen. Petras Mutter war gegen diese Ehe gewesen. Walters Vorstrafen störten sie. Wegen sexueller Verfehlungen und versuchter Republikflucht hatte er bereits in der DDR hinter Gittern gesessen. Petras Eltern waren nicht einmal bei der Hochzeit dabei. Sie schienen sich schon früh ein wenig schmeichelhaftes Bild vom künftigen Schwiegersohn gemacht zu haben.

Das frischvermählte Paar lebte anfangs bei Walters Eltern, und das ging nicht ohne Reibungen ab. Das Verhältnis zwischen den Alten und dem Sohn war ohnehin belastet. In frühen Jahren hatte Walter vom Vater des öfteren kräftig Senge bezogen. Der Senior machte keinen Hehl daraus, daß seine Lebensschule die Nazi-Wehrmacht gewesen war. Härte regierte im Hause Behmann. Selbst für kleinere Vergehen büßte Walter oft tagelang eingesperrt im Keller. Einen erheblichen Teil seiner jungen Jahre verbrachte Walter im Heim. Erst mit knapp 18 Jahren war er ins Elternhaus zurückgekehrt.

Er wollte mit dem Weggang aus dem vogtländischen Zeulenroda, wo er 1952 geboren worden war, den Ballast der früheren Jahre abwerfen. Walter war das jüngste von vier Geschwistern. Die beiden Brüder und die Schwester waren deutlich älter. Er fühlte wohl zurecht, daß man ihm nicht die Stellung des gehätschelten Nesthäkchens einräumte, sondern daß er als unerwünschtes Produkt sexueller Unvorsichtigkeit in die Stube der Behmanns geschneit war. Aus dieser Rolle des ewigen Außenseiters sollte ihn der Sprung in den Westen befreien.

Aber die Sache mit der Freiheit erweist sich als verzwickter, als Behmann es sich erträumt hätte. Auch im Westen muß er arbeiten, und er neigt auch hier nicht dazu, es allzulange auf einer Arbeitsstelle auszuhalten. Bis August 1984 hat er einen Job, dann fliegt er raus. Schon im ersten Jahr in der anderen Welt gerät die Familie wirtschaftlich in gefährliche Schieflage.

Behmanns sind beeindruckt von den Angeboten, die ihnen allerorts vor die Nase gehalten werden, auch wenn Petra damit so ihre Schwierigkeiten hat. Später erzählt sie, bei Kaufhausbesuchen sei sie von »Übelkeit und Magenschmerzen« befallen worden. Aber wenn man schon im Westen ist, dann will man auch nicht hinten anstehen. Behmann besorgt sich einen Kredit von der Bank. Mit 10 000 Mark will er sich die brennendsten Wünsche erfüllen. Das Geld wird in ein Auto investiert. Daß zu einem fahrbaren Untersatz nicht nur die Kosten für Benzin zu rechnen sind, muß der Maler schon bald erfahren. Er verrechnet sich, zahlt die Versicherung nicht und baut prompt einen Unfall. Er muß selbst für den Schaden aufkommen. Versicherungen und Banken bitten ihn zur Kasse. Die Kosten, die auf der Familie lasten, kann Walter Behmann nicht mehr berappen. Was er sich nun ausdenkt, bringt ihn – wie der spöttische Volksmund sagt – vom Regen unter Umgehung der Traufe direkt in die Sch...

Walter zieht mit den Kindern und der letzten Barschaft in die Spielhalle. Anstatt die Haushaltskasse auch nur um eine Kopeke aufzubessern, verschwindet Münze für Münze im gierigen Schlund der einarmigen Banditen. Die Behmanns sind frei und absolut pleite.

Sein Leben ist – wie Walter Behmann später dem Richter gesteht – trist geworden: »Wir sind früher so gern tanzen gegangen, hier ein einziges Mal.«

Nun versuchen die Behmanns über den Schatten ihrer moralischen Werte zu springen. »Was andere Frauen können, das kannst du auch«, meinte Walter in den Tagen der tiefen Krise zu seiner Petra. Und er begleitete seine Frau sogar in den Puff, in dem sie mit ihren Liebesdiensten die Haushaltskasse füllen soll. Aber Behmann verkraftet es nicht, daß seine Frau anschaffen geht. Wenn sie nach Hause kommt, macht er ihr Szenen. Das eine Mal schneidet er sich mit einer Rasierklinge in den Arm, das soll aussehen wie ein Selbstmordversuch; ein anderes Mal zertrümmert er das Inventar der Wohnung. Die Behmanns sind als Sonderlinge den Nachbarn in der Lichtenrader Steinstraße längst aufgefallen. Wenn Walter die Nerven verliert – und das kommt leicht vor –, dann setzt es auch bei Petra Hiebe. Im Juli 1985 geht er mit dem Messer auf sie los, es ist der Monat, in dem er schon in der Probezeit von einer Spandauer Firma den Stuhl vor die Tür gesetzt bekommt. Ein anderes Mal würgt er seine Frau. Das brachte ihm zuweilen auch juristischen Ärger ein – er erhielt einen Strafbefehl über 750 West-Mark. Behmann ist in jeder Hinsicht am Ende. Als er in einem Wutanfall das Mobiliar zertrümmert, ruft Petra verzweifelt ihre Kollegin Zindy an. Die Familie ist längst keine mehr.

Das mit dem Familienbudget bekommt er nicht in den Griff. Er schleppt die Nähmaschine und den Videorecorder zur Pfandleihe. Zwischendurch jobbt er als Nachtwächter. Mit den Kindern zieht er in die Kneipen und versenkt weiterhin die letzten Groschen in Spielautomaten.

Petra steigt aus dem horizontalen Gewerbe wieder aus, sucht sich eine Arbeit als Näherin. Damit er ihre mühsam verdienten Pfennige nicht sofort wieder zum Fenster hinauswirft, schließt sie das Geld auf der Arbeitsstelle ein.

Schließlich hat Petra genug, die Trennung erscheint ihr unumgänglich. Sie hatte wohl nie so recht verstanden, warum sie ihm in den Westen folgen mußte. Sie findet bei einer Arbeitskollegin eine vorübergehende Bleibe. Später, wenn die Scheidung über die Bühne ist, will sie die Kinder nachholen.

Walter Behmann ist mit den Kindern, die er nicht hergeben will, auf sich allein gestellt. Eine Situation, mit der er nicht fertig wird. Er benutzt das Druckmittel, das jenen aus der Spur geratenen Charakteren immer bleibt: er droht mit Selbstmord. Auch die Kinder würde er mit ins Jenseits nehmen, warnt er seine Frau.

Es kommt erschreckend häufig vor, daß Menschen in einem gräßlichen Blutbad ihre engsten Angehörigen mit in den Tod reißen. Man spricht dann von einem erweiterten Suizid. Es sind aber auch genügend Fälle bekannt, bei denen dieser erweiterte Selbstmord nicht bis zu Ende ausgeführt wird. Zwar töten in solchen Fällen die Täter den Partner oder die Kinder oder alle zusammen, wenn es dann aber darum geht, selbst diese Welt zu verlassen, schwindet der Mut. Petra läßt sich von den Ankündigungen Walters nicht beeindrucken und auch nicht breitschlagen, wieder in die Familienmisere zurückzukehren. Sie kann sich nicht vorstellen, daß er seine schlimmen Drohungen wahr machen würde.

Walters Vorstellungen von einer wunderbaren Welt der Freiheit sind wie Seifenblasen zerplatzt. Einem Nachbarn erzählt er, wie sein Versuch, in die DDR zurückzukehren, danebengegangen ist. Eines Abends, es war mittlerweile Frühsommer 1987, hatte er die Kinder genommen und war zum S-Bahnhof Friedrichstraße gefahren. Hier, am viel frequentierten Grenzübergang, hatten sich vor ihm schon zahlreiche Ex-DDR-Bürger nach einem mehr oder minder kurzen Ausflug in ein Reich der Illusionen zurückgemeldet. Walters Absicht, den für ihn längst verblaßten Glanz des freien Westens gegen das noch vor wenigen Jahren so verhaßte triste Grau des DDR-Alltags einzutauschen, ist jedoch nicht von Erfolg gekrönt. Die Grenzer, bei solchen Heimkehrern ohnehin skeptisch, verlangen von dem Bittsteller den Nachweis, daß er das alleinige Sorgerecht für die Kinder hat. Behmann besitzt ein solches Dokument nicht. Und da man im sozialistischen Staat ohnehin genug Probleme und wenig Lust hat, sich zusätzlich mit gescheiterten Existenzen herumzuplagen, schicken die Grenzer den Mann samt Kinder wieder in den Westen zurück. Behmann ist kein politischer Flüchtling, sein Leben ist geprägt von der Flucht vor der eigenen Verantwortung.

Walter Behmann suchte stets nach Druckmitteln. Er, der knapp vier Jahre zuvor mit seinem Hungerstreik vor dem Grenzübergang scheinbar Erfolg gehabt hatte, will wieder »seine« Mittel einsetzen. Gegenüber Nachbarn deutet er an, sollte man versuchen, ihm die Kinder wegzunehmen, werde er sich vom Balkon seiner im 4. Stock gelegenen Wohnung stürzen.

Am Morgen des 17. Juli 1987 holt Walter Behmann die achtjährige Diana und die siebenjährige Heidi früh aus dem Bett. Die drei fahren vom südlichen Stadtrand in Lichtenrade quer durch Berlin in den Norden, nach Reinickendorf. Auf dem Industriegelände an der Holzhauser Straße liegt auch die Firma, bei der Petra seit einiger Zeit beschäftigt ist. Das jammervolle Trio soll Petra erweichen. Doch sie hat die Nase voll, die Scheidung ist für sie beschlossene Sache.

Ein kurzer Wortwechsel, dann verschwindet Petra mit einer Kollegin im Fabrikgebäude. Zurück bleibt auf dem Parkplatz an der Holzhauser Straße 139 ein entwurzelter Walter Behmann mit zwei kleinen Mädchen, die wohl immer noch nicht so recht begreifen, was da vor sich geht. Sie leiden an diesem Trennungsdrama und der desolaten häuslichen Situation. Diana, die in der Annedore-Leber-Schule in Lichtenrade als sehr verschlossenes Kind gilt, beginnt wie ihre jüngere Schwester zu weinen. Mit tränenerstickten Stimmchen flehen die Mädchen, daß sie zur Mutti dürfen oder die Mutti zurückkommt. Behmann später: »Ich sagte ihnen, daß das nicht geht.«

Er hat die Kleinen zu Geiseln in einem Coup der moralischen Erpressung gemacht. Wie von Sinnen bückt sich in diesem Augenblick Walter Behmann, hebt einen Ziegelstein auf und schlägt auf die beiden in diesem Moment in Angst und Panik aufschreienden Kinder ein. Besonders schwer trifft er Diana.

In einer fast achtstündigen Operation versuchen die Ärzte des Klinikums Westend, das Leben der Achtjährigen zu retten – vergebens. Am Tag nach der Tat, es ist Sonnabend, der 18. Juli, erlischt Dianas Lebenslicht, ohne daß sie zuvor noch einmal das Bewußtsein erlangt hat. Heidi überlebt schwerverletzt. Behmann wird in Haft genommen. Polizei, Justiz und Psychologen müssen sich nun mit der Persönlichkeit eines Menschen auseinandersetzen, der wenig Einsichtsfähigkeit in das eigene Versagen erkennen läßt.

Walter Behmann, zu diesem Zeitpunkt 34 Jahre alt, steht seiner Wahnsinnstat sonderbar apathisch gegenüber. Es fällt der Richterin, die bei den ersten Vernehmungen anwesend ist, auf, daß Behmann – anders als andere Täter in ähnlichen Fällen – »nicht bei jedem dritten Satz nach dem Zustand der Töchter gefragt« hat.

Der Psychiater empfindet ihn als »einsilbig«, als einen Mann mit ausgeprägter »egozentrischer Verstocktheit«. Dann attestiert der Gutachter ihm ein »unterdurchschnittliches Maß an Durchsetzungsfähigkeit«. Er malt das Bild eines »Querulanten«. Personen, die ihn näher kennengelernt hatten, weisen auf die Defizite seines Charakters hin: »Ihm war keine Arbeit gut genug.«

Der Kämpfer vom Checkpoint Charlie mit dem scheinbar unbeugsamen Willen (Hungerstreik notfalls bis zum »körperlichen Zusammenbruch«, »Der Tagesspiegel«, 29. November 1983) ist am Ende eine traurige, willenlose und vereinsamte Figur.

Im Dezember 1987 muß sich Walter Behmann vor Gericht verantworten. Hier wird der vorläufige Schlußpunkt gesetzt. Auf der Anklagebank sitzt ein gebrochener Mann. Seine Erkenntnis, daß die doppelt unterstrichene Freiheit ohne Geld auch nur ein Muster ohne Wert ist, kommt spät: »Drüben hatten wir wenigstens Arbeit, da gab es die Probleme nicht.« Behmann ist auf der Suche nach dem Glück – von dem er wohl gar nicht wußte, wie es aussehen sollte – blind durchs Leben, geradewegs ins Unglück getappt. Selbst der psychiatrische Gutachter hat Schwierigkeiten, die Gedankenwelt des Walter Behmann zu erfassen. Ihm, so berichtet er, sei es noch nicht einmal möglich gewesen, den Grund zu erfahren, warum Behmann seine Frau aus der DDR heraushaben wollte.

Am 18. Dezember 1987 wird im Moabiter Kriminalgericht »Im Namen des Volkes ...« in Sachen Behmann Recht gesprochen.

Überlassen wir der »Berliner Morgenpost«, die auch am fleißigsten über den Kämpfer Behmann berichtet hatte, den Epilog. Am 19. Dezember 1987 schreibt das Blatt unter anderem: »Eine Freiheitsstrafe von sieben Jahren wegen vollendeten und versuchten Totschlags verhängte eine Große Moabiter Strafkammer gegen den 35jährigen Maler Walter B., der im Juli mit einem Ziegelstein auf seine beiden Töchter einschlug und dabei die achtjährige Diana tötete. ... Während das Gericht dem Angeklagten eine ›beträchtlich herabgesetzte Schuldfähigkeit‹ strafmildernd zubilligte, hatte der psychiatrische Sachverständige ihm ›absolute Schuldunfähigkeit‹ attestiert. Wäre das Gericht dieser Ansicht gefolgt, hätte es einen Freispruch gegeben.

Der letzte Prozeßtag brachte wieder einige Überraschungen. Der Prozeß platzte nicht, weil ein dringend gesuchter Zeuge rechtzeitig gefunden wurde. Dieser Mann, ein Nachbar des Angeklagten, sagte aus, daß B. schon am Abend vor der Tat gesagt habe, er wolle mit den Kindern in den Freitod gehen, wenn seine Frau ihm diese nach einer Scheidung wegnehmen würde. ... Die nächste Überraschung: In einem Brief, der erst jetzt vorgelegt wurde, hatte B. im August seinem Verteidiger eine ganz andere Tatversion geschildert. Danach sollen ›aus dem Dunkeln ein Mann und eine Frau gekommen‹ sein, die zwei Arbeitskollegen seiner Frau ähnelten und die ihn ausgelacht hätten. Auf sie habe er eingeschlagen. Erst als er wieder zu sich gekommen sei, habe er erkannt, daß er seine eigenen Kinder niedergeschlagen hatte.

Der Gutachter sah sich durch diese Schilderung in seiner Persönlichkeitsanalyse des Angeklagten bestätigt. Danach leidet B. unter psychose-ähnlichen Störungen und erreiche ›in seiner paranoiden Verarbeitung fast die Grenze des Wahnhaften‹. Für die Tat wäre er danach nicht verantwortlich zu machen.

Das Gericht folgte diesem Gutachten nicht und glaubte vielmehr, daß B. das mysteriöse Paar nur erfunden habe, um die Tat zu verarbeiten. ›Dieses Bild hat sich erst bei der Verdrängung der Tat in seinem Kopf breitgemacht.‹ Demnach, so die Urteilsbegründung, könne von einem Ausschluß der Schuld nicht die Rede sein.«

Schwarze Ost-West-Geschäfte

Der seltsame Tod des Lamine Djandy

»Taxifahrer zerstückelt. Aufgegessen«, titelt am 10. April 1993 ein großformatiges Boulevardblatt, das in Millionenauflage erscheint, in seiner Berliner Ausgabe. In der Meldung heißt es: »Es ist jetzt passiert, Tatort eine Mietswohnung mitten in Berlin. Ein Mensch hat einen Menschen aufgegessen, sein rohes Fleisch. Ein Fall von Kannibalismus wie in düsterer Urzeit.« Der Sensationshunger des Blattes läßt vielen Lesern den Appetit vergehen, aber serviert wird, was die Auflage steigert. Das Revolverblatt weiß angeblich alles ganz genau: »Der Kannibale (34) aß zuerst sein Herz.«

Das ist alles grober journalistischer Unfug, bei dem man sich fragt, wozu es in diesem Lande einen Presserat gibt, dessen Aufgabe es ist, ein Mindestmaß an Seriosität bei der schreibenden Zunft einzufordern. Der Unsinn mit dem Kannibalismus basiert lediglich auf einem einzigen Fakt und kann deswegen wohl als rassistisch bezeichnet werden: Die Leiche, um die es geht und von der der Rumpf nicht aufgefunden wurde, ist schwarzer Hautfarbe. Auch der mutmaßliche Täter ist ein Schwarzer.

Dieser Berliner Kriminalfall, der in der veröffentlichten Meinung lediglich als rassistisch verbrämter Blödsinn eine Rolle spielte, ist ein beachtenswerter und erhellender Fall der jüngeren Berliner Kriminalgeschichte: Es geht nicht um Kannibalen, es geht um ddas Milieus rund um die Charlottenburger Kantstraße – ein Zentrum des organisierten Verbrechens in der Stadt, das in der Zeit nach der trennenden Mauer ein anderes Gesicht bekam. Was steckt also hinter der Kannibalen-Story?

Am 4. März 1993 ist Edgar Lipke dienstlich unterwegs. Vorübergehend im ABM-Programm beim Gartenbauamt in Berlin-Wedding beschäftigt, soll er Park- und Grünanlagen schöner machen.

Durch diese Arbeit schönt er zugleich die Arbeitslosenstatistik. Der kleine Park an der Gerichtstraße, gleich neben dem Stadtbad Wedding, ist heute sein Ziel. Mit einer Karre, in die ein Plastiksack eingehängt ist, und einem amtlich als »Müllsammelgriff« bezeichneten Gerät, das ermüdendes Bücken erübrigt, zieht er mit seiner Kollegin Johanna Witkowski durch das Grün. Zwei Mal in der Woche wird der Minipark, der mit der Hausnummer 70 registriert ist, von Unrat befreit. Nach der Mittagspause, gegen 13 Uhr, stößt Lipke auf Blau. Es ist ein Müllsack, der ein wenig abseits unter Sträuchern, mit etwas Erdreich und Laub bedeckt, liegt. Der »Müllsammelgriff« packt die Sache nicht, der Gartensäuberer muß mit beiden Händen zupacken. Und dabei packt ihn auch das Grauen: aus dem Sack fällt ein Menschenbein. Edgar Lipke ist geschockt. Johanna Witkowski muß den Vorgesetzten verständigen. Der macht das Naheliegende – er alarmiert die Polizei.

Die eintreffenden Beamten riegeln die Grünanlage sofort mit rot-weißen Plastikbändern ab. Ein weiterer blauer Müllsack wird gefunden. Er enthält eine Jeans, eine Jacke, Unterwäsche und ein Paar Schuhe der Größe 43. An den Kleidungsstücken entdecken die Kriminaler »blutsuspekte Anhaftungen«. Gemeint sind damit Spuren, die von Blut herrühren könnten. Näheres wird erst später im Labor geklärt werden können. Unter diesem Müllsack findet eine Beamtin zwei ineinandergesteckte Tüten der Firma »Aldi«, sie seien »ebenfalls aus Plaste«, notiert später die Polizeimeisterin ins Protokoll, die mit dieser Wortwahl ihre Herkunft aus dem Ostteil der Stadt dokumentiert. Und sie beschreibt akribisch: »In diesen Tüten wurden eine Verpackung für Scheuermittel, der Rest einer Toilettenpapierrolle, ein Paar Turnschuhe, verschmutzte Handtücher aufgefunden. Unter den verschmutzten Handtüchern befand sich ein menschlicher Schädel.«

Es werden noch mehr Leichenteile gefunden – im Erdreich verscharrt. Der Boden ist an diesem sonnigen, aber kalten Märztag nicht gefroren, nur trocken und krümelig, die Teile des Korpus sind sehr gut erhalten. Längst bevor sich das Labor der Gerichtsmediziner mit ihnen beschäftigen muß, ist klar: Es handelt sich hier um einen gewaltsamen Tod – begangen an einer Person schwarzer Hautfarbe. Aber um wen handelt es sich? Ein Mann, steht fest, obwohl der Torso fehlt.

Die Ermittler befragen zuerst den Bademeister im nahen Stadtbad. Der weiß, daß sich jeden Tag so um die fünfzehn »schwarze

Personen« im Vorraum des Schwimmbades aufgehalten haben. Ob von denen einer fehlt, kann er beim besten Willen nicht sagen.

Die »Spur Stadtbad« wird aufgegeben. Draußen im Park wird weitergesucht. Ein Bein wird gefunden, unter einer dünnen Erdschicht. Und eine weitere Plastiktüte, diesmal in knalligem Orangerot. Ihr Inhalt verrät den Beamten, wer der Tote sein könnte. Die Tüte enthält eine »Kellnertasche«, und in ihr befindet sich ein Ausweis, ausgestellt auf den Namen Lamine Djandy.

Nun beginnt die übliche polizeiliche Routinearbeit. Noch am Fundort der Leichenteile kann ein Gerichtsarzt vom Institut für Rechtsmedizin der Freien Universität in seinem knappen Bericht nach Rücksprache mit der Polizeizentrale feststellen: »Herr D. ist seit vier bis fünf Tagen als vermißt gemeldet.« Das ist ein Irrtum. Von Djandy fehlt bereits seit einem knappen Monat jede Spur. Hätte der Mediziner nicht am Grad der Verwesung Diskrepanzen zu seiner Zeitangabe feststellen müssen? Gibt es nicht auffällige Unterschiede zwischen Leichenteilen, die seit fünf oder fünfundzwanzig Tagen unter dem Erdreich liegen? Und: Hätten sich die Kriminalisten nicht ein genaues Bild von den Witterungsbedingungen machen müssen? Die Meteorologen der Freien Universität in Dahlem können bestätigen, daß am 6. Februar, einen Tag vor dem Verschwinden Djandys, der Boden bis zu zwanzig Zentimeter tief gefroren war. Am 7. Februar wäre es nicht einfach gewesen, in einer Parkanlage etwas unter dem Erdreich zu vergraben.

Doch zunächst muß einmal gefragt werden, wer war Lamine Djandy? Er wurde am 20. Juli 1962 in Guinea-Bissau geboren. Das kleine Land an der westafrikanischen Küste war zu diesem Zeitpunkt noch von der faschistischen Kolonialmacht Portugal von Lissabon aus regiert. Als 1974 Caetano, der Nachfolger von Diktator Salazar, gestürzt wurde, trat auch Guinea-Bissau den Weg in die Unabhängigkeit an. Für einige der damals rund 500 000 Einwohner des Landes eröffneten sich völlig neue Perspektiven. Der junge Staat brauchte Repräsentanten im Ausland. Aus der armen Familie der Djandys konnte Lamines Bruder Ensa in die große weite Welt gelangen. Er wurde Diplomat und ging als Botschafter in die DDR. Lamine wollte mithalten. Vermutlich durch Protektion seines Bruders bekam er schließlich ein Stipendium für ein Studium der Landwirtschaft in Moskau. Aber dort war Lamine nicht glücklich. 1987 gab er auf und ging in die DDR, nach Berlin-Ost. Er wollte Geld verdienen. Irgendwo im Gewirr der diplomatischen Dienste der jungen Nationalstaaten, sagte er sich, kann doch wohl ein Ein- und Auskommen zu erreichen sein. Das gelang ihm.

Die Botschaft von Mali brauchte einen Kraftfahrer. Lamine Djandy durfte nach seiner Anstellung dort kutschieren. Und das tat er, so klein seine Position auch war, im Status des Corps Diplomatique. Für Lamine Djandy waren die strenggesicherten Grenzen zwischen der DDR und Westberlin kein Hindernis. Die für die meisten Menschen unüberwindliche Trennlinie zwischen zwei politischen Systemen und zwei Wirtschaftsgebieten erkannte Djandy schnell als eine zusätzliche und schließlich wesentliche Einnahmequelle. Er kaufte im Westen, was sich im Osten zu besonders guten Preisen weiterverkaufen ließ. Zu seinen Westberliner Kontaktpersonen gehörte auch der Mauretanier Sendi Diallo Demba. Wie Djandy Demba kennenlernte, was ihre später sehr enge Beziehung über das Geschäft mit Waren aller Art von West nach Ost ausmachte, ist ungeklärt.

Auch nach dem Fall der Mauer – Djandy war inzwischen arbeitslos – gingen diese Kontakte weiter, und das Einkommen des Mannes aus Guinea-Bissau war erstaunlich gut. Am 15. Mai 1991 heiratete er. Seine Frau Petra erfuhr nichts Genaues über die Tätigkeit ihres Mannes. Demba war zwar Trauzeuge der Djandys, aber er blieb ihr mehr oder weniger ein Unbekannter. Die Ehe zwischen Lamine und Petra, wird später vermutet, könnte eine Scheinehe gewesen sein. Sie sagte aus: »Auch in der Zeit seiner Arbeitslosigkeit hier in Berlin verfügte er über ausreichend Barmittel. Ich habe nie nach deren Herkunft gefragt. Es müßte damit zusammenhängen, daß er als Botschaftsangehöriger in den Westteil der Stadt konnte und dort Waren einkaufte, die in Ostberlin gewinnbringend verkauft werden konnten.« Petra hatte also eine ziemlich genaue Vorstellung davon, was Lamine in der Zeit, als es noch eine Grenze zwischen Ost und West gab, getrieben hat. Und Petra weiß auch über die Zeit nach der Wende, als die freie Marktwirtschaft sich Gesamtberlin erobert hatte, zu berichten: »Lamine, Demba und ein Dritter, dessen Name mir nicht bekannt ist, möglicherweise ein Russe, hatten ein Geschäft in der Kantstraße, in dem sie Geräte der Unterhaltungselektronik verkauften. An diesem Geschäft war Lamine beteiligt, bis er im Juni 1991 für ein Vierteljahr nach Afrika fuhr.« Mit »Geschäft« meint sie

Djandys Beteiligung an Geschäften – Mitinhaber eines Unternehmens war er wohl nie.

In einer Reportage über die Kantstraße konstatierte im April 1990 das Hamburger Wochenblatt »Die Zeit« mit dem programmatischen Untertitel »In Berlin verkaufen Afrikaner Polen japanische Radios«: »... die neuen Goldgruben heißen ›Kantech‹, ›Protech‹ oder ›comtech‹, Afrikaner bedienen Polen.«

Die Kantstraße, die sich fast durch die ganze westliche Innenstadt zieht, bildet einen Mikrokosmos. Mehr oder weniger dubiose Im- und Exportläden dominieren sie, betrieben vorwiegend von Exilrussen, die bereits Mitte der achtziger Jahre über Westberlin nach Israel ausreisen durften, aber schnell nach Berlin-West zurückkehrten. Hier ließ sich leichter Geld verdienen. Heute kann die Charlottenburger Kantstraße getrost als das Hinterland der Aktivitäten der sogenannten Russen-Mafia bezeichnet werden. Fast vergessen ist, daß es in den achtziger Jahren vor allem Schwarzafrikaner waren, die das Schicksal der Straße vorzeichneten. Ob Studenten oder Botschaftsmitarbeiter in den Metropolen des Ostens, vor allem in Moskau, sie hatten die Möglichkeit, frei zu reisen. Und so nahmen viele von ihnen oft tagelange Bahnfahrten auf sich, um in Westberlin ganz in der Nähe des Bahnhofes Zoologischer Garten, auf dem sie ankamen, vor allem Elektronikgeräte einzukaufen. Palettenweise wurden Videorecorder und Weltempfänger, aber auch Jeans und Spirituosen in die Abteile des »Paris-Moskau-Expreß« verfrachtet.

In dem SFB-Magazin »Kontraste« vom 17. Dezember 1984 hieß es in einem Beitrag mit dem Titel »The Russian Connection«: »Berlin. Bahnhof Zoo, der Spätzug Köln-Leningrad fährt ein. Jeden Abend herrscht Hochbetrieb in der Zollabfertigung. Reisende in Richtung Polen oder Sowjetunion lassen sich die Ausfuhrpapiere für Videogeräte, HiFi-Anlagen und Fernseher abstempeln. Überwiegend Farbige, die in der Sowjetunion studieren, bringen elektronische Unterhaltungsgeräte in den Osten ... Drei Berliner Geschäfte haben sich auf den afrikanischen Kundenkreis aus Ost-Europa spezialisiert. Farbige Schlepper fangen schon morgens die potentiellen Käufer am Bahnhof ab und lotsen sie in ihr Geschäft. Der Einsatz lohnt sich ...«

Erst die Öffnung der Grenzen entwertet Ende der achtziger Jahre die Pässe dieser nebenberuflichen, aber durchaus professionellen Handelsreisenden. Die einstigen Kunden haben selbst die Regie in diesem Geschäft übernommen.

Lamine Djandy war arbeitslos, seitdem er nicht mehr für die Botschaft von Mali in Ostberlin als Chauffeur tätig war. Aber seine Geschäfte liefen offenbar prächtig. Im Januar 1992 wurde er zusätzlich Taxifahrer. Im Mai des Jahres trennte er sich von seiner Ehefrau Petra und war schon kurze Zeit später mit einer Anja liiert. Finanzielle Sorgen gab es nicht. Lamine besaß bei der Deutschen Bank ein Sparkonto mit einer Einlage von 20 000 DM, bei der Sparkasse der Stadt Berlin hatte er ein Konto mit einem Guthaben von 8 000 DM, zwei Konten unterhielt er bei der Banco International da Guiné-Bissau.

Die Kriminalpolizei hat über die genauen Geschäfte des Lamine Djandy keinen Aufschluß erlangen können und auch nicht darüber, wie die gute finanzielle Situation des Ermordeten zustandekam. Vielleicht liegt das an der mangelnden Zusammenarbeit zwischen den verschiedenen Behörden. Sicher ist, daß er zum Beispiel am 19. Mai 1991 vom Zoll beim Schmuggel von achthundert Stangen Zigaretten aufgegriffen wurde. Er hatte die unverzollte Ware – Tatort: eine Tankstelle in der Bornholmer Straße – von polnischen Staatsangehörigen gekauft. Steuerschaden: 3.200 DM. Es wird nicht die einzige illegale Fracht gewesen sein, die Djandy gewinnbringend an seine Abnehmer brachte. Vielleicht war es sogar Demba, sein Freund aus früheren Tagen, der die Glimmstengel weiterleitete.

Einige Recherchen hätten die Kripo in der scheinbar ungelösten Frage, woraus der bescheidene, aber ungewöhnliche Wohlstand Djandys resultierte, weitergebracht: Der Lieferwagen, den Djandy fuhr, als er die Zigaretten schmuggelte, war für die Firma »KO-MA-SH« zugelassen. Sie führt in die Augsburger Straße, die zum Umfeld der Kantstraße zu rechnen ist. Im April 1991 druckte die »Berliner Morgenpost« einige Zahlen zu diesem Gewerbe:

»In der Kantstraße gibt es 28 Im- und Exportläden. Die Seitenstraßen hinzugerechnet, kommt man auf 46 Läden; zusammen mit den Läden in der Augsburger Straße ergibt sich eine Zahl von 65 Läden in beiden Straßen. (Charlottenburgs – d. A.) Wirtschaftsstadtrat Helmut Heinrich schätzt den Umsatz der Geschäfte im letzten Jahr auf rund 500 Millionen DM.«

1989 wurde die KO-MA-SH gegründet. Persönlich haftende Gesellschafter waren ursprünglich ein Exilrusse mit israelischem Paß und ein Äthiopier. Schon 1990 kam die Firma mit dem Zoll wegen illegaler Einfuhr von Elektronikartikeln in Konflikt: Steuerschaden 60.000 DM. Ein Blick in die Unterlagen des Handelsregisters offenbart, daß die Firma, bei der seit 1992 keine Geschäftstätigkeit mehr festzustellen ist, einen lebhaften Wechsel ihrer Gesellschafter und Geschäftsführer aufzuweisen hat. Deren Anschriften und andere Eintragungen im Handelsregister, auf die man durch Querverweise stößt, fördern ohne Schwierigkeiten zu Tage, daß die Firma im Netz der vorwiegend in der Kantstraße ansässigen und von Exilrussen dominierten Szene der Im- und Exportläden zwielichtigen Charakters sowie der Spielhallen-Szene angesiedelt war. Spielhallen, weiß man, dienen vorrangig als Geldwaschanlagen, denn sie haben die Besonderheit, daß ihr angeblicher Umsatz vom Besitzer selbst definiert werden darf.

Am Sonntag, dem 7. Februar 1993, knapp vier Wochen, bevor Teile seiner Leichen gefunden werden, saß Lamine Djandy mit seiner schwangeren Lebensgefährtin Anja und deren Freundin Katrin in seiner Wohnung in der Driesener Straße im Stadtbezirk Prenzlauer Berg zusammen. Für den Nachmittag hatte er sich mit Demba verabredet. Katrin fiel auf, daß der sonst lustige Mann seltsam ernst wirkte. Anja philosophierte über die Zeit nach der Geburt ihres Kindes. Sie konnte sich vorstellen, daß alle gemeinsam nach Afrika gehen. Lamine fragte: »Gehst du denn auch nach Afrika, wenn ich tot bin?« Hatte Djandy so große Schwierigkeiten, daß er Todesahnungen aussprechen mußte? Anja sagte nichts dazu. Sie wird später bei der Vernehmung durch die Beamten der Mordkommission nur zu Protokoll geben, »daß Lamine vor dem Treffen mit Demba wirkte, als stünde er irgendwie unter Spannung«.

Gegen 16.15 Uhr verließ Djandy die Wohnung, wird später genau ermittelt. Nach seiner Verabredung mit seinem Freund Demba wollte er die ganze Nacht über arbeiten, als Taxifahrer.

Sendi Diallo Demba wohnte in der Weddinger Gerichtstraße 31. Wenige Minuten nach dem Gespräch zwischen dem Pärchen in Prenzlauer Berg – so wird später festgestellt – rief Demba dort an und erkundigte sich, wo denn sein Freund Djandy bliebe, schließlich sei man verabredet. Seit dieser Stunde fehlte von Djandy jede Spur – fünfundzwanzig Tage lang.

Nach dem Treffen mit Demba ist Lamine Djandy spurlos verschwunden. Am Montag darauf wird beim Berufsförderungswerk, bei dem Sendi Diallo Demba einen Kurs belegt hat, notiert, daß dieser zwanzig Minuten zu spät in den Unterricht kommt. Anja kann sich auf das Verschwinden ihres Lebensgefährten keinen rechten Reim machen. Deswegen versucht sie, Demba anzurufen und Auskunft zu erhalten. Aber sie erreicht nur den Anrufbeantworter. Erst am späten Abend ruft Demba zurück. Ja, sagt er ihr, Lamine sei für eine Viertelstunde bei ihm gewesen und gegen 17 Uhr wieder gegangen. Wo er jetzt stecke, könne er auch nicht sagen.

Auch Djandys Chef vom Taxiunternehmen ist besorgt. Sein Fahrer hat sich nicht gemeldet, das Auto ist weg. Er geht am späten Abend zum Polizeiabschnitt 15 und will eine Vermißtenanzeige aufgeben. Aber so einfach ist das nicht. Der erst so kurze Zeit Vermißte ist ein erwachsener Mann, und da ist eine Fahndung nicht möglich. Armin Aigner macht deswegen auf Anraten der Beamten eine Strafanzeige wegen Unterschlagung des Taxis vom Typ Daimler-Benz mit der Konzessionsnummer 2236 im Zeitwert von ca. 35 000 DM. Nun kann die Polizei tätig werden.

Am Mittwoch, dem 10. Februar, geht Anja ebenfalls zur Polizei. Sie erstattet Vermißtenanzeige. Zuvor hat sie sich mit dem Konsul von Guinea-Bissau, Jorge Sanca – der mit Lamine Djandy, wie mit fast allen seiner achtunddreißig in Berlin lebenden Landsleute, befreundet ist – beraten.

Erst vier Wochen später, genau einen Tag nach dem Fund der Leichenteile von Lamine Djandy, wird die Polizei eine Taxe mit dem Kennzeichen »B-KM 7403« in der Pasewalker Straße in Berlin-Wedding entdecken. Von dort sind es nur zwanzig Meter bis zur Einmündung in die Gerichtstraße, wenige Meter von dem Haus Nr. 31 entfernt, in dem Demba wohnt. Es ist das Taxi, das Djandy fuhr. Die Polizei, der der letzte Aufenthaltsort von Djandy spätestens seit der Vermißtenanzeige von Anja bekannt sein mußte, hatte also einen ganzen Monat gebraucht, um das Fahrzeug zu finden, das nach der Strafanzeige des Taxiunternehmers Aigner auf der Fahndungsliste stand. Kein Ruhmesblatt. Konsul Jorge Sanca bringt diesen Sachverhalt denn auch in einer Demarche an den Innensenator Heckelmann zu Papier. Er protestiert »gegen die Verantwortungslosigkeit der für die Bearbeitung der Vermißtenanzeige Lamine Djandy zuständigen Polizeidienststellen«.

Am Nachmittag des 4. März 1993, wenige Stunden nach dem Fund der Leichenteile und den ersten Ermittlungen, ist in der Keithstraße bereits die mit dem Fall beauftragte 5. Mordkommission damit beschäftigt, alle Unterlagen aus der Vermißtenanzeige Djandy zu sortieren. Der Name Demba springt ihnen sofort ins Auge, und er wird zwangsläufig sofort zum einzigen Verdächtigen. Am Tag darauf suchen zwei Beamte die Ein-Zimmer-Wohnung in der Gerichtstraße auf. Sie wollen Demba vernehmen. Aber es öffnet ein anderer. Der Mann, der kaum Deutsch spricht, macht in Englisch klar, daß er Damba Adama heißt, ebenfalls aus Mauretanien stammt, und gibt an, mit Demba verwandt zu sein. Dieser aber sei vor gut einer Woche verreist. Nun nutze er diese Wohnung.

Dembas Wohnung wird durchsucht. Bekannte werden vernommen. Sie können ein Tischtuch mit Blumenmuster identifizieren, das bei den Leichenteilen gefunden wurde. Eindeutig stammt es aus der Wohnung von Demba. Teppiche aus der Wohnung Dembas, stellt die Kripo fest, sind vor kurzem in eine Reinigung gebracht worden. All das sind belastende Indizien. Und in der Wohnung Dembas wird ein Brief gefunden, der an den jetzigen Bewohner Adama gerichtet ist. Er ist in Ful geschrieben, einer afrikanischen Sprache, die zu enträtseln das Goethe-Institut bemüht werden muß. Aber der Absender des Briefes, der in den Niederlanden aufgegeben wurde, ist auch für die Beamten vor Ort sofort eindeutig: »Demba bei Janneh Maamadou.« Jetzt, nachdem klar ist, daß sich Demba offenbar abgesetzt hat, wird gegen ihn Haftbefehl erlassen. Die internationale Fahndung beginnt. Zunächst wird die niederländische Polizei um Amtshilfe gebeten. Sie kann den Quartiergeber von Demba ausfindig machen und befragen. Aber Demba ist verschwunden.

Sendi Diallo Demba wurde am 3. Juli 1958 in der Stadt Kankossa im Südwesten Mauretaniens geboren, einem Landstrich am Westrand der Sahara. Mit zweiundzwanzig Jahren kam er im Januar 1981 nach Westberlin und begann erst einmal die deutsche Sprache zu lernen. In seinen Lebenslauf schreibt er später: »Nachdem ich gewust was ist mit mein Kommilitonen passiert in mein heimatstaat must ich mich auf Asyl eintragen.« Er besuchte das Goethe-Institut, jobbte im Warenhaus »Wertheim« und in einer Großbäckerei und fand schließlich Anstellung bei einer Glasfirma.

Zu seiner Ehefrau Dieynaba, die ihm nach islamischem Recht angetraut war und die weiterhin in Afrika lebte, brach der Kontakt ab. Im September 1990 erhielt Demba die deutsche Staatsangehörigkeit, Grund genug für die Berliner Bank, ihm ein Darlehen von 10 000 DM zu gewähren. Dembas wirtschaftliche Situation war zu diesem Zeitpunkt aber keineswegs schlecht. Bekannte wissen zu berichten, er habe in Kneipen und Restaurants mit dem Verkauf von Schmuck, Uhren und Kassetten gutes Geld verdient. Daß Demba zusammen mit Djandy und einem Russen im Milieu der Kantstraße Geschäfte machte, davon will freilich niemand etwas gewußt haben.

Die offizielle Tatversion im Haftbefehl gegen Demba lautet: »Er schlug am Nachmittag des Tattages in seiner Wohnung in Berlin 65, Gerichtstraße 31, dem Lamine Djandy mindestens 13 x mit einem scharfkantigen Hiebwerkzeug auf den Kopf, um ihn zu töten. Das Opfer erlitt hierdurch tiefgreifende, die Schädeldecke öffnende Schnittverletzungen, wodurch der Tod eintrat. Anschließend trennte der Beschuldigte den Kopf, die Beine sowie mindestens einen Arm vom Rumpf ab und verscharrte die Leichenteile an verschiedenen Stellen der Parkanlage am Stadtbad Wedding in Berlin, Gerichtstraße 70.«

Der Torso und der zweite Arm der Leiche werden nicht gefunden. Das ist vielleicht damit zu erklären, daß sie möglicherweise in eine Mülltonne verbracht wurden, deren Inhalt die Stadtreinigung längst in eine Müllverbrennungsanlage transportiert. Weitere Fragen aber bleiben offen: Hatte Demba die Leichenteile allein in den Park geschafft? Warum dauerte es vier Wochen, bis man auf die blauen Müllsäcke mit dem schrecklichen Inhalt stieß? Schließlich wurde die Parkanlage zwischen Tatzeitpunkt und Auffinden der menschlichen Überreste mindestens sieben Mal von Arbeitern des Gartenbauamtes gereinigt.

Die 5. Mordkommission beschäftigt sich nun auch mit Damba Adama. Er lebt offiziell in einem Wohnheim für Asylbewerber im brandenburgischen Gransee, nördlich von Oranienburg. Die Wachschutzleute im Heim erklären der Kripo, daß von den rund einhundertzwanzig Schwarzen, die gemeldet sind, die meisten sich nicht wirklich dort aufhalten. Sie kämen nur im Zehn-Tage-Rhythmus, wenn die Sozialhilfe ausgezahlt werde. Adama ist ihnen ein

Begriff »wegen seines arroganten Auftretens« und auch wegen seiner auffälligen Rasta-Locken. Auch Adama erhält Sozialhilfe – 385 DM. Dieser Mann, sagen die Wachschutzleute, sei schon seit mindestens zwei Monaten nicht mehr im Wohnheim gewesen. Adama aber behauptet etwas anderes und verwickelt bei fast allen Fragen der Beamten in Widersprüchen. Vor allem bei der wichtigsten Frage für die Mordkommission: Wann genau ist Demba abgereist?

Damba Adama, der angeblich nur von der Sozialhilfe lebt, erfahren die Beamten in den Vernehmungen, hat Demba kurz vor der Abreise 10 000 DM geliehen. Das Geld will er sich mit Zöpfeflechten auf dem Breitscheidplatz verdient haben. Dort blüht der Drogenhandel. Auf das Thema gehen die Beamten aber gar nicht erst ein.

Mit einem Freund namens Ibrahim hatte Adama schon kurz nach der Abreise Dembas versucht, dessen Wohnung in der Gerichtstraße 31 zu übernehmen. Dieser Ibrahim wird ausfindig gemacht. Er kellnert in einer Kneipe namens »Presse-Café« am Bahnhof Zoo, in unmittelbarer Nähe der Kantstraße.

Der aus Mali stammende Ibrahim hatte in Rumänien studiert. Von dort aus lockte es ihn häufiger nach Westberlin, um Waren einzukaufen. In einer Diskothek lernte er Anfang der neunziger Jahre Demba kennen. Da der Handel mit Elektronikgeräten und Jeans von Westberlin nach Bukarest nun, nach Öffnung der Grenzen, ohnehin keinen Sinn mehr machte, blieb er in der Stadt und kellnerte. Zu Protokoll gibt er bei der Vernehmung: »Diallo sagte mir mal, ich solle aufhören zu arbeiten und mit ihm gemeinsam Geschäfte machen. Ich vermute, daß es sich bei diesen Geschäften um illegalen Kleinhandel handelt.«

Damba Adama wird in Abschiebehaft genommen, da er keine Aufenthaltsgenehmigung vorweisen kann. Bei den Vernehmungen der Kripo in Sachen Demba entpuppt er sich als Fabulant besonderer Klasse. Nach Aussagen Ibrahims hatte Adama ihm gegenüber berichtet, daß Demba nach Genf gereist sei. Tatsache ist, das wissen inzwischen auch die Ermittler, daß Demba die Niederlande nur als kurze Zwischenstation nutzte und nach dem Brief an Adama, in dem er im wesentlichen vorgibt, »geschäftlich« längere Zeit in Holland bleiben zu wollen, gleich nach New York weiterflog. Von dort kündigt Demba zum 5. März 1993 ordnungsgemäß seine Wohnung in Berlin-Wedding.

Die Beamten wollen herausfinden, ob Adama gegenüber Ibrahim wissentlich Unfug über den Aufenthaltsort Dembas erzählte. Das könnte ein Hinweis darauf sein, daß er Demba deckt, und vielleicht sogar selbst etwas mit dem Mord an Djandy zu tun hat. So konfrontieren ihn die Polizisten mit der Wohnungskündigung. Frage: »Sie wußten doch aber, daß Diallo gar nicht in Genf ist, wieso haben Sie es Ibrahim gesagt?«

Adama: »Wieso, Genf ist ja in New York, Diallo ist in New York. Als ich Genf sagte, meinte ich damit New York.«

Die entnervten Vernehmungsbeamten der 5. Mordkommission weisen Adama mehrfach darauf hin, daß er verpflichtet sei, in den Vernehmungen die Wahrheit zu sagen. Ihnen reicht's. Adama wechselt von der Auslieferungs- in die Untersuchungshaft. Ihm wird vorgeworfen, durch seine vielen unwahren, nebulösen und widersprüchlichen Aussagen über zehn Tage lang die Verfolgung Dembas verhindert zu haben: Strafvereitelung.

Tatsächlich kann sich Sendi Diallo Demba durch die widersprüchlichen Geschichten seines Freundes in Berlin einen Vorsprung verschaffen. Aber die ordnungsgemäße Kündigung seiner Wohnung – vielleicht die Einhaltung eines Versprechens gegenüber Adama und Ibrahim, die sich ja um diese bewarben – wird ihm zum Verhängnis. Wohl, weil er sich sicher fühlt in New York, gibt er seine tatsächliche Anschrift an: 239 E Kingsbridge Road, Apt. GG Bronx. New York, 10458 U.S.A. Dort wird Demba nach einem Amtshilfeersuchen aus Berlin vom FBI am 26. März 1993 festgenommen.

Im wesentlichsten Punkt einer jeden Mordermittlung – der Frage nach dem Motiv – ist die Kriminalpolizei keinen Schritt vorangekommen. Es ist kaum anzunehmen, daß die kleine Clique mit dem Verschieben von billiger Elektronik oder gar dem Lockendrehen auf den Touristenmeilen der Stadt ihre Reisen finanzieren und ihre Konten füllen konnte. Es hätte einer gründlichen Durchleuchtung der Biographien der Leute bedurft, hätte man den Schlüssel für diese Tat finden wollen. Die Aussageakrobatik des Damba Adama mußte ihn zumindest als Komplizen verdächtig machen. Doch ihm droht keine Gefahr. Ohne den Hauptbeschuldigten aus den USA auf eine Berliner Anklagebank gebracht zu haben, ist es schwer, ihm beizukommen.

Die Berliner Ermittler sind Anfang 1995 in einer Zwickmühle. Demba sitzt in New York in Auslieferungshaft. Für die dortigen

Richter sind die aus Deutschland vorgelegten Belastungsmomente nicht überzeugend genug, um den Beschuldigten unverzüglich an die Spree zurückzuschicken. Ein langwieriges Procedere beginnt. Dembas Berliner Pflichtverteidiger Andreas Schulz reist auf Kosten der Berliner Justizkasse nach New York, um seinen Mandanten in der Haftanstalt Metropolitan Correction Center zu Details zu befragen und mit ihm das weitere Vorgehen abzusprechen.

Dembas New Yorker Anwalt Daniel Mayers reist auf Kosten der amerikanischen Steuerzahler nach Berlin, um sich einen Überblick über die Situation zu verschaffen. Er läßt sich »Affidavits« (eidesstattliche Erklärungen) von Freunden und Bekannten des Arrestanten in New York über dessen angeblich lauteres Vorleben geben und erkundigt sich in einem Klub von Schwarzafrikanern über die Gesamtsituation von Farbigen in der Stadt Berlin. Die Leumundszeugnisse und eine Sammlung von Presseartikeln über rassistische Exzesse in Deutschland faßt er zu einer Broschüre zusammen und übergibt sie dem New Yorker Gericht, das über die Auslieferung von Demba entscheiden soll. Es soll sich bewußt werden, welche Bürde es sich auflastet, einen Schwarzen den deutschen Justizbehörden auszuliefern.

Freuen kann sich über diese regen internationalen Aktivitäten der Justiz nur Adama. Er ist längst auf freiem Fuß.

Sollte es in New York doch noch zu einer Auslieferung Dembas und in Moabit zu einer Anklage kommen, dann könnte es sein, daß die Boulevardpresse wieder einen großen Stoff hat. Etwa: »Der Kannibale von Berlin auf der Anklagebank.« Sicher wird die Justiz aber auch die wahren Hintergründe dieses Verbrechens offenlegen müssen, die »dritte Geschäftswelt« in der Charlottenburger Kantstraße.

Der Tod im Erdloch

Zwei Entführungen und ein dritter Mann

Einige Kilometer westlich von Potsdam führt die Bundesstraße 1 durch die 3 800-Seelen-Gemeinde Glindow. Im Ort heißt sie Chausseestraße. Es ist Sonntag zu vorgerückter Abendstunde, zehn vor zehn. Da rumst es vor dem Haus mit der Nummer 38. Eine kleine Karambolage, ein BMW ist auf einen Mercedes aufgefahren. Die Autos sind etwas blessiert, beim Mercedes ist der Kofferraumdeckel aufgesprungen. Eine Lappalie, eigentlich. Aber da ist etwas Ungewöhnliches.

Zeugen berichten später, wie sie gesehen haben, daß im Kofferraum des Mercedes ein Mann gelegen habe, der die Situation zur Flucht nutzen wollte. Eine 68jährige Frau erinnert sich später an die verzweifelten Schreie des unglücklich Eingeschlossenen: »Ihr Schweine, was wollt ihr von mir, ich hab euch doch nichts getan. Ich will hier raus, Mörder, Mörder.«

Aber der Fahrer des BMW ist herausgesprungen, drückt die Kofferraumklappe wieder zu und steigt in den Mercedes. Dessen Fahrer verliert keine Zeit und fährt sofort weiter. Der lädierte BMW bleibt am Straßenrand zurück. Die Polizei ist alarmiert, aber bis diese eintrifft, vergeht viel Zeit – verdammt viel Zeit. Selbst als nach ungefähr einer Viertelstunde ein Mann die Chausseestraße entlangkommt und in den BMW steigt, ist noch immer keine Funkstreife in Sicht.

Die Anwohner, die am Straßenrand aufgeregt darüber spekulieren, was denn da gerade vorgefallen sein mag, rufen dem Unbekannten noch zu, daß die Polizei verständigt sei. Er meint nur: »Nix Polizei!« Dann knallt er die Wagentür zu, gibt Gas und verschwindet. Zurück bleibt Fassungslosigkeit – nicht nur bei den Glindowern.

Noch aber ahnt niemand der Umstehenden, daß man Augenzeuge in einem der spektakulärsten Kriminalfälle der Nachkriegsgeschichte geworden ist, der an diesem Tag – es ist der 14. September 1997 – seinen Ausgang nimm. Es ist der Tag, an dem der 20jährige Matthias Hintze aus dem nahegelegenen Geltow entführt wird.

Die »ganze« Geschichte aber begann schon rund ein Vierteljahr zuvor in der westlichen Berliner City.

In der Augsburger Straße, einen Katzensprung von der Gedächtniskirche und dem KaDeWe entfernt, befindet sich der Computerladen ACM. Das Firmenschild über der Schaufensterfront ist im amerikanischen Design gehalten. Der Firmenname in rot-weiß-gestreiften Initialen, daneben ein blauer Stern mit rotem Rand, darüber – warum auch immer – der Schriftzug »USA«.

Der Computershop hat seine geschäftliche Anbindung aber weniger jenseits des großen Teiches als vielmehr in den staatlichen Restbeständen der ehemaligen Sowjetunion. Gegründet worden war ACM in den turbulenten Jahren des Umbruchs. Am 13. Oktober 1989 ließen zwei Herren bei einem Notar in Berlin-Grunewald die Neugründung eines Unternehmens protokollieren: »Wir errichten unter der Firma ›ACM Computer Handels GmbH‹ eine Gesellschaft mit beschränkter Haftung mit dem Sitz in Berlin (West) ... Das Stammkapital der Gesellschaft beträgt 51 000 DM.«

Zwei Drittel des Stammkapitals, also 34 000 DM, lagen in den Händen eines Mannes, der in den folgenden Jahren noch viel von sich Reden machte – Rachmiel Brandwain. In der Ukraine geboren, ist Brandwain das, was man verharmlosend als schillernde Figur bezeichnen würde. Die französischen Autorinnen Renata Lesnik und Hélène Blanc befassen sich in einem Buch über die Russen-Mafia auch mit »Michail Brandwain, der sich seit seiner Ankunft in Israel im Alter von acht Jahren Rachmiel nennt. Bei einem Interview mit Newsweek im Herbst 1995 stellt er sich als ein Verfolgter dar, als einer, der um sein Leben fürchten muß, kurzum als ›Opfer der russischen Mafia‹, die ihm angeblich auf den Fersen ist ... Bemerkenswert ist nur, daß laut Interpol allein während der letzten fünf Jahre über hundert Mordfälle auf das Konto der ›Organisation R. Brandwain‹ gehen. Nach Einschätzung des FBI ist diese ›eine der neun schrecklichsten Mafias, die außerhalb Rußlands operieren‹.«

Einige Jahre vor der Gründung von ACM hatte Brandwain in Belgien für öffentliches Interesse gesorgt. Zwei Großbetrüger, die unter anderem als Finanzmakler Brandwains fungierten, waren aufgeflogen. In das Fadenkreuz der Justiz geraten, packte einer der Ganoven aus und verwies auch auf die Rolle Brandwains. In einem Interview mit dem Wochenblatt »Pourquoi pas?« sagte er: »Brandwain besaß direkt neben unserem Büro ein Geschäft für Unterhaltungselektronik, das aber nur als Deckmantel diente.«

Als Gesellschafter des Berliner Unterhaltungselektronik-Ladens ACM agiert Brandwain nicht sehr lange. Am 3. Februar 1990 trat er seine Anteile an dem Geschäft an seinen Mitgesellschafter ab. Die Geschäfte lagen fortan in den Händen von Boris Berschader. Der Name ACM tauchte aber auch im Zusammenhang mit Waren auf, die mit Elektronik nicht das geringste zu tun haben.

Mitte 1992 beschlagnahmte der Berliner Zoll eine eigenwillige Fracht. 10 000 Hosen mit den begehrten Insignien der Firma »Levi Strauss & Co.«, deren einziger Makel war, nicht aus der Fertigung der Original-Levi's zu stammen, sondern auf chinesischen Nähmaschinen das Licht der Welt erblickt zu haben. Das gilt als Produktpiraterie. Im russischen St. Petersburg, wohin die Ware geliefert wurde, entdeckten die potentiellen Abnehmer den Schwindel und weigerten sich, die Imitate der derben Leinenhosen anzunehmen. So landeten diese in Berlin. Hier wurde die Zollfahndung auf Lieferung und Lieferanten aufmerksam und stellte fest, daß die Verpackung der Kleiderballen mit einem Klebeband der Fa. »ACM Computer Handels GmbH« verschlossen war.

Immer wieder gab es Vorfälle, bei denen der Computer-Laden vor allem mit einem Computer zu tun hatte: dem Zentralrechner der Berliner Polizei. Aber all die kleinen Fehltritte führten bis dato nicht dazu, ACM besonders ins Licht der Öffentlichkeit zu rücken. Das änderte sich in den Abendstunden des 9. Juni 1997.

An diesem Abend werden Männer beobachtet, wie sie einen größeren Karton aus dem Laden tragen. Seit diesen Stunden ist der damals 50jährige Alexander Galius verschwunden. Sein Schicksal ist bis heute ungeklärt.

Galius war seit mehreren Jahren bei ACM beschäftigt, Anteile an dem Laden besaß er nicht. Das Geschäft war für ihn dennoch fast so etwas wie eine zweite Heimat. Er blieb oft lange über die normalen Öffnungszeiten hinaus in den Räumen. Fast immer war er der, der das Licht ausmachte und die Ladentür hinter sich zuzog und sorgfältig mit mehreren Schlössern abschloß. Bevor er jedoch das Geschäft verließ, mußte er noch die Alarmanlage einschalten. Mit der Wachschutzfirma, die durch ihre Revierkontrolleure auch ein Auge auf das ACM-Geschäft werfen ließ, war vereinbart worden, daß bis spätestens zehn Uhr abends das Alarmsystem »scharf gemacht« würde. Galius selbst hatte knapp vier Wochen zuvor noch veranlaßt, daß der Zeitpunkt für die Alarmeinschaltung von 20 auf 22 Uhr verlegt worden war. Um 22.01 Uhr an diesem 9. Juni 1997 zeigten die Kontroll-Lampen in der Funkleit-Zentrale des Sicherheits-Unternehmens, daß in der Augsburger Straße 27 etwas nicht in Ordnung war. Die Alarmanlage war nicht wie gewohnt in Betrieb genommen worden. In solchen Fällen wird nach einem mit dem Kunden vereinbarten Alarmplan vorgegangen.

Ein Mitarbeiter in der Leitstelle des Sicherheitsunternehmens greift zum Telefon, um den ACM-Chef Boris Berschader über das Problem in Kenntnis zu setzen. Da der gerade nicht erreichbar ist, verständigt seine Frau dessen Bruder Jakow. Gegen halb elf Uhr trifft der vor dem Haus Augsburger Straße 27 ein. Er findet die Ladentür, die normalerweise mit verschiedenen Schlössern verriegelt ist, lediglich mit einem Schloß gesichert. In den Räumen brennt Licht, die Computer sind nicht abgeschaltet, einige persönliche Utensilien von Galius wie dessen Jackett und Aktentasche sind noch da, und im hinteren Zimmer steigt ihm der Geruch von Äther in die Nase. Der schwarze VW-Passat, den Galius als Firmenwagen gestellt bekommen hat, steht vor dem Geschäft. Die Umstände lassen bei Jakow Berschader die dumpfe Vermutung aufkeimen, daß hier etwas nicht mit rechten Dingen zugegangen ist. Es ist zehn Minuten vor elf als er die eins-eins-null wählt.

Es läßt sich im ersten Moment wenig feststellen, was hier vorgefallen sein könnte. Die Kripo kann einen Kunden ausfindig machen, der noch etwa bis halb acht Uhr im Laden war und Galius gesehen hat. Der Sohn des spurlos Verschwundenen hatte kurze Zeit später, zwischen acht und viertel nach acht, vergeblich versucht, seinen Vater telefonisch zu erreichen. In der Zeit zwischen halb acht und acht Uhr muß also etwas Rätselhaftes geschehen sein.

Stunden der Ratlosigkeit folgen. Der Verdacht, hier könnte es sich um einen Menschenraub mit entsprechendem erpresserischen Hintergrund handeln, drängt sich mehr und mehr auf. Die Entführung des Hamburger Multimillionärs Jan Philip Reemtsma ist allen noch gut im Gedächtnis. Reemtsma war nach 33 Tagen in einem Keller-Verlies gegen die Rekordsumme von 30 Millionen Mark Lösegeld freigekommen.

Die Familie Galius verfügt nicht annährend über solche Reichtümer, auf die es die Kidnapper abgesehen haben könnten. Aber es gibt keine andere Erklärung, warum der sonst recht zuverlässige Familienvater spurlos verschwinden sollte. Er gilt nicht als der Typ, dem man zutraut, seine eigene Entführung zu inszenieren, um vielleicht mit einer jungen Freundin in der Karibik ein neues Leben zu beginnen. Viel kann noch nicht getan werden. Für den kommenden Tag hat die Polizei routinemäßig als eine erste Maßnahme eine Fangschaltung für die Telefonleitung der Familie Galius angeordnet, um gegebenenfalls einen Erpresseranruf sofort zurückverfolgen zu können.

Am 10. Juni, knapp 24 Stunden nach dem Verschwinden Alexander Galius, ist es so weit. Um 18.17 Uhr klingelt bei den Galius' das Telefon. Sein 20jähriger Sohn Venjamin greift zum Hörer. Er vernimmt die Stimme seines Vaters, merkt aber schnell, daß dieser nicht am anderen Ende der Leitung ist. Es ist nur eine Bandaufzeichnung. »Sascha« – so wird er von seinen Freunden und Bekannten genannt – teilt via Tonband seinem Sohn mit, daß er gefesselt in einem Wald bei Berlin sei und dort auch begraben werde. Die Entführer fordern ein Lösegeld in Höhe von einer Million Mark. Dann weist er auf Boris Berschader, dem Chef von ACM hin, den man um Hilfe bitten soll. Und dann das Übliche bei Entführungsfällen: Keine Polizei!

Ein »technisches Problem« bei der Telekom macht den ersten möglichen Ermittlungsansatz zunichte. Die Fangschaltung funktioniert nicht, und es dauert Tage, bis festgestellt werden kann, daß der Anrufer eine öffentliche Telefonzelle in der Potsdamer Straße vor dem Haus Nr. 2 in Michendorf benutzt hat.

Für die spätere Bewertung des Falles sind vor allem drei Punkte (deren Bedeutung in diesem Augenblick noch niemand erahnen kann) hervorzuheben:

Erstens spricht Galius davon, daß er begraben werden soll.

Zweitens wird die Lösegeldsumme in einer späteren Indizienbewertung eine gewichtige Rolle spielen. Niemand kann normalerweise davon ausgehen, bei der Familie eines einfachen Angestellten einen solchen exorbitanten Betrag von einer Million Mark holen zu können.

Als dritter Punkt muß die Telefonzelle in Michendorf im Gedächtnis behalten werden.

Aber noch steht man ganz am Anfang der Ermittlungen, die durch den Patzer der Telekom nicht gerade nach vorn gebracht werden. Die Entführung jedoch ist zur Gewißheit geworden. Von nun an werden die Ermittlungen, wie in solchen Fällen üblich, in die Hände einer Mordkommission gelegt, in diesem Fall ist es die 7. der Berliner Mordkommissionen.

Am Mittwoch, es ist der 11. Juni, der zweite Tag nach der Entführung, finden die Galius-Söhne zwei Schreiben im Hausbriefkasten. Die Briefe werden von der Polizei geöffnet. Es sind handschriftlich von dem Entführten selbst in russischer Sprache verfaßte Schriftstücke, in denen dieser noch einmal das mitteilt, was man bereits durch das Tonband weiß. Er bestätigt, daß man ihn betäubt und dann in den Wald gebracht habe.

Allerdings gibt es in einem wesentlichen Punkt einen Unterschied: Galius fordert seine Frau auf, zur Polizei zu gehen und sich von dieser das Geld geben zu lassen. Er wiederholt die Aufforderung, seinen Chef um Hilfe zu bitten. Das alles müsse sehr schnell gehen, weil er sonst lebendig begraben werde. Die Entführer dürften bei der Geldübergabe auf keinen Fall festgenommen werden, da ihn sonst niemand ausgraben könnte.

Am selben Tag geht auch bei der Firma ACM ein Brief von Galius ein. Das Schreiben ist mit Datum und Uhrzeit versehen. Die Zeilen wurden am Tag der Entführung um 23 Uhr verfaßt.

Galius wendet sich an die Gebrüder Berschader, die er mit ihren Kurz- und Spitznamen anredet. Auch hier nennt er die Lösegeldsumme von einer Million Mark. Und dann macht er eine bemerkenswerte Andeutung. Er hoffe auf ihre Hilfe, denn schließlich sei er an ihrer Stelle in die Rolle einer Geisel geraten. In diesem Schreiben bittet er ebenfalls, keine Polizei einzuschalten. Der eigentümliche Widerspruch, sich das Lösegeld von der Polizei beschaffen zu lassen, diese jedoch nicht in den Fall einzuschalten, wird uns im weiteren Fortgang der Dinge noch einmal begegnen.

Die kriminaltechnische Auswertung der Schriftstücke ergibt zwar zweifelsfrei, daß die Briefe von Galius verfaßt wurden, aber keinerlei Hinweis darauf, wo sie in den Postbriefkasten eingeworfen worden sein könnten. Gestempelt waren die Kuverts im Briefzentrum 14. Dadurch lassen sich wenig konkrete örtliche Eingrenzungen vornehmen. Hier wird die Briefpost gesammelt und verteilt, die aus dem mit einer 14 beginnenden Postleitzahlenbereich stammt. Das Gebiet reicht von den südwestlichen Bezirken Berlins (Wilmersdorf/Zehlendorf) bis ins Umland von Potsdam, z.B. auch nach Michendorf.

Unterdessen hat die Kripo den Mann vernommen, der offensichtlich am Abend des 9. Juni der letzte Kunde bei ACM war. Er erinnert sich, daß, bevor er das Geschäft wieder verlassen hatte, drei junge Männer den Laden betreten hatten.

Hier kommt für die weiteren Ermittlungen ein wesentlicher Aspekt hinzu: Wenn es sich bei diesen Männern um die Kidnapper handelt, dann waren offensichtlich drei Täter an der Galius-Entführung beteiligt!

Die Polizei nimmt das Umfeld des Gekidnappten unter die Lupe. In der Nacht zum 12. Juni, etwa gegen halb vier Uhr morgens, wird von der Polizei, die eine Telefonüberwachung eingeleitet hat, ein Gespräch mitgeschnitten, das Jakow Berschader mit einem »Sergej« führt.

Berschader fordert diesen Sergej auf, nach Michendorf zu fahren, um sich dort mit Gena zu treffen. Dieser werde mit einem roten Renault 19 »Auto-Nr. 4181« kommen. Gena ist die russische Koseform von Gennadi. Es ist für die Kripo keine allzu schwierige Aufgabe festzustellen, daß in Berlin nur zwei rote Renaults 19 die Ziffernkombination »4181« besitzen. Einer ist auf einen Russen mit Vornamen Gennadi, der in der Nähe des S-Bahnhofes Tiergarten wohnt, zugelassen. Besondere polizeiliche Erkenntnisse über diesen Gennadi gibt es nicht. Sergej, so erklärt Berschader den nächtlichen Anruf später, sei ein russischer Busfahrer, der hin und wieder bei Geschäften mit Autoteilen zwischen Berlin und Moskau behilflich ist.

Der Name Sergej, unter Russen allerdings ein nicht gerade seltener Vorname, wird uns später noch hinreichend begegnen. Auch Michendorf bleibt im Spiel. Zur besagten Telefonzelle kann ermittelt werden, daß zwei Minuten nach dem Anruf bei Galius eine Nummer in Polen gewählt worden war. Der dortige Anschluß gehört einer Janinia Pabisiak. Die Pabisiak wird auf dem Wege der Amtshilfe von der polnischen Polizei befragt, kann aber – angeblich – keine Hinweise geben. Dabei erfahren jedoch die Berliner Ermittler, daß die Dame häufig Personen aus den GUS-Staaten beherbergt, welche in zwielichtigen Geschäften auf der Durchreise sind.

Berschader erklärt seinen Anruf in Michendorf mit Geschäften, die er nach Rußland betreibt und bei denen die Abwicklung hin und wieder über Michendorf laufen würde.

Die Entführer melden sich am 13. Juni zum zweiten Mal telefonisch bei der Familie des Verschwundenen. Der Anrufer, der mit starkem slawischen Akzent spricht, will eines wissen: »Haben Sie Geld?« Auch diesen knappen Satz wird man in anderem Zusammenhang wieder hören. Als die Frau des Entführten die Frage bejaht, wird das Gespräch sofort beendet. Diesmal läßt sich feststellen, daß die Telefonzelle in der Zehlendorfer Clayallee an der Ecke zur Straße Auf dem Grat benutzt worden war. Mehr aber auch nicht. Wie sich schnell herausstellen sollte, war diese Nachfrage »Haben Sie Geld?« die Ouvertüre zu einer nervenaufreibenden Schnitzeljagd.

Es ist später Abend, dreiviertel elf, beim dritten Telefonkontakt. Der Familie des Opfers wird wieder nur ein Band vorgespielt, auf dem der Entführte selbst die Anweisungen für das nun beginnende Katz-und-Maus-Spiel gibt. Diesmal bedienen sich die Kidnapper einer Telefonzelle am Ende der Sonnenallee, dort, wo die Bezirke Neukölln und Treptow aneinandergrenzen.

Wieder mußte Galius selbst die Botschaft der Entführer auf Band sprechen. Er teilt seiner Frau mit, daß »unter der vierten Urne von der Telefonzelle« ein Zettel angeklebt sei. Durch die recht unpräzise Bezeichnung der Örtlichkeiten hat die Polizei erhebliche Mühe, die Nachricht aufzustöbern. Die Polizeiobermeisterin, die den Zettel knapp drei Stunden nach Eingang des Anrufs unter einem Mülleimer am Hermannplatz hervorzieht, kann sich des Eindrucks nicht erwehren, daß sie von einem Mann im weißen T-Shirt beobachtet wird. Spielen die Entführer ein so riskantes Spiel?

Galius hat auch diesen Zettel selbst verfassen müssen, mit dem er nun seine Frau über eine bestimmte Fahrstrecke nach Grünau im Berliner Südosten lotst. Sie soll sich von einem Bekannten fahren lassen, dessen Identität sich offensichtlich nicht klären läßt. Die Polizei vermerkt, daß dieser Bekannte »Janek oder Jaschka« heißen könnte. Die Jagd wird zum Rätselraten mit vielen Unbekannten. Unterhalb eines grünen Kastens an der Ampelanlage des S-Bahnhofes Grünau kann von der Polizei die nächste Notiz gefunden werden.

Wieder stammen die Zeilen aus der Feder von Alexander Galius. Mit dieser Nachricht wird seine Frau vom S-Bahnhof, der am Adlergestell liegt, zur Joachimstraße in Grünau dirigiert. Dort befinde sich eine Sackgasse, und »in der Erde unter dem Zeichen Sackgasse wird eine weitere Information eingegraben sein«. Das Zeitlimit, um an dieser Stelle zu sein, ist auf zehn Minuten begrenzt. Die Grabungsarbeiten der Polizei bleiben jedoch erfolglos. Deshalb findet die Schnitzeljagd hier ihr Ende.

Seit der 50jährige entführt wurde und die erste Nachricht an seine Familie verfaßt hat, sind vier volle Tage vergangen. Noch immer sind es seine Schrift und seine Stimme, mit denen der Kontakt zur Familie gehalten wird. Im ersten Schreiben an seine Angehörigen war von der Gefahr die Rede, daß er im Wald vergraben werde. Fragen drängen sich auf: Haben die Entführer über Tage im voraus alles geplant und schon in den ersten Stunden nach dem Kidnapping von Galius alle Schriftstücke verfassen und alle mündlichen Anweisungen auf Band sprechen lassen? Oder nahmen sie Galius beim gefährlichen Versteckspiel mit der Polizei immer mit? Oder ...?

Es ist morgens, als bei den Galius' wieder das Telefon klingelt. Ein Gespräch kommt nicht zustande, weil sich der Anrufer nicht meldet. Die Polizei kann feststellen, daß diesmal eine öffentliche Fernsprechzelle in der Baumschulenstraße vor dem Haus Nr. 21a benutzt wurde. Diese Stelle ist nur wenige Fahrminuten von Grünau entfernt. Der Anruf erfolgte um 4.55 Uhr. Es könnte sich um einen Kontrollanruf der Entführer gehandelt haben, um festzustellen, ob bei den Galius' jemand zu Hause ist und weitere »Schritte« eingeleitet werden können. Acht Minuten später wird die Sache noch dubioser. Um drei Minuten nach fünf klingelt bei den Galius wieder das Telefon. Die Ehefrau nimmt ab und wird in ihrer Koseform »Elli« angesprochen. Diesmal wird aus einer Telefonzelle in der Köpenicker Landstraße, nur wenige Meter von dem zuvor benutzten Fernsprecher entfernt, der Kontakt gesucht. Die Frau wird aufgefordert, mit jemandem zur Joachimstraße in Grünau zu fahren, wie es im letzten Zettel beschrieben war. Die Polizei dürfe nicht dabei sein. Die Anweisung ist wiederum von Galius auf Tonband gesprochen. Es ist schwer vorstellbar, daß die Entführer für alle Imponderabilien dieser Schnitzeljagd bereits Bandaufnahmen »auf Halde« produziert haben. Es drängt sich die Frage auf: War der Entführte während des gesamten Übergabeversuchs in der Nähe?

Die Suche in der Grünauer Joachimstraße war die letzte Möglichkeit, auf die Bedingungen der Entführer einzugehen. Die Aktion scheitert. Am Morgen des 14. Juni, etwa 105 Stunden nach dem Verschwinden des Exil-Russen Alexander Galius, erlöschen von diesem alle Lebenszeichen.

An diesem 14. Juni fällt den Brandenburger Ermittlern ein Renault 25 auf, der in Michendorf, unweit der Potsdamer Straße, abgestellt ist.

Bis zu eben jener Telefonzelle ist es etwa ein Kilometer. Das Fahrzeug könnte von Bedeutung sein. Die Berliner Kripo verfaßt darüber einen Bericht, mit einem unverkennbaren Kopfschütteln zwischen den Zeilen. Man faßt zusammen, daß »an dem Fahrzeug entwendete Kennzeichen angebracht waren, während die Originalkennzeichen, nach veranlaßter Öffnung durch die örtliche Polizeidienststeile durch den ortsansässigen Abschleppdienst, im Fahrzeuginneren, unter der Fußmatte des Beifahrersitzes aufgefunden wurden.

Die am Pkw angebrachten, als gestohlen gemeldeten Kennzeichen, wurden durch die Brandenburger Polizeibeamten abgeschraubt und ebenso wie die im Fahrzeug aufgefundenen Originalkennzeichen sichergestellt, wobei sie nicht als Spurenträger behandelt wurden. Die dortigen Polizeikräfte verschlossen das Auto und ließen es am Fundort stehen, wo es zunächst für einige Stunden observiert wurde. Nach Ende der Observation, die nur am 14.06.97 erfolgte, wurde das Fahrzeug unverändert und unbeobachtet am Fundort stehengelassen, nachdem durch ein Telefonat mit dem Vorhalter geklärt worden war, daß dieser das Fahrzeug regulär an einen polnischen Erwerber veräußert hatte ... Bei der Öffnung des Kofferraumes fanden sich mehrere aufgerissene schwarze Plastiksäcke, die mit Klebeband teilweise verstärkt waren. Die Verpackung ließ auf den früheren Inhalt keine Rückschlüsse zu. Das Erscheinungsbild der Verpackung wurde fotografisch dokumentiert. Eine erste Inaugenscheinnahme ergab keine Hinweise auf einen Zusammenhang mit dem Fall des erpresserischen Menschenraubes, insbesondere konnten mit bloßem Auge keine Substanzen oder Anhaftungen festgestellt werden, die darauf schließen lassen, daß eine Person in oder mit dem Verpackungsmaterial transportiert wurde.«

Auch die Sache mit dem Renault wird schließlich abgehakt. Aber das Stichwort Kofferraum sollte im Kopf behalten werden.

Bis zur Karambolage in Glindow werden allerdings noch genau drei Monate ins Land ziehen.

Inzwischen muß polizeiliche Routine absolviert werden. Das Umfeld des Entführten wird abgeklappert, Hinweisen nachgegangen, Zeugen werden vernommen.

Am 12. Juni hatte einer der Söhne des Opfers bei einer Vernehmung durch die Polizei erwähnt, daß die ehemalige ACM-Praktikantin Tatjana einen beachtenswerten Hinweis gegeben hätte. Ihr damaliger Freund, der mit Galius gut bekannt gewesen sei, stecke in Geldschwierigkeiten. Hintergrund dafür soll möglicherweise der illegale Handel mit Zigaretten sein. Wichtig wird dieser Tip, weil dieser Freund einmal geäußert habe, daß – wie der Galius-Sohn sagt – »mein Vater sein Fett wegbekommen würde«. Er teilte weiter mit, daß weder ihm noch einem anderen Familienangehörigen von irgendwelchen Problemen zwischen diesem Mann und seinem Vater etwas bekannt sei.

So stößt die Kripo auf Tatjana, 22 Jahre alt, eine Insiderin. Anfang 1996 hatte sie für kurze Zeit bei ACM gearbeitet. Dort lernte sie auch den 13 Jahre älteren Aleksandr Losev kennen. Sie erlag dem Charme des reiferen Herrn, das Techtelmechtel nahm seinen Lauf. Der Honigmond des jungen Glücks währte aber nicht allzu lange. Losev verschwand. Tatjanas Aussage bei der Kripo las sich in einem zusammenfassenden knappen Kripo-Bericht sensationell: »Im Rahmen dieser Beziehung sagte ihr der Losev, daß Sascha Galius ein reicher Jude sei und daß er irgend etwas machen müsse, um an das Geld von Sascha zu kommen. (Tatjana) erklärte ihm aber, daß Herr Galius nur Angestellter des Geschäftes sei. Herr Losev war jedoch der Meinung, daß Herr Galius noch andere ›Geschäfte‹ machen würde und deshalb mehr Geld hätte. Ermittlungen bei Behörden, Freunden und Bekannten des Aleksandr Losev ergaben keine Hinweise, daß er sich in den letzten Monaten in Berlin bzw. Deutschland aufgehalten hat. Nachweislich verließ er Berlin im November 1996, kurz vor dem Mord an Alexander Lebedev. Es wurde bekannt, daß Herr Losev die Alias-Personalien ›Vladimir Sorokin, 26.02.61 Moskau geb.‹ führte.«

Man stirbt schnell in den Kreisen der Exil-Russen.

Der 39jährige Alexander Lebedev war zusammen mit seiner 27jährigen Gefährtin Vera Bronchtein am 23. November 1996 gewaltsam durch gezielte Schüsse aus schallgedämpften Waffen in einer Tiergartener Spielothek aus dieser Welt abberufen worden.

Welche Rechnung hier beglichen wurde, konnte die Polizei nicht klären.

Tatjana gibt außerdem zu Protokoll, »daß der Losev sich Ende Februar 1997 10 000 oder 20 000,- DM von ihr leihen wollte. Nachdem sie ihm sagte, daß dies nicht möglich sei, habe er sie gefragt, ob sie ihm jemanden nennen könnte, der ihr das Geld leihen könnte, was sie ebenfalls verneinte. Das Geld bräuchte er, um seine Familie in Moskau zu ernähren.«

Weiter sei ihr bekannt, »daß sich Losev in Berlin mit dem illegalen Zigarettenhandel beschäftigte, nähere Angaben dazu waren ihr nicht möglich ...« Aber sie wisse, »daß er unter den Personalien Sorokin, Alexander, 25.01.63 Moskau geb., hier in Berlin Sozialhilfe erhalten haben soll.« An anderer Stelle sind wir ihm schon als »Vladimir Sorokin, 26.02.61 Moskau geb.« begegnet.

»Unter diesen Personalien soll er«, so wird nach Tatjanas Aussage von der Kripo notiert, »auch einen Asylantrag gestellt haben. Er sei dann jedoch wieder nach Moskau zurückgekehrt, habe dort eine jüdische Mutter ›gefunden‹ und sich den Namen Losev ausgedacht, um erneut einzureisen.«

Sie kann sich erinnern, »daß Losev mit mehreren verschiedenen Fahrzeugen in Berlin unterwegs gewesen sei. Zuletzt habe er einen weißen Minibus mit Berliner Kennzeichen gefahren.«

Sie konnte sich erinnern, »daß er zuletzt im Kirchnerpfad 7, in Berlin-Charlottenburg wohnte. Zuvor soll er in der Köthener Str. 40, in Tiergarten, gewohnt haben ... gemeinsam mit einem Alexander Lebedev, der Opfer eines Mordes wurde ...«

Sie habe Losev letztmalig Ende Februar 1997, an einem Donnerstag, gesehen, als dieser sich das Geld von ihr leihen wollte. Am folgenden Montag wollte er mit der Aeroflot nach Moskau fliegen.

Nun schien die Sache konkret zu werden. War dieser geheimnisvolle Aleksandr Losev, alias Vladimir Sorokin alias Alexander Sorokin eine heiße Spur?

Die Wohnungsinhaberin der Köthener Straße 40 wird am 14. Juni von der Mordkommission vernommen, kann (oder will) aber nur wenig sachdienliche Hinweise geben. Weder ein Losev noch ein Lebedev seien ihr bekannt. Sie kann sich nur erinnern: »Es war einmal so, daß ich in den USA war und für diese Zeit habe ich im Jahr 1995 vom 10.7. bis 10.8. meine Wohnung einem anderen überlassen. Dieser Mann heißt Alexander Ritkov, ich hatte in der jüdischen Gemeinde einen Zettel angehängt, daß ich einen Untermieter suche, und daraufhin hat er sich gemeldet.«

Schon am 12. Juni, während die Versuche, Alexander Galius freizukaufen noch voll im Gange waren, hatte die Familie des Opfers der Polizei eine Kopie eines russischen Passes übergeben. Das Dokument war ausgestellt auf Vladimir Sorokin, geboren am 26. Februar 1961 in Moskau. Eine Natalija hatte den Galius' die Ablichtung übergeben. Natalija hatte als Angestellte bei ACM vor Jahren den Mann kennengelernt.

Natalija mußte, wie so viele in diesen Stunden und Tagen, ihre Zeugenaussage bei der 7. Mordkommission zu Papier bringen lassen. Sie gab an, »den Sorokin 1994 bei der Firma ACM als Kunden oder Begleiter eines Kunden kennengelernt zu haben. Ihr gegenüber habe er seinen Namen mit Alexander Sorokin angegeben. Zu einem späteren Zeitpunkt habe er sie gefragt, ob er sich bei ihr polizeilich anmelden könne, da er ein Auto auf seinen Namen anmelden wolle.« So wurde Sorokin Untermieter bei Natalija, »ohne daß er jedoch dort wohnte«. Im Zuge der Anmeldung habe sie die nunmehr bei der Polizei vorliegende Paßkopie gefertigt. »Bei dieser Gelegenheit habe sie festgestellt« – das fügte sie erklärend hinzu –, »daß in dem Paß der Vorname Vladimir eingetragen war, obwohl er sich ihr als ›Sascha‹ (Kurzform von Alexander) vorgestellt habe. Darauf angesprochen habe Sorokin entgegnet, daß er zunächst unter falschen Personalien in die Bundesrepublik Deutschland eingereist und ausgewiesen worden sei. Sein richtiger Name laute Alexander Sorokin.« Die Polizei war auf der Suche nach drei Personen in einer.

Von dem Mann, der bei ihr Sorokin heißt, wußte Natalija noch, daß dieser ein persönliches Bekanntschaftsverhältnis zu der Familie Galius hatte, und erinnerte sich an einen gemeinsamen Badeausflug.

Alexander Galius hatte ihr – wie Natalija berichtet – von Sorokin erzählt, daß dieser 1996 im ACM-Laden aufgetaucht war, »da er verfolgt wurde und Schutz suchte«. Kurz darauf sei ein, dem Galius unbekannter, »bulliger« Russe aufgetaucht, der den Sorokin aufgefordert habe, herauszukommen. Galius habe diesen des Ladens verwiesen. Auf den Vorfall angesprochen habe Sorokin ihr gegenüber keine Erklärung abgegeben. Alexander Galius habe vermutet, daß ein Zusammenhang mit dem illegalen Zigarettenhandel des Sorokin bestünde.

Illegaler Zigarettenhandel, Schulden, Erpressung ... das wäre schon der denkbare Hintergrund, aus dem die großen Verbrechen gemacht sind.

In den Kundenlisten von ACM wird unter der Nummer 10391 auch ein Alexander Sorokin gefunden. Seine Adresse lautet »Unter den Linden 63« – es ist die Anschrift der Außenstelle der Botschaft der russischen Föderation. Ein Phantom scheint durch diesen Kriminalfall zu geistern.

Das letzte Mal, so Natalija, habe sie den Sorokin Anfang 1996 zufällig bei ACM getroffen, woraufhin sie ihn im April 1996 abgemeldet habe.

Dann kam man in der Identifizierung der gesuchten Person doch noch ein Stück weiter. Natalija erkannte den ihr unter dem Namen Sorokin bekannten Mann auf einem Lichtbild aus der Ausländerakte »Losev« wieder.

War man dem Täter auf der Spur? Hat Losev/Sorokin selbst die Tat ausgeführt? War er Tipgeber oder gar Hintermann? Bei allen Ermittlungsansätzen, die Mordkommission war in Zeitdruck und noch Meilen von der Lösung dieses russischen Kreuzworträtsels entfernt.

Nun kann sich die oft postulierte Zusammenarbeit von deutschen und russischen Ermittlungsbehörden bewähren. Zwischen Berlin und Moskau werden Faxe hin und her gesandt, Telefonate geführt, Daten ausgetauscht.

Eine Verbindungsbeamtin des Bundeskriminalamtes, die ihre Zelte in Moskau aufgeschlagen hat, kann am 18. Juli – es ist der neunte Tag nach dem Verschwinden von Galius – ein wenig weiterhelfen. Sie findet heraus, daß Alexandr Losev zu einem auf drei Monate begrenzten Besuch nach Berlin eingeladen worden war. Die einladenden Exilrussen in Berlin werden vernommen, können sich aber bedauerlicherweise nur noch spärlich erinnern. Sie hätten dies nur aus Gefälligkeit für einen Bekannten getan, der leider vor kurzem das Zeitliche gesegnet habe. Wieder einmal Endstation im schweigsamen Wald der russischen Exilanten.

Die Nachforschungen in Moskau führen zur Adresse von Losev, sie liegt in der Uliza Gerojw Panfilowzew. Hier findet man eine Familie Rykow. Mutter Rykow ist eine geborene Loseva, Sohn Alexander Rykow ist am 25. Januar 1962 geboren, am selben Tag wie Alexandr Losev – oder besser gesagt, A. Losev alias V. Sorokin alias A. Sorokin ist A. Rykow – oder vielleicht auch anders herum.

Rykow klingt zumindest ähnlich wie Ritkov, den Namen, den die Wohnungsbesitzerin der Köthener Straße 40 von ihrem ehemaligen kurzzeitigen Untermieter noch im Ohr hatte. Aber die Person ist weiterhin nicht faß- und greifbar.

Alle Register werden gezogen, um wenigstens ein paar Details über den Vielnamigen in Erfahrung zu bringen. Nicht nur das Bundeskriminalamt ist eingeschaltet, auch beim Militärischen Abschirmdienst und beim Bundesamt für Verfassungsschutz wird nachgefragt. Auskunft negativ.

Als am 8. Oktober 1997 die 7. Mordkommission in einem Bericht das Ergebnis zu den Ermittlungen in Sachen Losev (usw.) zusammenfaßt, klingt das Fazit fast ein wenig resigniert: »Bis zum heutigen Tage konnten weder die tatsächlichen Personalien noch der aktuelle Aufenthaltsort dieser Person bekannt gemacht werden.«

Aber inzwischen hatten sich die Dinge auf dramatische Weise weiterentwickelt.

Am 14. September 1997 passiert der bereits erwähnte Unfall in dem Ort Glindow. Der in den Zusammenstoß verwickelte Mercedes gehört der Familie Hintze, die im sechs Kilometer entfernten Geltow eine Gaststätte betreibt. Bei dem Mann im Kofferraum handelt es sich um den Sohn der Wirtsleute Hintze, den 20jährigen Matthias.

Wenige Minuten zuvor war er in die Hände jener Leute gefallen, die ihn in das Fahrzeugheck sperrten und davonjagten. Es ist das Schicksal des Matthias Hintze, das in den folgenden Monaten die Presse beschäftigt und den Fall Galius nicht in Vergessenheit geraten läßt.

Unter welchen Umständen der 20jährige Bundeswehrsoldat in die Hände seiner Kidnapper geriet, ließ sich nicht mit letzter Sicherheit klären. Es scheint gewiß, daß er vor dem Restaurant seiner Eltern in der Caputher Chaussee in Geltow überwältigt wurde.

In den folgenden Stunden und Tagen gibt es nur wenige und vage Spuren der Entführer. Der in den Unfall in Glindow involvierte BMW mit Berliner Kennzeichen wird am darauffolgenden Tag kurz vor neun Uhr vormittags in einer leeren Siloanlage der »Wild KG« nahe der Ortschaft Schmergow entdeckt. Schmergow liegt knapp 20 Kilometer von Glindow entfernt. Für eine brauchbare Spurensuche taugt das Fahrzeug nicht mehr, es wurde abgefackelt.

Zwei Tage des Wartens vergehen. Kein Lebenszeichen von Matthias, kein Kontakt zu den Entführern, folternde Ungewißheit. Am Morgen des 17. September wird der Mercedes der Familie Hintze auf einem abgelegenen Waldweg im Tegeler Forst im Berliner Bezirk Reinickendorf aufgefunden. Das Auto ist beschädigt und mit Dieselkraftstoff begossen worden. Angezündet wurde es jedoch nicht. Viel war den beiden Fundstellen der Fahrzeuge nicht zu entnehmen. Immerhin waren seit der Entführung von Matthias Hintze nahezu drei Tage vergangen. Eine Fahrroute der Kidnapper ließ sich nicht mehr rekonstruieren.

Erst einen Tag später, am Nachmittag des 18. September, geht bei den Hintzes ein handgeschriebener Brief ein. Er ist direkt an Matthias' Mutter gerichtet. Auf kariertem Papier hatte der Entführte handschriftlich die Forderungen der Kidnapper und seine Bitte niedergeschrieben: »Hallo Mutter! War mit Auto in Potsdam, nachmittags. Von dort entführt worden, Sie wollen 1 Million DM. Haben mich im Wald gebracht u. in einen kleinen Loch gesteckt. Darf nur Wasser trinken, und nichts essen. Mutter, wenn Du mich liebst und wiedersehen willst, dann mache alles was sie sagen. Ich weiß du hast nicht soviel Geld, aber du kannst von Polizei Geld bekommen. Sie müssen dir Geld geben, aber bei Übergabe darf keine Polizei dabei sein. Du must alles ganz genau in den Zeiten, die sie geben erfüllen. Ich weiß nicht wie du das machst, aber Du must es schaffen. Ich hoffe du hilfst mir, ich habe dich ganz lieb.«

Es ist dieser Brief, der von Anfang an die Parallelen zum Fall Alexander Galius ins Auge springen läßt. Wie in dem – in der Öffentlichkeit fast vergessenen – Fall Galius mußte auch hier das Opfer selbst die Bedingungen für das Lösegeld mitteilen. Wieder ist es eine Million Mark, wieder ist die Rede von einem Loch im Wald. Auch hier wird vorgeschlagen, die Polizei solle doch das Geld bereitstellen. Auch das Kuvert dieses Schriftstückes trägt den Stempel des Briefzentrums 14.

Nun aber haben die Menschenräuber die Dramatik noch gesteigert. In dem Brief liegt ein Polaroidfoto. Es zeigt Matthias Hintze in einem schachtartigen Erdloch, sein linkes Auge marmoriert. Das Bild wird zum Sinnbild dieses Falles, Zeitungen und Zeitschriften in Millionenauflagen nutzen es, dem Fall den notwendig sensationellen Anstrich zu geben.

An dieses Foto haben die Entführer noch eine eigene Botschaft angehängt. Mit Wörtern, die sie aus Zeitungen ausgeschnitten haben, diktieren sie die nächsten Schritte: »Wenn Sie Geld haben in der BZ Anzeige mit Rahmen«.

Erst am übernächsten Tag kommt das nächste Signal der Ganoven. Wieder sind es aufgeklebte Worte, die in schlechtem Deutsch aber dennoch unmißverständlich die Forderung klarmachen sollen:

»das Geld muß ganz sein
1 Million Mark nur mit Tasuende-Geld Schein
Wenn Sie Geld haben. Dann Anzeige in der BZ
mit Rahmen machen können
nur dann Sie ihrer Sohn wiedersehen
und kein Polizei«

Nun hat die Polizei Fangschaltungen für das Telefon der Hintzes vorbereitet. Als am Abend des 20. September ein Anruf aus einer Telefonzelle unweit der Heerstraße ankommt, geht bei den Gastwirtsleuten niemand ans Telefon. Das wiederholt sich in der Nacht mehrfach. Fünfmal wird gegen halb zwei Uhr versucht aus Telefonzellen in der Zehlendorfer Königstraße heraus bei den Hintzes anzurufen. Die Königstraße ist eine der wichtigen Verbindungswege zwischen Berlin und Potsdam.

Zwei weitere erfolglose Anrufversuche werden dann in den frühen Vormittagstunden gegen dreiviertel acht gestartet. Diesmal ist es die bereits bekannte Fernsprechzelle in der Potsdamer Straße 2 in Michendorf, aus der heraus bereits am 10. Juni bei Familie Galius angerufen worden war.

Drei weitere Male probieren die Unbekannten gegen viertel nach acht von einer Telefonzelle im Ilsensteinweg nahe der Potsdamer Chaussee im Berliner Südwesten Kontakt zu den Eltern des Entführten herzustellen. Beim zweiten Wählversuch kann die Polizei hören, wie der Anrufer, offensichtlich an einen Komplizen gerichtet, in russisch mehrfach der Satz wiederholt: »Es gibt keinen Anrufbeantworter.«

Entgegen ihren bisherigen Gepflogenheiten wechseln die Anrufer dieses Mal nicht ihren Standort. Zwei Stunden später, gegen viertel nach zehn rufen sie genau von dieser Telefonzelle im Ilsensteinweg in Höhe des Hause 77, dort, wo die Spanische Allee in die Potsdamer Chaussee mündet, wieder bei den Hintzes an. Diesmal wird in Geltow von Matthias' Mutter der Hörer abgenommen.

»Gaststätte Hintze, Hallo ...«

»... Ich bin's, bin in einem kleinen Loch im Wald.«

»Matthias, bist du das?«

Die Mutter wiederholt die Frage, sie scheint sich nicht sicher zu sein.

»Hallo Matthias, sag doch was!«

»Ich bin ... nur trinken mehr nicht.«

»Matthias, sag doch was!«

Doch schon ist das kurze Gespräch zu Ende. Ein Telefonat mit Rätseln. Er sagt, er sei in einem kleinen Loch im Wald, das Telefongespräch jedoch wird von einer belebten Kreuzung in der Stadt geführt. Wieder nur eine Bandaufnahme.

Dieser erste Kontakt sollte offensichtlich den Startschuß für die nun folgende Jagd geben. Nur eine halbe Stunde später klingelt bei Hintzes der Fernsprechapparat erneut. Der Anruf kommt aus Michendorf, der bereits hinlänglich bekannten Telefonzelle in der Potsdamer Straße 2. Zu einer Observation reichten die bisherigen Anhaltspunkte offensichtlich noch nicht aus. Und vor allem die Ermittlungen der Berliner Polizei in Sachen Galius sind zu diesem Zeitpunkt noch nicht mit denen der Potsdamer Kollegen koordiniert.

Jetzt, es ist Sonntag der 21. September kurz vor elf Uhr vormittags, wollen die Entführer offensichtlich das »Spiel« zur Lösegeldübergabe antreten. Seit einer Woche befindet sich Matthias in ihren Händen.

Wieder ist das Telefonat nur kurz.

»Gaststätte Hintze.«

»Mutter, du mußt fahren Bundesstraße 2 Richtung Berlin. Dann Kreuzung Abfahrt Neufahrland am Gartencenter. Dort sind Telefonzellen. Da liegt ein Brief. Du mußt vor 20 Minuten da sein, sonst telefonieren.«

»Matthias, nicht so schnell, wiederhole noch mal.«

Dazu kommt es nicht. Das Gespräch wird durch eine Person mit ausländischem Akzent unterbrochen. Die auf Band aufgezeichnete Botschaft erweckt den Eindruck, als habe Matthias fast wörtlich die ihm diktierte Anweisung nachgesprochen.

Die Jagd von versteckter Botschaft zu versteckter Botschaft beginnt. Die Nachricht am Gartencenter verweist auf einen Brief in Potsdam, »Lange Brücke« in der Telefonzelle. Von dort geht es zum Hafen der Weißen Flotte, genauer zu einem Pfahl mit roter Farbe am Pier E. Hier soll das Geld in eine Flasche gefüllt werden. An dieser Stelle endet die Schnitzeljagd für diesen Tag. In die aufgeschnittene Zwei-Liter-Flasche wird kein Geld gelegt. Man wartet auf einen neuen Kontakt zu den Entführern. Immerhin sind eine Million ein ziemliches Bündel Geld. Auch wenn die Summe nur aus Tausendern besteht, hat sie das Volumen eines 2000seitigen Buches. Und ein solches Paket läßt sich nicht so einfach irgendwo verstauen.

Wieder vergeht wertvolle Zeit. Erst am 23. September in den frühen Morgenstunden melden sich die Unbekannten wieder. Der Anrufer wiederholt ein paar Mal die Frage »Haben Sie Geld?« Es ist exakt derselbe Satz, mit dem am 13. Juni die Täter das Versteckspiel zur Lösegeldübergabe im Galius-Fall eröffneten.

Wieder geht die Jagd von einem Versteck zum anderen, und wieder verliert sich die Spur. Am Bootssteg der Deutschen Lebensrettungsgesellschaft am Stößensee in Spandau-Pichelswerder finden die Verfolger ein kleines Modellsportboot, und an diesem 80 Zentimeter langen Schiffchen hängt eine Flasche. Aber auch sie wird nicht gefüllt. Damit ist dieser Versuch ebenfalls beendet. Am 28. September tritt die Polizei mit einer Mitteilung an die Öffentlichkeit, daß die fünfte Geldübergabe gescheitert sei. Die Presseagentur AP verbreitet: »Der vor zwei Wochen verschleppte Bundeswehrsoldat aus Geltow schwebt nach Angaben der Ermittler in höchster Lebensgefahr.«

Tags darauf erscheint diese Meldung in fast allen Tageszeitungen. Sofort machen sich die Entführer daran und verfassen so etwas wie eine Presseerklärung in eigener Sache. Am 30. September wird von ihnen ein Brief an die »Bild-Zeitung« abgeschickt: »Wir schreiben Ihnen, weil die Polizei hat immer falsche Informaziom zum Fall Matias Hintze geben.

Wir sind keine Mörder und möchten keine Mörder werden sein. Es tut uns sehr leid, was Matias so lange in ein Bunker gesteckt. Ja dort ist Kalt er hat Hungar. Er ist schon krank, hat Fiber. Aber wir konten ihm zu helfen nicht, weil haben bis hoite kein Geld bekommen. Wir haben 2 mall Kontakt mit Frau Hintze gehabt. Sie sagt immer ›Wir haben das Geld und bereit zum übergabe.‹ Sie hat fill ... die Lebenszeichen von Matias gehabt, aber nie gemacht.«

Dann zeigt der Schreiber des mit krakeliger Schrift verfaßten Briefes, daß er weiß, wovon er spricht. Er beschreibt die Übergabeversuche und zeigt sich informiert über den Ablauf: »1 mall Potsdam Pier E Hafen Weise Flotte. Potsdam zu fill Kripo, groß risiko und kein Geld gewesen sein.

2 mall Berlin Pichelswerdeer – das Übergabe war gestatet. Wir haben unseren Kontainer abegholt, aber wider war kein Geld dabei gewesen.

Das Bott war nur für die Polizai ein Geschenk gewesen.

Nach dieses Fall wir haben gedacht ›Die Eltern wollen Matias nach Hause nicht hollen. Aber er hat sie nicht geblaubt. Die Polizei filleicht wünschen die Teter finden und das Leiche wie ein Presents, Ihre Arbeit zeigen kein Geld gar, nicht. Dann haben wir alle Kontakten zwischen Matias-Eltern abgebrochen.«

Der kaltblütige Zynismus dieser Zeilen wird erst rund zwei Wochen später offen sichtbar.

Noch einmal scheitert eine Geldübergabe. Die »Berliner Morgenpost« berichtet am 4. Oktober unter der Überschrift »Fall Hintze: Geldübergabe zum sechsten Mal gescheitert«: »Auch der sechste Versuch einer Geldübergabe im Entführungsfall des 20jährigen Matthias Hintze aus Geltow (Potsdam-Mittelmark) ist am Donnerstag gescheitert. Verständigungsschwierigkeiten zwischen Erpressern und Eltern waren offenbar diesmal der Grund, warum die Übergabe nicht zur vereinbarten Zeit am vereinbarten Ort stattfand.

Wie die Eltern Liane und Gerhard Hintze dem Leiter der Sonderkommission, Polizeioberrat Reiner Köpping, am Freitag mitteilten, seien sie am Donnerstag zwischen 17 und 18 Uhr von einem der Erpresser zu Hause angerufen worden. Gemeldet habe sich ein gebrochen deutsch sprechender Mann, um Übergabemodalitäten zu erläutern.

Doch Frau Hintze, die den Anruf entgegennahm, habe den genannten Straßennamen nicht verstanden. Als sie darum bat, diesen deutlich zu nennen, habe der Anrufer aufgelegt und sich auch nicht noch einmal gemeldet.

Deshalb appellierten die Eltern des seit nunmehr 20 Tagen in der Gewalt der Erpresser befindlichen Opfers, daß sich der Anrufer dringend melden möge: ›Sagen Sie uns deutlich, wo und wann wir Ihre Forderung endlich erfüllen können.‹«

Doch dazu kommt es nicht mehr.

Am 6. Oktober, gegen 23 Uhr, gelingt den Potsdamer Fahndern ein Durchbruch. Mitarbeiter des brandenburgischen Landeskriminalamtes (LKA) sind zur Observation von Telefonzellen in Berlin unterwegs. An der Havelchaussee, dort, wo die kleine Insel Lindwerder durch eine Fähre mit dem Festland verbunden ist, fällt ihnen ein Fahrzeug mit russischem Kennzeichen auf. Im Wagen sitzen zwei Männer.

Fünf Beamte des LKA Brandenburg sind vor Ort. Die Notwendigkeit, die beiden genauer unter die Lupe zu nehmen, drängt sich geradezu auf, auch wenn das Stadtgebiet Berlin nicht zum originären Aufgabenbereich der Potsdamer Kripo zählt. Die Polizei ist Ländersache, und darüber wird meist eifersüchtig gewacht, wie sich später noch zeigen wird. Hier leisten sich die Fahnder eine Ausnahme. Ein Polizeiobermeister muß zwei Tage später den Bericht zu dem Vorgang schreiben. Er resümiert: Der Umstand, »daß es sich bei den Überprüften um zwei russische Staatsbürger sowie ein Fahrzeug mit russischem Kennzeichen handelte, veranlaßte uns, ein Gespräch mit einem der Russen zu führen. Es handelte sich hierbei um Sergej Isaychev, alias Serguej Serov, 27. 04. 60 Tjumen geb., (laut BKA) der angab, aus Moskau direkt an den Ort gefahren zu sein, um Urlaub zu machen. Weiterhin äußerte er, daß er diese Fahrt ohne Unterbrechung durchgeführt hätte. Auf meine Frage, ob er Gepäck oder Verpflegung hätte, verneinte er dies.

Es war aber insgesamt festzustellen, daß das Fahrzeug, ein BMW der 5er Reihe, silberfarben, mit dem russischen Kennzeichen 0 263 CK/77, einen sehr sauberen Eindruck machte und sich im Fahrzeuginneren, soweit von außen sichtbar, kein Gepäck oder Reiseproviant befand. Dies hielt ich dem Beschuldigten vor, woraufhin er antwortete, sein Gepäck in Poznan (Polen) hinterlegt zu haben, und nur für diesen Tag einen Berlinbesuch durchgeführt zu haben. Auf die Frage hin, was er um diese Uhrzeit an diesem Ort suchen würde, äußerte er, daß er vor zwei bis drei Tagen hier im Unterholz an der sogenannten Uferböschung diverse Anglerschnüre liegen sah, die er sich jetzt holen wollte. Zu diesem Zeitpunkt sprach der Herr S. in verständlicher Form deutsch, brach dann aber barsch das Gespräch ab und verlangte einen Dolmetscher.« Eine reichlich groteske Einlassung. Man sei nur für einen eintägigen Berlinbesuch hier, hätte aber vor einigen Tagen Anglerschnüre gesehen, die man sich nun gegen Mitternacht holen wollte. Wäre er bis zu diesem Zeitpunkt völlig unverdächtig gewesen, so mußten ihn seine kuriosen Erklärungen mehr als suspekt erscheinen lassen.

Wie der Beamte weiter protokollierte, handelte es sich bei der anderen Person um den Viatscheslav Kourganov, alias Vjatscheslaw Orlow, 14.10.70 in Krasnogorsk (Rußland) geboren. »Der bis dahin kein Wort gesagt hatte und anscheinend der deutschen Sprache nicht mächtig war.«

Die beiden Verdächtigen werden nach Potsdam gebracht. Es ist früher Morgen des 7. Oktober. Noch am selben Tag werden in Berlin Wohnungen durchsucht, darunter ist auch die in der Cunostraße 46, in der Nähe des Hohenzollerndamms. Hier hatten die Entführer offensichtlich ihren Kommandositz, denn es können Briefe sichergestellt werden, in denen eine weitere Schnitzeljagd beschrieben wird.

Schneller als zu erwarten, kann die Nuß geknackt werden. Am darauffolgenden Tag schon gesteht Sergej Serow die Entführung des Matthias Hintze. Während sein Komplize Orlow noch hartnäckig schweigt, führt Serow am 8. Oktober die Polizei in ein unübersichtliches Waldgebiet bei Röbel in Mecklenburg-Vorpommern. Hier zeigt er den Beamten der Potsdamer Kripo das Erdloch, in das Matthias Hintze steigen mußte. Der polizeiliche Erfolg ist kein Grund zum Jubeln, Matthias Hintze ist tot – seit langem. Schon während des fintenreichen Spiels um die eine Million Mark Lösegeld war der junge Mann aus Geltow nicht mehr am Leben.

Auch wenn die Täter im Fall der Hintze-Entführung hinter Gitter kamen, so blieb die Zahl der Fragezeichen in den Ermittlungsakten ganz erheblich.

Hier begann auch das in der Öffentlichkeit weniger beachtete Tauziehen zwischen den Berliner und den Potsdamer Fahndern. In Potsdam, wo eine Sonderkommission »SoKo Hintze« den Fall bearbeitete, konnte man aufatmen. Der Erfolgsdruck war von den Ermittlern genommen. Der Fall Hintze konnte als gelöst gelten, auch wenn noch eine Menge Holz zu hacken war.

Anders war die Situation für die Berliner Kriminalisten. Sie hatten weiterhin keine Erkenntnis oder Anhaltspunkte, wo Alexander Galius verblieben sein konnte und mußten auch noch als Bittsteller in Potsdam antreten, um die mutmaßlichen Galius-Entführer für eigene Vernehmungen ausgeliehen zu bekommen.

Daß die Berliner auf Eile drängten, ergibt sich aus der Sachlage. So lange nicht das Gegenteil bewiesen war, mußte man von der

Annahme ausgehen, daß Galius noch lebte. War er nun eingesperrt in einem Versteck und die Leute, die ihn versorgen hätten können in Untersuchungshaft? Auch wenn es unwahrscheinlich zu sein schien. Rasches Handeln schien geboten.

Anstatt zu einer engen Kooperation der beiden Polizeibehörden, kam es zum Eklat. Am 9. Oktober erhalten die Beamten der 7. Berliner Mordkommission von ihren Potsdamer Kollegen die Mitteilung, daß die Vernehmungen von Serow und Orlow zum Entführungsfall Galius vorgenommen werden können. Zwei Berliner Kriminaloberkommissare und eine Kriminaloberkommissarin machen sich auf dn Weg in die brandenburgische Hauptstadt.

Der Leiter der SoKo Hintze, Kriminaloberrat Reiner Köpping, empfängt seine Kollegen von der Spree und teilt ihnen mit, daß der Führungsstab in Sachen Matthias Hintze aufgelöst wurde und – diesen Teil setzen die Berliner in ihrem späteren Bericht als Originalzitat in Gänsefüßchen – daß nunmehr »ein vernünftiges kriminalistisches Arbeiten in enger Zusammenarbeit mit der 7. MUK Berlin stattfinden wird.« Die MUK, das ist nach dem Dienstsprachgebrauch der DDR die Morduntersuchungskommission, im Westen sprach man stets von der Mordkommission.

Anschließend gibt der Kriminaloberrat den angereisten Kollegen zu verstehen, daß eine Vernehmung des geständigen Beschuldigten Serow erst am kommenden Tag durchgeführt werde.

Die Entscheidung wird von den Berlinern mit wenig Begeisterung geschluckt. Am kommenden Tag erscheinen zwei der Berliner Ermittler, verstärkt durch einen Dolmetscher, um zehn Uhr im Polizeipräsidium in Potsdam. Ihre Hoffnungen, nun endlich zu Werke gehen zu können, werden aber erneut enttäuscht. Der Kriminaloberrat hatte inzwischen entschieden, daß bei der Serow-Vernehmung die Berliner Beamten vor der Tür zu bleiben haben.

Das Ende vom Lied fassen die Berliner Kriminaloberkommissare in einer Niederschrift zusammen, in der sie meinen, auch Einwände, daß die Familie Galius ein Recht darauf habe, zu erfahren, was mit dem Ehemann bzw. Vater passiert ist und daß es unzumutbar ist, diese in Kenntnis der Zusammenhänge zwischen den beiden Verfahren weiter hinzuhalten, wurden durch Herrn KOR Köpping damit abgetan, daß ›wenn die Familie mal sachlich an die Sache rangehen würde, sie doch wissen muß, daß der schon längst nicht mehr lebt‹. Weiter wurde ausgeführt, daß das Hinauszögern der psychischen Belastung der Angehörigen des Alexander Galius nicht zu rechtfertigen sei.«

Nach weiteren Einwänden »schlug Herr KOR Köpping mit der flachen Hand auf den Tisch und verkündete in lautstarkem Tonfall, daß er nicht mehr diskutieren würde, ›bringen sie mir einen adäquaten Gesprächspartner meiner Ebene, hier ist jetzt Schluß, und das ist eine Weisung‹. Dabei verwies er auf seine langjährige Erfahrung als Leiter einer Morduntersuchungskommission.«

Im Anschluß an diese Worte, die von den Berlinern als »Rausschmiß« gewertet wurden, verließen diese das Potsdamer Dienstgebäude, um unverrichteter Dinge in die Keithstraße zurückzukehren.

Eine Woche später versucht man sich in Schadensbegrenzung. Wie einer Zeitungsmeldung vom 16. Oktober zu entnehmen ist, »haben das Landeskriminalamt (LKA) Berlin und auch die ermittelnden Behörden in Potsdam ›aufgebauschte‹ Presseberichte über eine schlechte Zusammenarbeit zurückgewiesen. Die Brandenburger und die Berliner Polizei hätten im Fall Hintze ›außergewöhnlich gut und erfolgreich‹ kooperiert, so das LKA Berlin.«

Im Brandenburger Innenministerium ist man indessen bemüht, der allgemeinen Verunsicherung in der Bevölkerung gegenzusteuern. In einer Pressemitteilung werden unter der Überschrift »Aktivitäten russischer Straftäter in Brandenburg« statistische Beruhigungspillen verteilt: »Laut Polizeilicher Kriminalstatistik wurden 1996 in Brandenburg insgesamt 297 334 Straftaten mit 111.688 Tatverdächtigen ermittelt, von denen 34 435 nichtdeutsche Tatverdächtige waren. Das entspricht einem Anteil an der Gesamtzahl der Tatverdächtigen von 30,8 Prozent. Die Anzahl der Tatverdächtigen aus den Nachfolgestaaten der ehemaligen Sowjetunion betrug 8 963 (8,0 Prozent). Ihr Anteil an den nichtdeutschen Tatverdächtigen beträgt 26,0 Prozent. 1996 wurden 23 Tatverdächtige aus den Nachfolgestaaten der ehemaligen Sowjetunion in Fällen der Erpressung ermittelt, jedoch keine wegen erpresserischen Menschenhandels. In Bezug auf das Gesamtstraftatenaufkommen stellt die Anzahl der der Organisierten Kriminalität zuzurechnenden Straftaten lediglich einen Bruchteil dar.«

Was die Menschen wirklich beunruhigt, wird durch diese trockenen Zahlen nicht aus der Welt geschafft. Die Menschen sind entsetzt über die Explosion an Brutalität, die durch Straftäter aus den

Staaten der ehemaligen Sowjetunion (und nicht nur durch sie) ins Land schwappt. Ihre gnadenlose Vorgehensweise, die ebenso hemmungslose wie tödliche Macht- und Profitgier, können auch durch Zahlenspielereien nicht schöngeredet werden. Bislang konnte man sich damit beruhigen, daß die Kriege der kriminellen Gruppen innerhalb ihres eigenen ethnischen Umfeldes ausgetragen werden. Ein bißchen konnte man sich in der Rolle des unbeteiligten Zuschauers wähnen. Mit dem Tod von Matthias Hintze schien sich dies schlagartig zu ändern.

Nicht nur der Fall Galius bleibt weiter ungeklärt, auch im Fall Hintze sind viele Fragen offen. Diese können trotz des Ermittlungserfolges nicht ausgeräumt werden.

Am 11. Oktober legt die »Berliner Morgenpost« die Finger auf wunde Stellen der bisherigen Aufklärungsarbeit: »Der Mord-, Entführungs- und Erpressungsfall Matthias Hintze (20) bleibt mysteriös ... Viele Fragen und Merkwürdigkeiten konnten oder wollten die Potsdamer Polizei und Staatsanwaltschaft gestern nicht beantworten oder erklären. Zum Beispiel: Welche Rolle spielte Matthias' Vater, Gerhard Hintze (49)? ›Matthias hatte kein gutes Verhältnis zu ihm. Bei Problemen ging er zur Mutter oder zu Freunden. Um 1986 ließ der Vater die Familie im Stich, ging in den Westen, kam aber vor der Wende zurück‹, so Insider. Vor allem aber: Schon zu DDR-Zeiten habe Matthias Vater mit Russen gehandelt. Um Gold sei es dabei gegangen. Auch nach der Wende habe der Vater Kontakte zu Russen gepflegt, unter anderem eine Russin eingestellt. Die habe illegal in Geltow gewohnt, sagt ein Nachbar. An ihrem Briefkasten standen mehrere russische Namen. Gerhard Hintze kündigte ihr. Vielsagend hatte Mutter Liane Hintze (46) im Fernsehen an die Adresse der Entführer gesagt: ›Der Junge kann doch nichts dafür.‹ Freunde aus Geltow sind überzeugt: ›Die Entführer wollten den Vater treffen.‹ Straftaten hätte Matthias nie begangen, auch nie mit Rauschgift gehandelt. ›Der hatte mehr Angst als Zivilcourage.‹«

Mußte der 20jährige Matthias tatsächlich die Schuld eines anderen ausbaden?

Noch immer läßt sich kein schlüssiges Gesamtbild des Falles erkennen. Ein Dutzend Punkte deutet auf Parallelen zwischen den Fällen Galius und Hintze hin. Aber die Täter verhalten sich sonderbar zwiespältig. Während nach einigen Tagen in Untersuchungshaft auch Orlow die Entführung in Geltow einräumt, bleibt sein Mund wie der seines Komplizen Serow in der anderen Angelegenheit versiegelt.

Am 14. Oktober findet im Potsdamer Polizeipräsidium eine neunstündige Vernehmung Serows statt. Dem 37jährigen Russen sitzen als Vernehmer ein Potsdamer Kriminalhauptmeister und eine Berliner Kriminaloberkommissarin gegenüber. Dabei spielt nun auch der Fall Galius eine wichtige Rolle.

Vorab wird die Frage geklärt, welcher Name des Delinquenten nun der richtige sei: »Bezüglich Ihrer Person wurden hier die Personalien Sergej Serow und Serguej Isaichev bekannt. Welcher Name ist denn nun der richtige?«

Der Vernommene erklärt: »Beide Namen sind richtig. Ich kann das Ganze wie folgt erklären: Serow ist mein Geburtsname. Als ich im Februar 1997 heiratete, nahm ich den Namen meiner Ehefrau an ...«

Dann wird lange über den Fall Hintze gesprochen. Nach einigen Stunden lenken die Vernehmungsbeamten das Gespräch auf den Fall Galius. Sie halten dem Russen vor: »Ihnen wird hier eröffnet, daß gegen Sie und Vjatscheslaw Kurganov neben den Ermittlungen in Sachen Hintze Ermittlungen wegen erpresserischen Menschenraubes des Alexander Galius geführt werden. Dazu möchte ich Ihnen sagen, daß der dringende Tatverdacht in dieser Sache damit begründet wird, daß diverse Übereinstimmungen bezüglich des Modus operandi zwischen den beiden Fällen festgestellt wurden. Weiterhin ergaben Sprachanalysen der Täteranrufe in beiden Fällen, daß es sich mit hoher Wahrscheinlichkeit um ein und denselben Anrufer handelt und daß es sich bei diesem Anrufer mit hoher Wahrscheinlichkeit um Ihre Person handelt. Sie werden hier nochmals darüber belehrt, daß Sie keine Angaben zu den gegen Sie erhobenen Tatvorwürfen machen müssen. Als Beschuldigter haben Sie ein Aussageverweigerungsrecht. Sind Sie bereit, hier Fragen in Zusammenhang mit der Entführung des Herrn Galius zu beantworten?«

Serow erklärt sich einverstanden. Serow, der als »Gehirn« des Verbrecherduos angesehen wird, trägt die Berufsbezeichnung Jurist. Bei späteren polizeilichen Vernehmungen zu seinem Lebenslauf verliert Serow kein Wort über ein Jura-Studium, dagegen hat er viel mit schwerer Erdbautechnik und Bergbau zu tun. Was im Zusammenhang mit dem Bau von Erdbunkern interessant sein könnte. Statt juristischer Kenntnisse diktieren ihm in dieser Vernehmung seine ganoven-fachkundigen Überlegungen das weitere Vorgehen.

Die Vernehmer wollen geradeheraus wissen: »Ist es richtig, daß Sie an der genannten Entführung beteiligt waren?«

Serow enttäuscht alle eventuellen Hoffnungen, dieses Verbrechen ebenso rasch wie den Hintze-Fall klären zu können. Er antwortet mit einem knappen »Njet« und beteuert: »Ich kann dazu keine Angaben machen. Ich weiß überhaupt nicht, was das für ein Fall ist. Ich kann dazu nur sagen, daß ich keine Anrufe getätigt habe und darum auch keine Übereinstimmung sein kann. Ich kann mir auch gar nicht vorstellen, wie Sie darauf kommen, daß ich damit etwas zu tun habe.«

Nun gehen die Ermittlungsbeamten ins Detail: »Ist Ihnen die Augsburger Straße in Berlin bekannt?«

Serow sorgt für Überraschung: »Ja, natürlich. Dort habe ich mal gearbeitet.«

»Wo haben Sie gearbeitet?« wollen der Beamten wissen.

Serow: »Ich habe in dem Geschäft ›Comhart‹ gearbeitet. Dieses war 1991, es kann auch sein Anfang 1992. In diesem Zeitraum mehrmals für ein bis zwei Monate. Ich habe für dieses Geschäft Ware ausgefahren. Bei diesem genannten Geschäft handelt es sich um ein Elektronikgeschäft. Diese Geschäft gehörte einem Russen mit Namen Tcherniak.«

Die Firma »Comhart«, deren Sitz sich zeitweise in er Augsburger Straße 28, im Nebenhaus von ACM befand, ist kein unbeschriebenes Blatt.

In einer umfangreichen Expertise des Bundeskriminalamtes aus dem Jahr 1993 findet sich auch die Firma Comhart wieder. Dort heißt es unter anderem: »Nach Mitteilung einer russischen Dienststelle ist in der ...Firma Comhart der Lewon Schalewitsch Ch. beschäftigt. Dieser soll Verbindung zu ›Tschetschenen-Gruppen‹ haben.« Die Tschetschenen genießen den zweifelhaften Ruf, besonders wilde Krieger in den Mafia-Schlachten zu sein. Hat Serow Drähte zum inneren Kreis dessen, was landläufig mit Russen-Mafia bezeichnet wird?

Das Frage-und-Antwort-Spiel zwischen Kripo und Serow tangiert diese allgemeinen Erkenntnisse nicht, nimmt aber immer konkretere Züge an.

Die Polizisten bohren weiter: »Ist Ihnen auch bekannt, daß es in dieser Straße ein Computergeschäft gibt?«

Serow: »Ja, das ist mir bekannt. Dieses befand sich im Nachbarhaus.«

»Ist Ihnen der Name dieses Computergeschäfts bekannt?«

»Ich kann mich an den Namen nicht erinnern.«

»Kennen Sie die Leute, die dort gearbeitet haben?«

»Ja, ein paar, einen Neger und einen Russen. Der Russe war ein junger Mann, eher klein, mit mittellangen Haaren und sehr schlank. Mir ist auch bekannt, daß dieses Geschäft einem Russen gehört.«

»Woher wissen Sie das?«

»Das kann ich heute nicht mehr sagen. Jeder wußte, daß dieses Geschäft einem Russen gehört. Von wem ich es nun genau erfahren habe, weiß ich nicht.«

Nun nähert sich die Vernehmung einem entscheidenden Punkt: »Waren Sie im Juni 1997 bei Ihrem Aufenthalt in Berlin in diesem Geschäft?«

»Ja, daran kann ich mich erinnern. Ich kann jedoch nicht mehr genau den Tag sagen. Ich war in diesem Geschäft, und es kann sein, daß ich an diesem Tag mit meiner Schwester verabredet war. Diese wohnt dort in der Nähe, wie ja bekannt ist, und es kann sein, daß ich sie nicht angetroffen habe, die Straße entlang geschlendert bin und auch in dieses Geschäft gegangen bin.«

»Waren Sie zu diesem Zeitpunkt allein?«

»Nein, es müßte mein Bekannter und Freund Vjatscheslav dabeigewesen sein.«

Es existieren Aussagen, in denen die Männer beschrieben werden, die sich am Abend der Tat im ACM-Laden aufhielten. Will Serow solchen belastenden Zeugnissen durch seine Erklärung den Wind aus den Segeln nehmen?

Es interessiert die Ermittler natürlich, was Serow in dem Laden wollte.

»Ich habe mich bei dem Verkäufer nach dem Geschäft ›Comhart‹, wo ich früher gearbeitet hatte, erkundigt. Man gab mir zur Antwort, daß es dieses schon lange nicht mehr gibt.«

»Was haben Sie dann weiter gemacht?«

»Na, ich bin logischerweise wieder aus dem Laden rausgegangen, denn ich kann ja nicht die ganze Nacht drinbleiben.«

Die Vernehmer wollen wissen: »Wo sind Sie dann hingegangen?«

Nun übermannt Serow doch wieder die Vergeßlichkeit: »Vielleicht zu einem Bekannten, es kann aber auch sein zu meiner Schwester, es ist möglich, daß ich auch nur so in Berlin war oder daß ich in die Cunostraße gefahren bin.«

»Welchen Bekannten hätten Sie besucht haben können?«

»Das ist meine Privatsache. Meine Bekannten sind auch privat, und die Namen möchte ich hier nicht zu Protokoll geben.«

Gibt es diese Bekannten? Ist alles nur Fabuliererei? Nach einem Losev, einem Sorokin oder einem Rykow wird Serow nicht gefragt. Vieles deutet darauf hin, daß Serow auch im Galius-Fall seine Finger im Spiel hatte. Das wird diesem von dem Kripo-Duo auch noch einmal vorgehalten: »Neben den ganzen Verdachtsmomenten, die dafür sprechen, daß Sie auch an der Entführung des Angestellten dieses Computergeschäfts in der Augsburger Straße beteiligt waren, teilen Sie nun auch noch mit, das Geschäft zu kennen und im tatrelevanten Zeitraum dieses Geschäft aufgesucht zu haben. Damit ist nicht unbedingt der konkrete Tattag gemeint.«

Nun scheint es Serow zu dämmern, daß er sich doch zu weit aus dem Fenster gelehnt haben könnte. Er zieht die Notbremse: »Dazu muß ich sagen, daß ich rein zufällig in dem Geschäft war, das machen Sie ja auch so, wenn Sie an einer Boutique vorbeikommen und Ihnen in der Auslage etwas gefällt, gehen Sie doch auch rein. Ich möchte jetzt hier keine Fragen mehr beantworten und werde das auch nicht. Ich mache jetzt von meinem Aussageverweigerungsrecht Gebrauch. Ob ich morgen wieder bereit bin, Ihre Fragen zu beantworten, werden wir morgen sehen.«

So viel auch dafür spricht, daß das Gespann Serow-Orlow an der Entführung des Alexander Galius beteiligt war, so viel spricht auch dafür, daß der erste Coup nicht genau so wie der zweite abgelaufen ist.

Gab es bei dem ersten Fall doch noch weitere Beteiligte, die durch ein Geständnis belastet werden müßten? In der Szene der russischen Gangster könnte ein solches »Verpfeifen« schnell zu einem Todesurteil werden.

Fast zur selben Stunde an diesem 14. Oktober 1997, an dem Sergej Serow seine Verdächtigen Andeutungen in Sachen Galius-Entführung macht, sitzt im Potsdamer Polizeipräsidium eine Russin und gibt ihre Aussage zu Protokoll. Sie ist die Mutter der ehemaligen Freundin von Vjatscheslaw Orlow und kennt den Mann gut, hatte eine enge Beziehung zu ihrem einstigen Schwiegersohn in spe. Eine Sache ist ihr sehr genau in Erinnerung geblieben: »Bei einem seiner letzten Besuche, etwa Anfang Juni 1997, er war auffallend gut angezogen, sagte Orlow, behaltet mich in Erinnerung, wie ich war. Sinngemäß sagte er: ›Ich überschreite jetzt die Grenze der Gesetze, ich gehe über den Rand/Grenzen hinaus.‹« Bei einer Vernehmung zwei Wochen später kann sie den eigentümlichen Auftritt Orlows – der mit der Koseform von Vjatscheslaw »Slawa« gerufen wird – zeitlich konkretisieren: »Ich denke, daß es der 8. Juni gewesen sein könnte. Weiterhin denke ich, daß dieses Gespräch an einem Sonntag stattgefunden hat, denn der Slawa ist meist am Wochenende zu uns gekommen.«

Alexander Galius wurde am Montag, den 9. Juni entführt.

Die Ermittlungen im Fall Hintze konnten zur Anklageerhebung abgeschlossen werden, der Fall Galius blieb ungeklärt. Und die große Welle des Medieninteresses plätscherte langsam aus. Obwohl es immer wieder etwas zu berichten gab. Zum Beispiel zum Jahreswechsel 1997/98 über einen Brief, der als Verteidigerpost unzensiert in Serows Zelle gelandet war. Das Schreiben stammte jedoch nicht von dessen Anwalt, sondern von jemandem, der unbekannt blieb. Der Absender drohte in russischer Sprache: »Sag, wo ist Alexander Galius? Wir geben Dir Zeit bis zum 31. 12. Ansonsten wird Deine Schwester und ihr Sohn nicht mehr leben. Wir kriegen Dich und Deine Verwandten ...« Wer mit diesen Zeilen Serow die Hölle heißmachen wollte, ließ sich nie klären, auch wenn die Polizei Angehörige des Verschleppten in Verdacht hatte.

Serow nutzte die kommenden Monate, um es sich hinter Gittern möglichst angenehm zu gestalten, was auch meint, neue Pläne zu schmieden. Und dann sorgte er noch einmal für einen Paukenschlag.

Es war spektakulär, als am 15. November 1998 um die Mittagszeit in der Justizvollzugsanstalt Potsdam das Verschwinden Serows bemerkt wurde. Um 22.47 Uhr des Vortages war Serow, der hier auf seinen Prozeß wartete, aus dem Dach des Gefängnisses geschlüpft. Dann hatte er sich abgeseilt, war über einen Schuppen und eine Mauer gestiegen. Auf seinem Weg in die Freiheit wurde er nur von einer Überwachungskamera beobachtet. So konnte zumindest der genaue Zeitpunkt seines Ausbruchs dokumentiert werden.

Zum Schluß der Fluchtaktion überstieg Serow noch das Haus der Eingangspforte, dann war er verschwunden. Zwischen sarkastischer Häme und harscher Kritik bewegten sich die Kommentare zu diesem Fall. Immer neue Details kennzeichneten eine Posse, die sich zum Skandal auswuchs. Die nach und nach ans Licht kommenden Einzelheiten seiner Haftbedingungen führten im geringsten Fall zu ungläubigen Kopfschütteln. Serow war es gelungen, die Stellung eines Haushandwerkers in der JVA zu übernehmen. Er besaß dadurch auch Zugang zu recht wichtigen Werkzeugen, wie Hammer, Meißel oder Säge. Ideale Bedingungen für den Pfiffikus. Zur Flucht hat der findige Russe aus einer Klobrille einen Nachschlüssel gebastelt. In den rund sieben Monaten seiner Kalfaktortätigkeit war Serow durchaus nicht unauffällig gewesen. Einmal war in seiner Zelle Draht sichergestellt worden, ein anderes Mal erwischte man ihn am Dachfenster, eben jener Stelle, an der er später seinen Weg in die Freiheit bahnte. Daß er am Vorabend seines Abganges dem Wachpersonal noch einschärfte, er wolle am nächsten Morgen nicht geweckt werden, verlieh der Aktion etwas Possenhaftes.

Aber damit längst nicht genug. Serow besaß hinter den Knastmauern ein Handy, zweifellos ein wertvolles Instrument für jemanden, der vielleicht noch Leute besitzt, die ihm für sein Schweigen Dank zollen müßten.

Glück hatten die politisch wie organisatorisch Verantwortlichen in diesem Fall nur deshalb, weil Serow schnell wieder gefaßt werden konnte. Beamte eines Spezialeinsatzkommandos (SEK) der Berliner Polizei konnten ihn am Nachmittag des 18. November 1998 kurz vor 15 Uhr im Haus Gaudystraße 4, nahe der Schönhauser Allee in Prenzlauer Berg festnehmen. Er war gerade dabei, sich zur Tarnung eine Glatze zu rasieren.

Allein die Zeit bis zur Entdeckung seines Ausbruchs hätte Serow spielend genügt, bis zur polnischen Grenze zu gelangen. Niemand hätte ihn wohl behelligt, die Fahndung nach ihm wäre noch nicht angelaufen gewesen. Statt dessen nutzt er die fast vier Tage seiner Interims-Freiheit lediglich, um von Potsdam nach Berlin zu kommen. Hatte er vor, sich mit jemandem zu treffen, der ihm Dank schuldig war?

Mit dem Urteilsspruch des Potsdamer Landgerichts vom 15. Juni 1999, das Serow und Orlow für jeweils 14 Jahre und sechs Monate hinter Gitter schickte, fand der Entführungsfall Hintze seinen Abschluß. Die juristische Aufarbeitung der Verschleppung von Galius blieb der Berliner Justiz überlassen, die Anfang Januar 2001 den Indizienprozeß gegen die beiden Russen eröffnete. Aber auch hier sind nur zwei – die zwei – Täter im Blickfeld.

Ermittlungsansätze, die die Hypothese untermauern könnten, daß die Entführung des Alexander Galius von Hintermännern wie Losev/Sokolow/Rykin eingefädelt worden war oder es sich um eine Auftragsarbeit der russischen Unterwelt handelt, mit der vor allem die ACM-Chefs getroffen werden sollte – oder in die diese auf andere Weise verwickelt waren –, wurden nicht weiterverfolgt.

ISBN 3-360-00789-1

2. überarbeitete Auflage

Rosa-Luxemburg-Str. 39, 10178 Berlin
Umschlagentwurf: P. Fischer Sternaux
Druck und Bindung: Ebner Ulm